哲学从这里开始

Storia della Filosofia Greca

[意] 卢恰诺·德克雷申佐 —— 著
Luciano de Crescenzo

任今可 —— 译

九州出版社
JIUZHOUPRESS

前　言

亲爱的萨尔瓦托雷[*]：

　　你可能并未意识到，但你是一位哲学家。你是哲学家，因为你处理生活及其问题的方式对你来说是私人化的。正因如此，我相信希腊哲学史的一些知识能为你提供用处，这也是我决定专门撰写一本哲学史的理由。我想以平实的语言告知你早期哲学家们的生活和思想。

　　为什么是希腊哲学？首先让我告诉你，我亲爱的萨尔瓦托雷，你可不是意大利人，而是希腊人——我是非常严肃地在说。你是希腊人，并且，我还想说，你是"雅典人"。希腊是一种生活方式，是一片广阔的地中海陆地，充满阳光和人们的交谈，在我们的半岛[○]上，它几乎延展到沃尔图诺河岸。越过这条兼为地域性与气候性的边界，则居住着罗马人、伊特鲁里亚人和中欧人，他们是完全不同于我们的民族，以不同于我们的方式思考。为使你更加清楚地理解这一根源性的差异，我想让你思考一个动词，这个动词只能在希腊语里找到，其他任何语言中都没有与之对等的语词，

[*] 萨尔瓦托雷是《贝拉维斯塔如是说》一书中主角所住公寓的门房副助理。
[○] 指亚平宁半岛。

除非使用冗长的短语，否则无法翻译它。这个词语叫作"agorazein"。

"agorazein"的意思是"使某人浸身于市集中，去看看人们都在说些什么"，因而也会去聊天、买卖东西、会见朋友。这个词也表示闲游乱逛，在阳光下漫步直到太阳落山，或者就像那不勒斯人所说的"intalliarsi"——意为悠然信步，直至融为手舞足蹈、相互顾盼、叽叽喳喳的人群中不可分离的一分子。尤其是"agorazein"的分词形式"agorazonta"，形容一个人实践"agorazein"的移动方式——背着双手逛来逛去，从不走直线。要是有一个外国游客或商人在某个希腊城市，例如科林斯或波佐利的街上，他会对眼前的场景大感疑惑——人们在街上闲逛，不时停下来加入一场激烈的论辩，接着没走几步，又加入下一场论辩中。这位游客或商人可能以为这是什么公休日，但他看到的不过是一幅最完美的"agorazein"景象。希腊哲学的涌现大多归功于欧洲南部民族喜好散步的习惯。

> 苏格拉底：我亲爱的斐德若，你从哪儿来，要到哪儿去？
>
> 斐德若：苏格拉底，我和克法洛斯之子，吕西阿斯待在一块儿。现在我要到城墙之外走一走。我们共同的朋友，阿库美诺说，在乡间行走要比在城市的广场上漫步更舒适凉爽些。

这是柏拉图对话录最好的作品之一《斐德若篇》的开篇。说实话，这些雅典人中没有一个能被称为有实际建树的。他们散步、交谈，讨论善与恶的本质，但要说到从事生产、沉下心来制造一些可供出售或使用的实用之物，就是完全不可能的了。另一方面，我们必须记住，尽管那时的雅典只有为数不多的两万公民，但除了公民之外，还有至少二十万的奴隶和外邦人，所以雅典并不缺少使城邦正常运转的劳动力。那时的雅典人还没有受到消费主义的侵蚀，乐于过相对质朴的生活，因此也随心所欲地将他们的时间花费在对智慧的追求和谈话中。

现在，让我们回到哲学和我写作此书的理由上。

哲学是人类生活的重要工具，是解决日常问题的有效手段。不幸的是，学习哲学却并不像服兵役那样具有强制性。如果让我来决定，我会使哲学成为所有中学的一门课程；可是，我又害怕权力机关觉得它经过时，用更加时髦的"社会科学"来取而代之。这就好像果蔬店有了自动收款机便废除数学学科一样。

所以，什么是哲学？这并不是一个可以马上回答上来的问题。人类通过两门基础学科达到了文明的顶峰——科学和宗教。科学吸引了我们的理性资源，研究我们周围的世界；宗教回应人类的直觉需求，找寻一些绝对的事物，一些超越感觉和理智范畴的知识。而哲学在这二者之间，和它们都有相同之处，具体取决于我们如何看待所谓的理性主义哲学家和更具有神秘主义倾向的哲学家。伯特兰·罗素属于理性主义的思想学派，他把哲学描述为无人之境，处在科学和神学的中间地带，它十分脆弱，容易受到两面夹击。

我亲爱的萨尔瓦托雷，你并没有受到更高层次的教育，不知道哲学究竟是什么。但你不必感到羞愧——不止你一个人这样。真相是，没有一个人知道哲学的所有事。就比方说，在意大利的五千六百万民众中，大概只有十五万人可能会说出关于柏拉图和亚里士多德有什么区别的三言两语，而这些人可能是哲学老师或者正在应付考试的学生。其他大部分人，甚至是那些受过古典教育的人，也只能说出"柏拉图式的爱情"，并将其定义为男女之间不愿意发生性行为的爱意关系。而柏拉图自己在这方面的论述，却比这些要更为复杂，更不压抑。

如果哲学对于一般的意大利人来说是文化背景上的"黑洞"，那么谁应该对此事负责呢？在我看来，绝不是这门学科本身，它并不枯燥，也不艰深——而是这个领域的专家，他们共同刻意地决定了哲学无法被广泛习得。我当然不能说自己读过了所有的哲学史，但在我所读过的那一部分中，除了伯特兰·罗素的《西方哲学史》，剩下的都凭借专业术语造成了严重的阅读障碍。我有时怀疑这些作者不是在写给哲学学科的学生，而是写给他们的同僚看的。

专业术语一直是折磨着每一个外行的麻烦事。而事实是，总有那么一些人喜欢装腔作势，用晦涩难懂的话来吓唬外行。从五千年前的埃及祭司开始，到你能想到的任何故弄玄虚的神棍，再到医院里的医生——当他们接受电视采访时，从不会说"摔断了腿"之类通俗易懂的话，而是更喜欢使用复杂的术语，如"股骨骨折"。

术语的专业化是有好处的，它可以引起人们的重视，并且提高术语使用者的权威。在今天，任何一个团体、协会或俱乐部都有它们自己的术语。这种坏习惯是没有界限的。例如，在意大利的机场，每当飞机晚点，就会广播这段话："由于 areomobile（飞机）

晚点，AZ642 航班不能按时起飞……"我非常想知道是谁发明了这种说法，他是否会以同样的说法告诉妻子自己要坐飞机？他会说"卡特丽，我明早在米兰有个约会，我会乘 9：00 起飞的航班"吗？当然不会。和妻子说话时，他会使用日常的语言，而为了从我们这些可怜的乘客身上才能得到的一些好处，他对我们使用了另一种不太日常的语言。他清楚地知道，当面对这样一种陌生的术语时，我们肯定会被唬住，以至于完全无法鼓起勇气来抱怨飞机晚点。这就相当于是在告诉我们："你们这些无知群众又对晚点知道些什么呢？你们对飞机一无所知！闭嘴吧，感激我们能屈尊跟你们说话吧！"

　　我还有一些其他例子说给你听。那不勒斯暴发霍乱时，人们认为贻贝是罪魁祸首。贻贝在意大利语中通常的叫法是"cozze"，但由于电视里的新闻播报员都把它唤作"mitili"，而所有的那不勒斯人都不知道"mitili"是什么，于是大家继续欢乐地吃着"cozze"。同样的事发生在我的裁缝萨韦里奥·瓜尔达肖内的家中。有一天，他和我还有帕皮卢乔正看着电视——帕皮卢乔是一只他在地震后发现的、独自徘徊于足球场附近的混种狗。播报员说："逃犯在犬类辅助员的协助下被捕。"萨韦里奥问我："教授呀，他说的'犬类辅助员'是什么意思？""狗。"我稍微简化了一下，回答他说。"天啊！天啊！"萨韦里奥大叫起来，"想想我养了一年多犬类辅助员却毫不知情！"帕皮卢乔可能察觉到自己正在被谈论，感激地摇了摇它的尾巴。

　　不用我说，政客是所有人里最糟糕的惯犯。他们是最典型的艰深语言艺术实践者，只为了一己私利。我曾听闻他们中的一位在电视上说:"毫无疑问,意大利正遭受的小额货币短缺问题通过信用货币的发行得到了改善。"他的意思是,零钱不够了,所以我们用小金额的支票来代替。相信我,我本该当场拆穿他的用词,然后给他灌输正确的人话!专家总是害怕使用平实的语言会被人认为无知。更糟的是,这帮专家可能还会觉得你对于他们宝贝的学科太过随意!他们会立即回击你是"科普员"并且冷嘲热讽地皱起他们的鼻子,好像"科普"这个词是有多么恶臭难当。事实上这些人根本不会为他人着想,只顾着自我膨胀,而不是分享知识。

意大利人是让文化变得无趣的老手。你只须去博物馆逛一逛就能意识到这点:大大小小雷同的美术馆,门可罗雀;陈列出来的雕塑和画作边没有任何信息说明,阴沉沉的展厅服务员只是在等着发工资——一切都像死一样寂静,简直和美国的博物馆形成了鲜明的对比!就拿纽约的美国自然历史博物馆来说,那是一个人人都喜欢的地方,无论是老人、小孩、学者,还是文盲。那里有酒吧、餐厅,有用于解释前因后果的录像,有重现历史景观的实景模型——恐龙磨着它们的牙齿,印第安人和坐牛●在独木舟上娴熟地划着桨。我承认这些博物馆让人想到更多的是华特·迪士尼而不是查尔斯·达尔文,但游客们在这儿待上一天,至少会学到一些东西。

牢记这一点后,我决定无视所有的学者和学究,向你展示希腊哲学是多么有趣并易于理解。有一些哲学家,尤其是在你了解

● 北美印第安人部落首领。

他们一些之后，会让你惊觉如此熟悉，于是你最终会找寻他们和你亲友间的相似之处。你甚至会发现，把一个人的心态形容为亚里士多德学派的、柏拉图学派的、智者学派的、怀疑论者的、伊壁鸠鲁主义的、犬儒主义的、昔兰尼学派的，会比参考星座书来得更为有效。不可否认，我们就是这些先哲的直系后裔！公元前1184年，特洛伊战争结束后，希腊英雄们和特洛伊难民散落各处，一些人在返程中被暴风雨冲散，另一些因复仇的恐惧分散开来，他们零零星星地沿着地中海海岸建立村庄，安定下来，成为我们的祖先。在接下来的几个世纪，伯罗奔尼撒和阿提卡的人们不断遭到北部蛮族部落的入侵，感到人满为患，决定乘船离开并在其他地方复现他们的城邦——或者说城市。每一个城市都有自己的神庙、露天集市（中心广场）、剧院、公共会堂（市民中心）、体育馆，等等。我们已经能够从中看到，古希腊之于西方思想的发展，正如产生出星系和星座的大爆炸之于宇宙的形成。如果希腊文明不曾诞生，那我们将落入东方教义的影响之中——相信我，萨尔瓦托雷，这绝不是一个玩笑！如果你质疑我的说法，可以去看看地图，你会发现，就在希腊下面、地中海右边一点儿，就是中东。如果不是幸运地打赢了几场战役（在普拉蒂亚和波斯人的战役，以及在普瓦捷和穆斯林的战役），并且拥有继承自前苏格拉底哲学家们的希腊理性思想，我们之中将无人幸免于亚洲文化的侵袭。因此，所幸古希腊城邦并未像埃及和亚述帝国那样受到祭司的统治，而是由一群对祈祷和神秘主义兴致缺缺的贵族来管理。不过，既然提到了宗教，就让我们快速了解一下希腊人和他们的神祇之间的联系。

首先，众神并非无所不能，甚至众神之父宙斯也不能为所欲为。凌驾于他和其他神祇之上的力量乃是命运，或者说，就像荷马口中的 Ananke，即必然性。作用于众神的力量和所有君主的这一限制，是我们继承自先祖的伟大民主传统中的一部分。对于希腊哲学家来说，善等同于节制。

其次，希腊宗教并未过度宗教化。众神实际上受制于每一项凡人都有的弱点：会发生口角、醉酒、撒谎、私生活混乱。因此，倘若人们对于他们的敬意多少有几分修正，也是毫不意外的。他们的确受人尊重，但仅此而已。同希伯来之神耶和华所引起的恐惧相比，完全不值一提。就拿众神的落脚处奥林匹斯来说，它可不像其他严肃宗教中那样位于天上，而是在一座山的山顶。也就是说，希腊人根本不担心会有人跑到那儿突击检查。

我介绍古希腊宗教的原因是，哲学诞生的时间与迷信、神秘仪式让步于对自然的科学观察的时段相吻合。米利都的泰勒斯，一位专门研究日食的天文学家，是史上第一位哲学家——这根本不是偶然。请永远记住，不是所有能产生与当下物质需求没有直接关联的想法的人都叫哲学家，否则哲学的诞生得往前推回到旧石器时代了。

我可以想象事情是这样发生的：胡努那天晚上非常高兴，因为所有的事都搞定了。他杀死了一头柔弱而肉质鲜美的小鹿，用石斧将它切作四等份，然后把它放在火堆上慢慢烤熟。他和他的女人哈娜一起享用这头小鹿，直到饱得再也吃不下。这一夜热极了，他睡意全无，于是在草坪上伸展开来，躺在那里仰望星空。这是一个无月的八月夜晚。他头顶上数以万计的细小光点闪烁着。

胡努问自己，这些光点会是什么呢？是谁把它们挂在了天上？是一个大巨人吗？是一位神吗？……于是宗教和科学同时诞生了，出于对未知的恐惧和对求知的需要。然后再是哲学。

L. D. C.

作者的话

从上小学的第一天开始，我就喜欢课间休息的时间；在中学时代，我热切地盼望着体育课和宗教课；在往后的生活里，开会的时候，我会松一口气，迎接十点钟的茶歇。出于这种考虑，我觉得只有在古希腊的哲学家中间创造一些"我的"哲学家来作为间隔才是我的作风，他们是一些让你意想不到的人物，如佩皮诺·鲁索、托尼诺·卡波内等——他们是我为读者提供的"休息时间"。我的出版人担心一些粗心的学生可能会把他们错认为真正的哲学家，在考卷上引用他们，所以他决定在写这些哲学家的章节中使用不同的字体。

目　录

七贤

　　七贤有二十二个人，他们分别是泰勒斯、庇塔库斯、彼亚斯、梭伦、克勒俄布洛斯、喀隆、佩里昂德洛斯、密松、亚里斯托德摩斯、厄皮美尼德斯、勒俄范图、毕达哥拉斯、阿那卡尔西斯、埃庇卡摩斯、阿库西拉俄斯、奥菲斯、庇西特拉图、斐瑞居德斯、赫迈俄尼的卡布林努、拉索斯、帕姆菲勒斯和阿那克萨哥拉。

　　圣书上提名如此之多的贤哲不足为奇，因为哲学史家们从未在把谁归入七贤的问题上达成共识。为了公平起见，他们就前四位的名字意见一致，即泰勒斯、庇塔库斯、彼亚斯和梭伦（他们可能因此被看作这个团队的核心成员），但要是把成员限制在七位，他们就至少能召唤十八位备选成员。别的不说，总是有人趁大家不备进行不合法的更替，偷偷塞进他朋友的名字，甚至是某位杰出的政治家，就比方说，如果现在要我编制一份七贤的名单，我会谄媚地把首相的名字加进去。

　　玩笑归玩笑，我确实相信自己曾遇见过一位真正的圣哲。他

的名字叫阿方索，是福奥利格罗塔 ❀ 的一个台球室老板。首先，
并且也最重要的是，他长得真的很像一位圣哲，年近耄耋，留着
胡子，头发花白，沉默寡言。他几乎不说话，如若开口说话，也
不过是几个冷淡、简洁、关键的词语。有时来打台球的人会让他
帮忙确定击球点，他便走近台球桌看着那些球，就像他之前无数
次看着它们躺在桌上那样，然后只简单地说"白"或者"红"。
不会再说其他的。你可能会问我，在没听过他说话的情况下，我
怎么就称他为圣哲。我就是知道，或者说我就是感觉到了。阿方
索先生的眼中有着一生的经历，有见证过一切、经历过所有的神
情。要是我碰上问题，我相信可以去找他，从他身上获得安慰。
也许，就像当他把目光投向台球桌的时候那样，他会沉默几秒
钟，然后说出一个字，令人豁然开朗。

　　贤哲们同样如此，行事简洁，都是只说几个字的人。"知道，
但保持沉默"（梭伦），"避免草率之语"（彼亚斯），"渴望倾听，
而不是说话"（克勒俄布洛斯），"别让你的语言超过你的思想"
（喀隆），这些语录给人以一个智慧与缄默相伴而行的时代的印
象。由于他们在语言简练上的天赋，或许我们应该将这些贤哲称
为名言警句的发明者。他们的许多格言如今仍被使用：克勒俄布
洛斯的"和你自己岸上的人结为配偶"相当于意大利谚语"娶妻
买牛须找本乡人"，"慎选你要打交道的人"相当于那不勒斯谚语
"常与比你更好的人来往并且买单"。

　　多亏了他们的妙言慧语，即便没有大众媒体，七贤的名声也

❀ Fuorigrotta，意为"洞穴之外"，位于那不勒斯的西郊。

广为传播，希腊世界的每个人都熟悉泰勒斯和他的同伴们。父亲用他们的格言教育儿子，演说家们自由地在集会和法庭上征引他们的话来做演讲。他们的歌曲在宴会上被传唱，和欧洲歌唱大赛上的歌曲相比，有着极高的道德内涵。我尤其记得喀隆一首曲子的副歌部分是"砺石验黄金，黄金验人品"。

在我看来，这二十二位贤哲中最受人喜爱的是米提利尼的庇塔库斯。第欧根尼·拉尔修告诉我们，他不仅是一个睿智的人，而且还是一位受人敬仰的将军。当他解甲归隐之后，米提利尼的人民赠予他一大片土地，并以他的名字"庇塔库斯"为之命名。但庇塔库斯无意坐拥这么多土地，只接受了其中的一小部分来满足生活必需，并辩称"一半大于整体"。

这里有一些米提利尼的庇塔库斯最为醒世的格言："别事先公开你的计划，因为倘若失败，你会遭到嘲笑""向好非易事""大地可信，海洋不可信"，还有最为厉害的一句，"别嫌你的邻居烦扰"。这最后一句完全可以说是那不勒斯人的"第十一诫"，因为它赞扬了他们最显著的一个美德——忍耐。只有忍耐才能使我们接受这一推论："可随意打扰你的邻人。"对于那些碰巧居住在那不勒斯人的人来说，这便不再是一句带来极大不便的格言。

有一个关于七贤的故事，这个故事太具启发性也太过有趣，以至于我们都不禁想要确认它的真伪。有一天，七位智者决定去乡下旅行，他们说好在德尔斐的阿波罗神庙见面。一来到神庙，他们就受到一位年事最高的祭司的隆重欢迎，这位祭司看着所有希腊智慧的精华都聚集在他身周，立刻决定善加利用这个机会，邀请每一位都在神庙的墙上刻下一句话。第一个同意的是斯巴达的喀隆，他找来一架梯子，在正门上写下著名的习语"认识你自己"。他们一个接一个写下自己的话。克勒俄布洛斯和佩里昂德洛斯一个在入口右侧，一个在入口左侧，写下著名的隽语"节制是为至善"和"宁静乃世上最美的事物"。梭伦则出于谦逊，选择了一处暗角的列柱，在上面写"学会服从，才能学会命令"。泰勒斯在庙宇的外墙上题写他的话，因此沿着圣路前来神庙的朝圣者只须绕过希俄斯的圣坛拐角就能看到："记得你的朋友！"庞塔库斯比较古怪，跪在女祭司的三脚祭坛下刻上一句令人费解的"归还所委以你的东西"。当所有人都完成后，只剩下普里耶涅的彼亚斯。令所有人吃惊的是，他退了回来，咕哝着他不想写，并且……他不知道该写些什么。其他人围在他身边，纷纷给出建议，可尽管他们给予了鼓励，彼亚斯仍旧十分坚定。他们越是说"来吧，彼亚斯，特阿特马斯之子，你是我们之中最有智慧的人，留下你的启示给未来的朝圣者吧"，彼亚斯就越是避开他们，说："听着，我的朋友们，我若是什么都没有写会更好。"他们一遍又一遍地争论着，直到把这位可怜的贤哲弄得不胜其烦，再也无法拒绝了，于是他颤颤巍巍地拿过铁笔，写下："大多数人都坏。"

草草一瞥，这句话似乎无伤大雅，但彼亚斯的这条格言却是希腊哲学有史以来最过激烈的审判了。"大多数人都坏"是一颗足以炸毁任何意识形态的炸弹。这就好比走进超市，从堆成金字塔的烤豆罐头最底部抽出一个：所有的烤豆罐头都会倒下来。民主的根本原则被破坏了，普选权、马克思主义、基督教和所有其他的教派都基于邻人的友爱，主张"人性本善"的让－雅克·卢梭输给了托马斯·霍布斯的"人对人是狼"。

我知道，自尊会使我们自然而然地拒绝彼亚斯的消极立场，然而在内心深处，我们却怀疑这位老狂人兴许是对的。去看过足球赛的人，都知道拥挤的人潮是什么样子。在古罗马，战败的角斗士的命运只能交到君王手上，而不是围观者的手里——这一规定是出于实践而非凑巧，因为群众总是一味地选择"拇指朝下"（意味着战败者必须死）。罗马公民带着全家人来到竞技场上，正是为了多看几个人被杀。在经过所有适当的考虑之后，我想说这一点在今天仍是对的。人是所有生物中最残酷的，我认为这一点无须争论。唯一对我们抱有一线希望的是柏格森。他说，虽然进展缓慢，但人类无疑是在进步的。让我们对这一线希望心存感激，并热切地盼望它在公元3000年到来。

对彼亚斯的格言还有另一种可能的解释：当人类集体行动的时候，大多数人都坏。也就是说，单独的人类个体也许是善良的，只有以群体行事时，他才会变成野兽。亲爱的读者，我不知道你们是怎样的，但我总是倾向于支持少数派，而我现在必须问问自己何以如此。我避开人群，是出于害怕受到群体邪恶的染渍，还是恰恰相反，只是为了增加我在群体中的病态意志？这是纯粹的势利和谄媚吗？是恐惧变为"大多数"中的一员吗？一个反民主的种族主义者，往往是那些相信他们自己属于天选之人的小团体的人吗？这个问题的答案也许非常令人难以启齿。

在公元前五世纪，一个匿名的雅典人——可能是一个难民或遭流放者，撰写了一本小册子，声称这是两位公民之间的讨论，他们围绕着雅典新型民主政制这一话题畅所欲言。其中一个人说：

"在最好的人身上，你会找到最低程度的不守法和不正义，以及最大程度的向善之心；然而在乌合之众里，你会发现最大程度的无知、混乱和邪恶，因为贫穷诱发丑行，而从丑行中又出现了粗鲁和暴虐的行径……"

这段话兴许是最早对于民主制度的批判。值得一提的是，尽管这位作者是一位彻彻底底的反动分子，他也并没有责备那些"试图帮助他人"的人，他们差不多是这样一群人——"尽管他们自己不是人民群众，却选择了在一个由群体统治而不是最优的那部分人统治的城市里生活，因为他们知道自己的浪荡属性比起在寡头政治下，更容易在这里藏匿起来。"

说回七贤。我学到的一件事是，在处理智慧时，我们应该保持谨慎，因为它常常有意与理想主义分道扬镳。智慧不外乎常识，它是关于世界的整全知识，理想主义却是由于希冀更好未来而不可抵抗的诱惑。智慧谈论人们的本来面目，理想主义则把人们想象成可能的模样。这是两种看待世界的不同方式，而选择权在你手上。

II
米利都

　　米利都如今是安纳托利亚海岸旁的一个土耳其小镇，位于萨摩斯岛以南。公元前七世纪至公元前六世纪，它是爱奥尼亚最重要的城镇——不，它也许是全世界最重要的城镇。你可能从来没有想过，然而历史的焦点，以及艺术、文学和军事力量的焦点，有着沿地球表面、随着几乎是与太阳相同的轨迹缓慢位移的习惯：始发自亚洲西部海岸，在希腊停留一段时日，然后跃向罗马，罗马帝国和教皇权位随之兴起，它悬停了几个世纪，接着迁移至法国，再是英国，而后又纵身一跃到美国，在那儿它似乎暂时安定了下来。明天它将会继续去往日本，或许又一个千年过后，我们会再次见到它在这些地方活跃。

　　在公元前一千年以前，米利都由来自克里特岛或希腊大陆的移民者建立起来，也有人说，他们是邻近的城市特洛伊被烧为灰烬的若干年后，从特洛伊逃离的难民。根据最富想象力的历史学家希罗多德的看法，他们是"没有带上女人，却和父母为他们所杀的卡里亚女孩结婚"的侵略者。这也许就是一个"强掳萨宾女人"❋的寻常故事，天知道如今有多少人的存在应该归功于这些妇女。据说这队劫掠者的头目是科德鲁斯之子涅琉斯。这一点完全不足为奇，古代的民族习惯于将他们祖先犯下的所有可耻罪行都归于众神。

关于我将要讲述的这个故事的目的，有一个重要事实需要大家记住，米利都是一个商业高度发达的时尚之都，在那里，唯一能够被真正当成神的只有金钱之神，和今天的纽约非常相像。

爱奥尼亚海岸的狭窄边陲像三明治中间的一片火腿，夹躺在希腊和波斯帝国之间，许多村庄和城镇利用这点优势，和两边的邻居都有贸易往来。没有地方能胜过米利都，它的港口船只来来往往，满载地球上所有丰富的物产：谷物、油、金属、纸莎草、酒和香水。那么，在繁荣昌盛的时代，情况往往如此——米利都人开始丧失对宗教之神秘抽象的兴趣，更乐于在更为理性的活动上花费时间。因此这是一个重要时刻，人们对自然、天文学以及航海技术的兴趣涌现，我们可以想象这座城市是一个沐浴在阳光下的繁忙之地，航海者、货运商和生意人们都在拼命忙碌着。

随我走一段小路，穿过米利都古城，来到卡拉巴克山上吧。这里的高度刚好足以观赏整个城市的全景。

这座城市在我们的脚下沿着一个短小的半岛伸展开来。街道狭窄，相互垂直交错。若是换一换规模，这个地方就变成曼哈顿了。就在我们的左边，我们可以看到"剧院"港口，而再旁边一点，是"狮

❋ "强掳萨宾女人"是罗马神话中的一个故事，说的是罗马男人从其他城市强掳年轻女子回来。这是一个艺术家们一直反复讨论的主题，尤其是在文艺复兴及其后的时期。

子"港口。弗里吉亚的奴隶们排成长队，正扛着一捆一捆的纸莎草朝着西边的市集走去。市集中人声鼎沸，人们正在高声交易，聊天谈笑。所有的一切都标志着这是一个富裕丰足、无忧无虑的社会。

不幸的是，好景不长。地理位置曾是米利都繁荣昌盛之关键，结果却变成了致命因素。在一个黑暗的日子里，米利都尽管曾与吕底亚人结盟，但仍旧遭到了大流士麾下的波斯部队的攻击，被夷为平地。"大多数男人都被长发的波斯人杀害，女人和小孩成为奴隶，"希罗多德告诉我们，"雅典人以许多方式展现了他们对米利都沦陷所感到的深痛苦楚，当普律尼科司上演他的戏剧《米利都沦陷》时，剧院里的观众都放声大哭起来。作者被处以一千德拉克马❀的罚款，因为他使人们想起了一场如此紧密触动每个人的灾难；并且，禁止任何人再将这个作品搬上舞台。"

❀ 古希腊等地的货币单位和质量单位。

III
泰勒斯

泰勒斯是一位熟练掌握工程学的米利都人。他出生在公元前七世纪下半叶，是一对腓尼基夫妇的儿子。他甫一成年，便登上了第一艘外航船，并且开启了一连串在埃及和中东之间的海上航行。值得一提的是，正是埃及和迦勒底的祭司培育他，教会了他那个年代关于天文学、数学和航海技术的一切。

当泰勒斯返回到他的故乡时，他的母亲克莱奥布里娜夫人想要他立即安定下来，并且，就像所有母亲所希望的那样，尝试为他娶妻。但她完全无法说服他。泰勒斯和其他年轻人都不一样。别人问他为什么不结婚，他总是回答说："还不是时候。"直到有一天他改变策略，回答说："现在又太迟了。"别人问他为什么没有孩子，他回复道："因为已经过了喜欢小孩的年纪。"所以你看，泰勒斯是个哲学家，尽管这个词在那时候还没有被发明出来。"哲学家"一词在毕达哥拉斯那时才流行起来，并且直到柏拉图的时代，哲学才获得了作为一门专业的尊严。因此，泰勒斯对于他在米利都的同辈人来说，只不过是一个满脑子天马行空的怪人罢了。他们会说："多么棒的小伙儿，可惜没有常识。"他们还会继续说："也许他知道得很多，但他身无分文，这对他有什么好处？"据说甚至他的女仆也取笑他，因为有一次他在仰望星星的时候跌进了路面的坑洞，她毫不留情地予以嘲笑："你总是专注于天上，却连近在足前的东西都看不到！"我们不知道泰勒斯眼前的这位女仆是美是丑，但我们知道他从来没有对日常事务或女性表现出太多兴趣。换句话说，他是那种心不在焉的科学家的原型，能够一口气明白五条几何学定理，却不怎么洗澡，也无法料理自己的生活。然而，据亚里士多德讲述的一件逸闻来看，他还没有完全丧失实践能力。有一天，泰勒斯厌倦了无尽的玩笑，觉得很不舒服，他说："我会证明给你看的！"他预测第二年会有橄榄的大丰收，于是便以非常低的价格将他所有能找到的橄榄压榨机都租了过来，等到人们都迫切地需要这些压榨机的时候，他便可以随心开价转租给他们了。如今我们把它视为一种具有隐秘欺诈性的投机行为，不过泰勒斯只是用它来证明，无论何时何地，如果他想要的话，一位哲学家完全能够积累财富。事实上，泰勒斯是最最狡猾的了，完全担得起柏拉图对他的描述，说他是一位"慧心独具的技术发明家"。在吕底亚和波斯的战争中，克里萨斯王的军队无法跨越哈里斯河，于是泰勒斯作为一名可靠的工程师，把河水分成两股，这样两条小河都可涉水而过。

　　然而，他作为科学家真正的名望却源于成功预测公元前585年的日食。说实话，这次预测中幸运的成分多过科学的成分。泰勒斯从迦勒底的祭司那里得知，日食差不多每隔90年出现一次，这是他预测的根据。现在我们知道，对于日食的精准预测只能通过更为复杂的计算来实现，而且，就算是由月亮引发的日食可能完整地出现在迦勒底，在距离迦勒底两千公里之外的安纳托利亚，或许它也不能完整地展现出来。泰勒斯最多只能告诉他的公民同胞们，要时不时地看向窗外，因为只有足够幸运才能观察到日食。可泰勒斯却没有那样做，他坚持会有一场完整的日食，幸运的是这发生了——这次事件把当地所有人都吓掉了魂，甚至中止了吕底亚和波斯的战争。从那天起，泰勒斯的名声一路疯涨。对于泰勒斯而言，这意味着他可以更加不受干扰地投身到自己的研究中。他通过比较金字塔影子的长度和一个已知高度的物体的影子长度，测量出金字塔的高度；通过对几何学更深层次的运用，他成功计算出海岸和海上船只的距离。他还把一年分成365天，也是第一位观测到小熊星座的人，并确立了小熊星座对航海的重要性。卡利马科斯将这些诗句献给他：

据说他观测到了

小熊星座的繁星

腓尼基的水手们

以此为船只掌舵

泰勒斯没有留下什么作品。曾有一本与航海相关的书籍被认为是他的手笔，后被证实出自萨摩斯岛一位叫福科斯的人之手。泰勒斯在体育馆观看一场体育竞赛时，死于炎热和口渴，最主要还是由于人潮拥挤。散场后，别人发现他躺在台阶上，仿佛是睡着了。他已年迈。第欧根尼以几行隽语纪念他的离世：

在某个节日，泰勒斯观看比赛时，

烈日将他侵袭，于是他告离人世；

宙斯啊，您极好地养育了他：他黯然的双眼

无法再从地上遥望夜晚的繁星。

上中学时，我觉得哲学教科书实在太难看懂，所以就在"比尼亚米小抄册"的帮助下通过了考试——我要赶紧补充一句，我的同学们也是这样做的。许多人都没用过小抄册，也不知道比尼亚米是谁。其实那是一些小小的书册，内容只有某个特定科目的概要；它们构成了在校男生学习的一种《读者文摘》。历史、哲学、化学，任何比尼亚米小抄册，都不太受老师们待见，但全意大利懒惰的小学生们，或早或晚，应该都会为比尼亚米教授竖起一座丰碑，以表永远的感激之情。

当升学考试来临（我说的是曾经的考试），我发现自己直接面临的问题是要把三年的知识全都复习一遍，而在那个节骨眼上，即使是比尼亚米小抄册似乎也太具体了，所以我只能求助于年代久远的提纲和笔记。在一本黑色封皮的方格纸练习册上，我草草记下了从比尼亚米小抄册中收集的重点，于是就得到了一份总结中的总结，用以记忆。提到这些，只不过是因为在我如今也很珍惜的那本老旧的练习册上，我找到了一行与泰勒斯有关的短句："泰勒斯——水的那个。"现在好了，如果有一种用来贬低泰勒斯对哲学史的贡献的方法，那就是把他简化为"水是万物的本原"理论的创始人。让我来解释一下。

泰勒斯发现所有的生物都包含水分。植物有水分，所有的粮食包含水分，甚至种子里也有水分，但石头是干的，尸体很快会风干。他最喜爱的短句是："水是世界上最美的事物。"我们可别忘了，除了这些，还有其他方面的因素——泰勒斯的理论形成期是在干旱地区度过的，比如埃及和美索不达米亚。在那些地方，对水的崇拜祭仪非常普遍，一定程度上是由于农业和人口的存活都依赖于充足的河水。埃及人将尼罗河尊崇为神明不足为奇。然而，我相信泰勒斯在水和生命之间列出的方程等式，并不只是表示他发现水呈现于万事万物这样简单的观察，而是传递了一个更为复杂的论题。他认为水，或者说水分，是世界的灵魂，宇宙的本质。爱底奥斯在一篇文章中提到泰勒斯："一股神圣的力量存在于水元素中，由是，它被赋予了运动。"

泰勒斯是米利都学派历史上的第一人。米利都学派的特征是对原初元素展开研究——也即希腊人所称的 archè，万物由此而生。泰勒斯认为 archè 是水，因为水除了液体状态之外，在冰冻时凝成固体，沸腾时化为气体。

泰勒斯想象大地就像一艘巨大的筏子，漂浮在无边无际的水域上，偶尔倾斜便引起了地震。大地落于某物之上的想法在通俗的神话中并非新鲜事：譬如希腊人认为大地落在阿特拉斯的双肩上；而印度人认为大地靠一头大象支撑起来，这头大象又立于一只乌龟的龟背上，不过，最好是不要再问印度人乌龟又站在谁的上面。

除了水的理论之外，泰勒斯也主张万事万物皆有灵魂，于是都"充满了神灵"。当谈论这个主题时，泰勒斯曾从他的口袋里拿出了钉子和磁铁，向他大为震惊的同胞们展示"石头可以使铁移动"。

　　总的来说，泰勒斯在哲学史上有着相当重要的地位，与其说他对各种各样的问题做出了回答，倒不如说他是第一个回答了这些问题的人。环顾四周，仔细衡量，避免求助于神来解答每一个神秘现象——这是西方思想走向解释宇宙所迈出的第一步。

IV
阿那克西曼德

阿那克西曼德是泰勒斯的学生，也有可能是他的亲戚。他于公元前610年出生在米利都，比他的老师年轻二十来岁。文明史赋予他第一位地图制作者的殊荣。在那个年代，航海是一件充满危险的事，需要具备足够的蛮勇，几乎没有什么安全措施：那时没有指南针，没有六分仪，也没有导航图。最好的办法就是等待好天气——至少得有个好开头，和狄迪玛神谕的祝福。在这样的形势下，阿那克西曼德所创作的地图必定象征着那一时期商人的进步，特别是这位哲学家还为他们灌输了许多关于航海路上可能遇到什么人的建议和信息。

据传阿那克西曼德是指时针，或者说日晷的发明者，他预测了斯巴达一场地震的发生，成功挽救了许多斯巴达人的性命。对于他的生平我们知之甚少。从他作为一位绘图师的能力来看，我们可以推测他与前苏格拉底时期的哲学家们一样，到许多地方旅行过。据色诺芬尼自己的说法，他花了六十七年的时间在全世界旅行；德谟克利特吹嘘自己比他同时代的人见证过更多不一样的种族，访问过世界上更多不同的地方。至于阿那克西曼德，作为一个年轻人，他在黑海的海滨建立了殖民地，为表对神的敬意，命名该地为阿波罗尼亚。不过，我想在这里澄清一点，前文提及的"殖民地"和殖民主义无关，尤其和其现代意义毫无关系。这里并不涉及皇权的军事征服。"殖民"只不过是某人带着日用品等动产，在某个杳无人烟的海湾登陆，并定居下来。希腊人在地中海区域建立了一千五百多个像这样的殖民地，将他们的方法和思想远播到法国和西班牙沿岸。我们甚至听说有一个叫柯莱欧斯的人，他的船被暴风雨吹到了地中海之外，穿过了赫拉克勒斯之柱 ❋，在大西洋海岸安定下来。

不巧的是，没有一件关于阿那克西曼德的趣闻可以丰富泰勒斯的形象——除了有一件他作为歌手的事。故事是这样的，有一天，阿那克西曼德注意到一群孩子正嘲笑他在合唱的时候走音了，这位哲学家对他的同伴们说："朋友，我们应该唱得更好一点儿，否则这群孩子会让我们难堪的！"

阿那克西曼德写过很多主题——自然、大地、恒星、球体，等等——但实际上，只有四个片段和一段话流传至今，它们的含义想必曾经考验了许多哲学史家。这段话是这样说的："质料的原因和事物的第一元素是无限……事物从中诞生，又复归于它，此乃必然，因为它们按照时间的安排，由于其不正义而相互补偿、满足。"

阿那克西曼德的意思是，宇宙的生命原则并非泰勒斯所认为的水，而是一个不确定的实体，他称之为 apeiron，即无定者。他

❋ 直布罗陀海峡南北两侧岬角的古称。

声称他的老师错了，因为如果水、气、土、火四元素中的任意一个成了原初实体，那么剩下的那些就不复存在了。换句话说，阿那克西曼德相信水、气、土、火是有限的元素，它们都受制于某个超元素，某个不为肉眼所见的领头者。

阿那克西曼德上述表达中的第二个部分现在变得清晰起来。无论何时，只要有限元素中的一个侵占了另一个的领地，"发生不义的行为"，这个超元素，即无定者，便要把它击退到其自然的边界之内。因此，阿那克西曼德把这些元素视为总是预备着进攻其对手的神：温暖总是预备侵占寒冷，干燥侵占湿润，反之亦然，但每一样都受制于必然性的力量，必然性阻止其占据上风。在这里，正义明显是指对领地的尊重，但这一残篇所含的诗性基调使得我们从中看到了更多，不仅是元素间的简单平衡，尤其是如"补偿"和"必然性"一类的词语，显示出这位哲学家正在朝某些有关至高无上之秩序的神秘概念贴近。

更为引人注目的是阿那克西曼德关于宇宙起源的理论。正如伪❋普鲁塔克所说：

> 他说，来自永恒的、能够产生温暖和寒冷的事物，在世界之初就被分离开了。从这之中产生了一团火球，在空气周围紧密贴合，环绕着地球，就像是树皮包裹着树木一样。当这一切被撕裂、分离，呈现为一些特定的环形后，太阳、月亮还有星星便诞生了。

❋ 在作家的名字前加"伪"是指伪托其名的实际作者。

因此，概括地说，最初存在的只有无定者，只有无限的实体，然后温暖和寒冷分离开，一个形成了宇宙的外壳，一个形成了宇宙的内核，然后这两者分别又产生干燥和湿润。干燥和湿润继承了良好的家族传统，继续彼此争斗：在夏日，干燥占据上风，夺走大量的海水，将它们转化为水蒸气；到了冬天，湿润的状态收复它的损失，将水蒸气转化为云层，再将它以雨或雪的形式归还到大地。无定者监管着这一切，确保任何一方都不能从根本上胜过另一方。要我说，让我们共同来期盼这样的事态能够顺利地续存到未来，以某些核威胁为伪装的热将永远不会胜过冷，后者我所指的，是我们自己和我们的家园。

热与冷的交替不仅是季节的切换，几乎人类灵魂自身的每一次显现都在活跃与休眠间摇摆。所有形式的创造力——艺术、音乐、时尚和其他东西——都受到每一个时刻的影响，连续不断地经过被称为"平静"和"活泼"的阶段。一代代人的温度起起伏伏，就如女士的裙摆。瞧瞧我们自己的世纪：先是对法西斯主义充满"狂热"的一代，随之而来的是"冷静"、安静、务实、具有建设性的一代，我为身处其中而感到自豪。可是，我们几乎没有喘一口气的时间，1968年的青年运动就到来了，用"沸腾"来形容这一代也远远不够。那是一次高潮，如今我们正在经历它的退潮。我恐惧下一次这种"热"的出现，我们只能盼望和祈祷！

回到阿那克西曼德，让我们看看这位无定者的主张者如何谈论世界的形成。他说大地是一个巨大的圆柱形物体，它底面的周长远远大于其高度（像是某种蛋糕），悬挂在空中，位于宇宙的正中央。他认为，圆柱体恰好位于正中央，是因为如此一来它便没有理由朝任何一个方向移动。蛋糕的宽度是其高度的三倍，整个蛋糕由石头构成。巨大的火轮围绕着大地旋转，里面是压缩的空气圈。在每一个火轮的内缘上，本应是装上辐条的地方，取而代之的却是一个一个的小洞——或者说是一个个开口，就像一截管道的尾口——通过这些小洞，我们就能从空气圈的这边窥见外壳覆盖着的火焰。因此，群星并非是像它们看上去那样炽热的天体，而是围绕着穹顶的火焰所散发出来的火花，透过轮子上的"小洞"为我们所见。太阳的直径比地球大二十七倍，而且月亮的直径只比地球大十九倍。

阿那克西曼德教导说，人第一次出现在大地上时，浑身覆盖着鳞片，周围是一种含水的物质，类似于淤泥，由于陆地的气候对生命并不友好，所以人的整个婴儿时期都在各种各样很像鱼的动物嘴里进行孵化，最终他们从那里出来，褪去鳞片，开始作为独立生命而生存。这种说法以及其他一些理论都是哲学史家归给阿那克西曼德的，但阿那克西曼德最大的贡献在于，他感知到了宇宙之中可能存在着的某种至高无上的事物，它有时被叫作无定者，有时被称为必然性，它"包围并控制任何事物"。这使得阿那克西曼德既是一个神秘主义哲学家，也是一位宇宙学家。

不过，我最喜欢星星的那个理论——星星是通过轮子上的小洞窥见的光点。那是我觉得最吸引人的。它使我想起父亲的一位老朋友，阿尔贝托·卡马拉诺，他专门研究圣人的雕像、天使的头部和耶稣诞生的布景❂。阿尔贝托先生一整年的时间里都在制作

❂ 意大利流行的圣诞节风俗，用艺术品再现耶稣诞生时的场景。

它们，等到圣诞节的时候，便在圣格雷戈里奥·阿尔梅诺大街的手工坊将它们售出。他告诉我他所有的业内小诀窍：

"我的孩子，如果你想要一个看起来像是耶稣诞生之夜的'天空'，你必须找来一张布里斯托纸板，那是一种不会让任何光线穿过的硬纸板。然后你必须将它涂成蓝色，注意，要深蓝色，就像他们用来包裹通心粉的纸！在硬纸板背后的墙上，你必须放上一些小小的灯，三四个的样子——具体要看基底的尺寸有多大。这些小灯泡必须是珍珠白色的，才能更好地散发光亮。接下来就是真正的秘诀了，你必须在画好的硬纸板上用大头针扎出小洞，你想要多少星星，就扎多少小洞。现在注意了，这是很关键的一步——不要把这些洞扎得太大，得非常非常小，肉眼几乎看不见，然后光亮就会通过小洞的边缘折射过来，很明显地散成无数多的微光。接着你便会觉得，你真的在伯利恒，在第一个圣诞夜，那里很冷，听得到牧羊人遥远的笛声。"

V
阿那克西米尼

　　阿那克西米尼和前面两位一样，也是米利都本地人，比起两位前辈，他不那么重要，甚至连他的名字也显示出这一点——就好像是阿那克西曼德的昵称一样。然而，我们必须承认，他生活在十分困难的年代，正值米利都的经济最为低落的退潮期。在给毕达哥拉斯的一封信中，他写道："你到了意大利，可谓幸运。你已经成了克罗顿人的宠儿，甚至西西里岛的人也蜂拥而至来做你的学生……而我们这里，却正在遭受米底君主的威胁。你如何能够期待阿那克西米尼在平静安宁中致力于他关于群星的研究，倘若他正受到被毁灭和奴役的恐惧的困扰？"

　　他撰写了一本《论自然》，只有一个残篇保留了下来。其中写道："就如我们的灵魂，是空气，把我们结合起来，同样，气息和空气也包围了整个世界。"

　　阿那克西米尼并不想和泰勒斯或阿那克西曼德缠斗，他提出了一个理论，看似原创，实际上却是他两位前辈教义之结合：通过将空气作为原初物质，他选择了一个自然中存在的元素，就像泰勒斯的水，但空气有不可见的属性，如阿那克西曼德的无定者。

以下是阿那克西米尼最为重要的论述：

· 宇宙由空气构成，并且受制于两个自发的过程：稀释和凝聚。

· 火是空气最为稀释的状态；云、水、泥、土甚至石头都是空气，它们的凝聚程度依次加深。

· 自然中元素的彼此不同在于量而非质，所有的元素都由同样的物质构成。

· 稀释产生热，最终生出火；凝聚产生冷，最终生出水；因此热和冷是空气转化产生的效应而非原因。❀

这位哲学家对于空气而非水的偏好（应该）不如他认为空气应当被授予生命和神性特权的言论更具吸引力。阿那克西米尼声称："空气是神。"并且在上述残篇中，他使用了希腊词 pneuma，这个词所包含的意义比"空气"更多，正是为了显示整个自然都为相同的气息所渗透着。

就像他的前辈们那样，阿那克西米尼花费了大量的时间观察自然现象和研究天文学。让我们想象参与了他其中一场著名的演讲。

这是公元前 526 年 7 月 7 日的午夜。米利都的公民们已经在床上熟睡了三个小时以上。阿那克西米尼把我们召集起来，一群如他所说"对天上事物有渴望"的人们聚集在一起，去卡拉巴克

❀ 现代物理学证明了阿那克西米尼理论的反面：气体的稀释产生冷却效应，而气体的压缩造成气温上升。

山上和他会面。他们有意选择无月的夜晚，以便能更好地观测到天象。

海面寂静，呈一片黑色。深深地吸一口气，我们可以嗅到萨摩斯的花园里花朵的芬芳，气味飘荡在海风中。老师的两侧分别站着两个年轻人，手持树脂火炬，将眼前的场景照亮。闪烁的光更突出了他脸上神职人员般清苦的神情。没有一个人敢于打破这份宁静。现在，这位年迈的哲学家移至这群人的中央，要求将火炬熄灭。周围猛地陷入黑暗，在开始的一小段时间内，我们什么也看不见；然后，渐渐地，黑暗变得透明，学生们白色的长袍在暗淡的星光中呈现，看起来就像是一群幽灵在聚会。

阿那克西米尼抬头望向诸天，接着转向我们，然后温和地、冷静地开口了，他仿佛是在神庙里说话：

"年轻的朋友们，我现在已经老了。看星星，用得更多的是我的记忆之眼，而非脸上的这双眼睛。然而，有德尔斐的阿波罗常伴在身侧的你们，可以用你们犀利的双眼捕捉诸天之奇美，以此来填补你们的灵魂。我也一样，当我还是少年之时，曾来到这里倾听伟大的泰勒斯，正是那时，我听他说，甚至是在群星之中，也有可能找到指引自我知识的道路。"

"但难道不是喀隆，达玛刿忒斯之子，第一个说出了'认识你自己'吗？"

说话的是一个卷发的少年，几个最年轻的在场者之一。其他人大吃一惊：作为希腊人，他们受过的良好教育❀，要他们尊重长

❀ 原文 aidos，指因恐惧冒犯神圣戒律而产生的羞耻之心。

辈。打断老师说话的情况，是非常罕见的。

阿那克西米尼慢慢地转向这位年轻人，他的回复中几乎没有一丝愠怒：

"泰勒斯，伊克萨米耶斯之子，才是第一位说出'认识你自己'的人，并且，他因此毫无争议地受到褒奖，被授予了一个金质的三角鼎。斯巴达的喀隆，贪图名声，想要从泰勒斯处窃取这则格言，事情就是这么回事；这使人们想到，有时甚至连智慧也从狄奥尼索斯之泉中饮水。不过，现在让我们回到我们会面的目的。"

这位哲学家再一次停顿片刻，似乎是通过沉默来吸引大家的注意，接着，再次以和之前一样安定的语调开口：

"在我们之上，笼罩着天空的穹顶，它就像一个 pileos，也就是水手们在夜航探险时，为了保持头部的温暖所戴的羊毛帽子，将大地覆盖；并且，就像 pileos 绕着它佩戴者的头部旋转一样，天空也绕着我们旋转。大地是平坦的，就像一张桌子，圆形的桌子；它是一个飘浮在空气之上的圆盘，悬挂在宇宙的中间；它并没有将空气分割开来，而是像一个盖子一样覆盖着它……"

"抱歉，阿那克西米尼，"卷发少年再一次打断他，"您说大地像盖子一样覆盖着空气，可是在大地之上也有空气——尽管我们可能都不会这样觉得，因为空气不像您的长袍那样，我们看不见也摸不着它。"

"孩子，你是谁？"阿那克西米尼问道。

"我的名字是赫卡泰俄斯，梅兰托斯之子。"

"好的，赫卡泰俄斯，我将回答你的问题。空气在我们之上，在我们之下，也在我们之内。你无法看见它，因为空气只有在热和冷、干与湿的帮助下才能为我们所见。有时候，它被闪电所照亮，风刺穿云层产生闪电，就好像船桨拨开水时会有闪光一样。有时它呈现在彩虹的颜色中，暴风雨后，太阳的光线落在厚实、凝结的空气上。所有你看到的都是空气，所有你未看到的也是空气。甚至赫卡泰俄斯也是空气。"

"我知道了，"这位少年回答，"赫卡泰俄斯全都是空气，阿那克西米尼也一样。那么，太阳和月亮您又怎么解释呢？"

"太阳是一个圆盘，它在天空中焚烧，因为它的快速移动使得外层变得炽热闪耀。但注意了：太阳只围绕着大地的旁侧转动，从来不会到它下面……"

"那为何到了晚上它就消失了呢？"赫卡泰俄斯问道。他现在已经对向大师提问这点百无禁忌了。

"因为到了晚上，它的运动轨迹使得它到达比色雷斯和奥德里西亚更远的地方，那里的巨大冰山将它完全掩盖住了，直到它在尼尼微和巴比伦的绿色平原上发现出新的光芒，将它的光亮照在那两条河流◆之上。但它所在的位置还是太低了，我们仍旧无法望见。不过月亮却不同，它从太阳那里获得光亮，像一只被上好色的圆盘，在天空中漂浮。如果太阳炽烈的球体会旋绕到大地之下，就如我的朋友和尊师，阿那克西曼德所主张的那样，我们将会在每个夜晚都观测到月亮的消失，一片一片地消失，就好像一位不安的女孩在一瓣一瓣地撕扯下一朵花的花瓣。"

❀ 底格里斯河和幼发拉底河。

"您如何解释群星呢？"

"它们中的一部分如火红的树叶飘浮在空气中，它们从大地升起的湿气中产生，由于稀释的作用，而变得发光发亮，这一些我们称作'行星'。其他为数更多的，像钉子似的固定在穹顶上，正如迦勒底人最先观察到它们的那样，是结晶的半球，被冰覆盖起来。但现在，我年轻的朋友，授课已经结束。回到米利都去吧，希望睡眠能嘉奖你对知识的渴求。"

火炬重新被点燃，众人下山，朝着城市走去。当我们走在路上的时候，每一个人都参与到热烈的讨论中来，讨论这位大师刚才说过的话。如果我没有理解错，那么阿那克西米尼的主张是，宇宙就像纪念品商店中随处可见的颠倒后里面雪花飞舞的那种玻璃球，玻璃球内部的圆形平面便是大地，它是这样楔入其中的——将整个球体分为两个相等的半球，下面那层填满了空气，上面那层则有太阳、月亮和所有的天体。全神贯注于和其他学生的讨论之后，我忽然注意到脚下的路变得更加陡峭而危险了。夜色极暗，而火炬只能照亮一小段路。我想知道月亮去哪儿了，它现在藏在哪座山后。我应该去问问阿那克西米尼的，但我却鼓不起勇气。这位哲学家沉默不语：他正集中精神于脚下的步子，不时抓紧他身旁赫卡泰俄斯的手臂。

VI
收藏玩偶灵魂的流浪汉 佩皮诺

在泰勒斯、阿那克西曼德和阿那克西米尼之后，我们来看那不勒斯的佩皮诺·鲁索（1921—1975）。鲁索，依我深思熟虑后的意见来看，完全有权被称作最后一位米利都派的哲学家。我可以预见，证明这点并非难事，尽管我清楚地意识到，把一位名叫佩皮诺的思想家归入希腊哲学家之列，会被某些人视为挑衅。让我们来看看事实。

泰勒斯说所有的事物都充满了神灵，阿那克西曼德相信元素是在其内部彼此间不断发生争斗的神性，而阿那克西米尼认为甚至一块石头也有灵魂；所以当佩皮诺·鲁索声称世界上所有的事物都有在其存在过程中不断从人类身上汲取的灵魂时，他不过是跟从了早期先哲的步伐。我现在可以先从万物有灵论和泛神论详细说起，但是我怕我的读者们感到吃惊，从而远离其他更为深入的哲学研究。所以我应当克制，只谈论在古代的哲学家中那几位乐于相信事物拥有灵魂的❉。我们把这种思考方式称为"万物有灵

❉ 说到主张"万物有灵论"的哲学家，有人会提到斯多葛学派，他们认为火是使万物获得生机的关键。此外，还有兰萨库斯的斯特拉托、特勒肖、布鲁诺、康帕内拉等人，以及最重要的斯宾诺莎，他为物质对象的生机划分了不同等级。

论"（ilozoismo，英语 hylozoism），源自希腊词 hyle，即"事物"，和希腊词 zoé，即"生命"。

我和佩皮诺·鲁索的相遇完全是巧合，那是 1970 年，佩皮诺先生住在位于罗马市郊维尼亚斯泰卢蒂地区的一间小屋里。有一天我决定避开卡西亚大道拥堵的交通，转进了一条小巷，在开过一连串的小弯道之后，让我猝不及防的是眼前一片令人惊异的景象：将近百米的距离内，排在路边的每一棵树上都挂满了玩偶和旧玩具。尽管我真的腾不出什么时间，我还是把车停了下来，询问唯一的路人。我非常不走运：这位路人对我的问题立即表现出不耐烦，说他觉得很恶心，对这整件事都感到厌倦，说把这里搞得如此不雅、一片混乱的人是 er bambolaro，那个玩偶男，并且如果我闲逛过去看他，纯粹就是在浪费时间，因为这个人每天都在垃圾堆里刨来刨去，寻找旧玩具。

在接下来的几天，我几次驶入"玩偶之路"，却并没有瞧见那位著名的 er bambolaro，但是，在此过程中，这个景象变得越来越令我熟悉了。白天它看起来像圣诞节的场景，晚上又像是达里奥·阿基托[*]的电影中的场景。顺带一提，我忘记说了，er bambolaro 曾在树上悬挂巨大的标语牌，每一块标语牌上都有一句不同的话——倒像是德尔斐神庙里的圣哲似的。让我来回忆其中的一些："人类啊，你是自然，毁灭自然就是毁灭你自己""昨夜，举世使我受惊"，以及"纵你伟大，却不能消除战争"。

终于有一天，我看到一个人从一道树篱后面蹦了出来，紧抱

---

[*] Dario Argento，意大利导演，擅长拍摄悬疑片。

着一个几乎掉光了毛的泰迪熊。我停下了车。

"早上好。"我说着，并没有从车上下来。

"早上好。"他回答。

"冒昧请问，为什么你……唔，我就是想问你，不是特别好打听或怎样，为什么你……"

"……在树上挂玩具？"佩皮诺先生直截了当地接过我的话茬，避免了我的尴尬。

"对，你知道是怎么回事，有时候人们的好奇心……"

"他们已经告诉过你我疯了吗？"

"也不全是，"我委婉地回答，"尽管我碰上的一位朋友似乎让我觉得，你不太受他待见。"

"你相信灵魂的存在吗？"

"当然了！"我大声说，"怎么说呢，我假定是这样的……我的意思是……好吧，总的来说，我是相信的。"

"你听起来并不是全信。"

"噢！我相信，我相信的。"

"所以，允许我这样说吧，我认为我的信念比你的更强烈。"他说着，笑了，接着他又变得严肃起来，仔细地观察着我，似乎想要评估他是在和什么样的一个人打交道，"我会告诉你，把车停在那边的空地上，然后进来喝杯咖啡。"

结果他给了我面包、奶酪和豆子，这更使我想起了伊壁鸠鲁节俭的习性，在往嘴里灌满白葡萄酒和塞满羊乳干酪片的间隙时，他告诉了我他的生活和他的灵魂理论。

佩皮诺先生曾在空军服役（如果我没记错的话，他是一名军士长），他会拉小提琴，还喜欢在闲暇时光里作画。和所有的米利都哲学家一样，他曾四处旅行：美国、澳大利亚、法国，并且——最重要的是——他去过罗得岛，1942 年，他作为一名战俘登陆，选择停驻并工作了九年。提醒一下那些可能已经忘记了地理知识的朋友们，罗得岛在米利都以南并不遥远的地方。生活就是充满了奇怪的巧合！

"所以，佩皮诺先生，你是说你认为每一个玩具都有灵魂？"

"别这么快嘛，我的朋友，那可不是我想说的，"这位哲学家这么规劝道，用一把折刀将羊乳干酪切成片，"玩具不是在出厂后自然而然地就拥有灵魂。并不是这样。它们被生产出来的时候，只能说是一样东西，一个物件，没有个体性。但是，如果一个小孩儿开始喜爱它们，那时，而且只有在那时，这个孩子灵魂的一部分才会进到这个物件中，带给它生命。从那一刻起，不管这些玩具会慢慢变得多么破烂、多么肮脏，都不应该被遗弃；这就是为何我会到处把它们收集过来，挂到树上，这样它们就能够继续在树叶和鲜花中活下去，有雨露，有阳光。"

"所以我猜测，在玩具身上适用的这套理论，对其他事物也同样适用？"

"逻辑上是这样。最主要的是，要清楚地知道我们所谓的'生命'和'死亡'究竟意味着什么。让我问你一个私人的问题，你见过自己心爱的人的遗体吗？"佩皮诺先生停顿了几秒，等待我的回答，然后把他的椅子朝我拉近，低声说："我曾有过这样的经历，就在父亲去世的时候。我总是假想在他死去的那天，我应该会匍匐在地，悲痛不已，但——也许这听起来很不可思议，那时的我却没有任何感觉，甚至一滴眼泪都流不出来。我像个傻子似的，定在那里，一言不发，绞尽脑汁地找一个理由。我想，我哭不出来，是因为我太麻木、太混乱了。但我错了，真正的原因很简单：我拒绝承认这具尸体！那具卧在床上的尸体，只不过是一个物件，一个没了生气的东西，这无论如何也与我的父亲无关。"

他停顿了一会儿，跃身而起，离开房间，大约几秒的工夫，又折返回来，带回来一副眼镜；一个火车站站长的手表，表盘的玻璃片已被刮花；一本口袋通讯录；一支烟斗；一个狮子形状的大理石镇纸。

"直到他去世之后，我去他的房间找一些文件，才看到我们叫作'私人物品'的东西。我只有看着它们，情绪的闸门才能一下子打开，才能流下眼泪。我父亲把他自己藏在那些东西里面：一条苏格兰格纹的毯子，一支笔头镶金的钢笔，一把皮质的扶手椅，扶手破破烂烂的……他把他这个寂寞的存在一天又一天地分享给那些物品。"

我想要说出一些合宜的话，但却什么也说不出来。唯有那堆混杂的东西使我产生了一种奇怪的不安感，就好像佩皮诺的父亲仍还在世一样。最后，为了打破平静，我只好问了另一个问题。"那么这把刀，它，也有灵魂吗？"

"毫无疑问，"他毫不犹豫地回答，捏着刀锋把刀拿起来，在我的脸前晃荡，"这是我灵魂的一小片，我可能也会在其中加入我的个性。现在，在一位和平爱好者的手中，这把刀只是一个普通的家用品，没有任何攻击性的内涵，只是用来切切乳酪而已。

但这个房间也有它自己的灵魂，邻近的社区、整个城市，都有它们的灵魂。后两者的灵魂更为复杂，受到后续世代的影响和塑造。"

"你的意思是说，住在一个地方的灵魂们拥有某种共同之处吗？"

"并不全是。每个城市的灵魂都有个性，是独立的，它的面貌是随着时间的流逝渐渐形成的，并且也由所有住在那里、在那儿经历过喜怒哀乐的人们所塑造。城市越老，它的灵魂就越少受到最近世代的人们的影响。你看罗马：几百年来，那些侃天侃地的人们集中在这里。米开朗基罗、卡拉瓦乔、贝尼尼、奥拉齐奥、乔尔达诺·布鲁诺以及其他许许多多的艺术家、思想家，在这里生长，在这里死去。罗马的石头怎么能和洛杉矶的石头一样呢？！我敢确信，如果我被绑架了，蒙上眼睛，然后被丢到米兰或博洛尼亚那些我完全不认识的街道上，只要我被解除束缚了，我就能知道自己是在哪个城市。我会立刻说'这是米兰'或'这是博洛尼亚'。人们也许会问为什么我能知道，是因为我瞥见了米兰大教堂或者阿西内利塔吗？我将回答，并不是，而是我的皮肤已经感受到了这座城市中的空气、屋顶、那些灰泥的灵质。"

由于一直没有喝到咖啡，我打算自己上手做一杯。佩皮诺过于沉浸在他的思绪里，完全没空思考这些凡尘琐事：他只是把我需要的东西都递给了我。

"也就是说，显而易见，连这个厨房也是有灵魂的，而且它的灵魂不单单来源于我。我总是在想，若干年前，是谁住在这间房子里。是一位农户吗？一个裁缝？一个杀手？只有人的心才能解答这个问题。"

　　我不由得看了看四周，总觉得在我做咖啡时，有千百双眼睛正注视着我。

VII
超级巨星毕达哥拉斯

赫尔墨斯想要送给他的儿子埃塔利得斯一件礼物，并告诉他除了永生什么都可以选，埃塔利得斯机智地请求获得永恒的记忆，于是他便能够在死后，以及死后的几世生命里，都记得当下的体验。多亏了这项能力，毕达哥拉斯自称已经活过四次：第一次的身份是赫尔墨斯的儿子埃塔利得斯；接着是欧福耳玻斯，一位在特洛伊被墨涅拉俄斯所伤的战士；再然后是赫尔摩底谟，在这一次的化身中，他认出了墨涅拉俄斯的盾牌，证明了他是前一次的转生；最后是皮洛斯，一个提洛岛上的穷困渔夫。在两次重生的间隙，他的灵魂会迁徙到一些动物身上，甚至是到少数植物身上。他也曾到过冥府，看到荷马被悬在树上，赫西俄德被链条捆在一根柱上，二人皆因对神不敬而忏悔。到了毕达哥拉斯的这一世，他的转生也并未随着这位哲学家的死亡而终结。一些后世的历史学家认为，他化身为某个叫佩里昂德洛斯的人，而后又变成一个（再一次）叫作埃塔利得斯的人，最后他化身为一位从事皮肉生意的美丽女子的长袍。通过计算这些化身的时间间距，我们得出了每216年°循环一次的结论，因此下一次的转世应该是在1810年。考虑到毕达哥拉斯的政治主张，这次重生或许是发生在加富尔伯爵°身上，他的确在那一年出生。

希罗多德告诉我们，毕达哥拉斯有一个唤作扎尔莫克西斯的奴隶，后者是一位神明。被释为自由身之后，扎尔莫克西斯变得非常富有，为自己建造了一栋华丽的房子，并邀请他所在城镇的精英权贵们来到宴会。席间，他告知宴客们，他们将获得永生，而他自己本是一位神明，只要愿意，随时都可以出入冥府。接着他便消失了，来到事先准备好的地下室里，在那儿待了三年，直到所有人都认为他已经死了，他忽然出现，和先前一样活蹦乱跳，于是便被盖塔人尊为神明。

我们通过这些故事，可以得知，涉及毕达哥拉斯的生活时，想象力在其中大显身手。严肃的历史学家们总是义正辞严地拒绝谈论奇闻轶事。而对我来说，严肃是挺难的一件事，无论读了什么东西，我都迫不及待地想要复述出来，尤其是那些最能逗乐我的。

我只是希望未来有一天，有一个人可以撰写颂词来赞扬谎言，因为无论人们怎么说，谎言都应该在历史上有它的一席之地。如果研究毕达哥拉斯的主要历史学家扬布里柯和波菲利认为值得一写这位哲学家生平的小插曲，那么我们或许能假定这些插曲至少是适宜的，因此也可以帮助我们大体上理解这位哲学家的

● 216 是毕达哥拉斯的神奇数字，6 的三次方。

○ Camillo Benso，conte di Cavour，意大利政治家、意大利统一运动的领导人。

个性。即便真相最终证实了这其中的一些轶闻有误，真相也会是
输家，因为她本应该承认自己表现得不如虚构故事。

毕达哥拉斯是一位名为涅萨尔科的珠宝商的儿子，公元前
570 年出生在萨摩斯岛，离米利都不远。多亏他的叔叔佐伊卢的
一封介绍信，他得以受教于伟大的斐瑞居德斯。据阿波罗尼俄斯
所说，毕达哥拉斯从斐瑞居德斯那里学会的第一件事就是显露
神迹。当斐瑞居德斯死后，他决定在数学领域有所造诣，于是找
到了当时最为著名的老师——埃及的祭司们。他将他父亲店里的
三个银制酒杯、由僭主波吕克拉底法老阿玛西斯的举荐信装进他
的行李箱，登上了第一艘可乘坐的船。也许你已经注意到了，想
要受教育，甚至在那个时候也是要靠贿赂和推荐信来运作的！然
而，一抵达埃及，他的计划就遭遇了挫折：尽管毕达哥拉斯身上
带着银酒杯，自己也受到法老的支持保护，赫利奥波利斯的祭司
们却虚伪地宣称他们不配教授这么有名望的学生，把他打发到一
群更老、更受尊重的孟菲斯祭司那里；而这些人又把他推到底比
斯（有时也称作大狄奥斯波利斯）一群糟糕的祭司那儿，祭司发
现他们在链条的末端，没法儿再把这烫手山芋丢给别人，只好给
他安排了一系列严格的试炼。但他们并没有料到毕达哥拉斯的品
质如此坚韧。这位哲学家出色地克服了所有阻碍，最终赢得这些
折磨他的人的欣赏。现在他们终于别无选择，只有像兄弟一样欢
迎他，让他掌握他们所有的秘密。

从埃及人那里学到了一切能学的知识后，毕达哥拉斯出游到
更远的地方，继续他的求学之旅。许多历史学家断言他从迦勒底

人处学习了天文学，从腓尼基人处学习了逻辑学和几何学，以及从马吉 ❂ 人处学习了神秘的学问。他和许多同时代人的相遇事迹，多到简直不可能发生。我甚至读到过有人说，他曾拜访罗马国王努马·庞皮利乌斯，如果我没记错的话，这个人在毕达哥拉斯出生之前许多年就死了。在更出名的那些邂逅中，我们应该提到他和波斯人查拉图斯特拉的相遇，从他那儿，毕达哥拉斯领悟了二元论的思想。查拉图斯特拉认为，一切事物都是由善和恶的对立所创造的。男人和光亮，被他归为前者；女人和黑暗，则被归为后者。这确实很奇怪，但查拉图斯特拉、以赛亚、孔子、穆罕默德、圣保罗等许许多多的精神导师都不曾将女性归于天使的一侧。真是非常奇怪。

回到毕达哥拉斯。当他结束自己的研究之后，便返回了故乡，成了萨摩斯暴君之子的导师。现在，兴许我们应该简单地介绍一下僭主波吕克拉底，这位公元前六世纪的"老恶棍"。他与其说是一名君主，倒不如说是一个彻底的海盗，驱船袭击了所有胆敢接近爱奥尼亚海岸的人。他的外交政策是，与最低端的人结盟，一旦嗅到风向的转变，便立即转舵。他游手好闲，至于他在宫廷上的表现，就是什么也不做，除了沉迷于放荡的生活，由一群知识分子譬如伊比库斯、诗人阿那克里翁等，再加上大约一百个漂亮女孩和貌美的年轻男性来作陪。对于毕达哥拉斯这位和所有伟大导师一样的道德学家而言，自我放浪的生活毫无吸引力。尽管

❂ Magi，小亚细亚米底人的六部落之一，以擅长巫术闻名，"magic"（魔法、巫术）一词源于此。

已经四十岁了，他仍决定再次登船，航行到位于意大利海岸的克罗顿。这里聚集了邀请他将希腊智慧传授给年轻人的年长者，他自然抓住这个机会，组建起一个有三百名学生的社团，为他提供了一个强有力的权力基础。

毕达哥拉斯创办了一个学校，也许称之为宗派更为合适，其成员必须非常严格地遵守一系列特殊的规则。这里有其中的一部分：

1. 不可食用豆类。

2. 不可撕面包。

3. 不用铁拨火。

4. 不摸白羽公鸡。

5. 不吃心脏。

6. 不在灯光旁照镜。

7. 起床时，不在床具上留下身体的痕迹。

8. 把壶拿离炉火时，搅拌其中的灰。

试图理解这些也许只会徒劳无功。宗教的戒令通常是使人们更加团结而强加于群体内部的纪律。基于这个前提，我们最多能做的就是摘取出一些隐喻性的涵义，比如不可撕面包的禁令可以被解释为"不要松开友情的联系"，"不用铁拨火"可能意味着"准备好宽恕他人"。无论我们如何理解剩下的那些条例，毕达哥拉斯最为奇怪的命令还是那条关于豆类的。天知道毕达哥拉斯为什么会讨厌那么无害的蔬菜！亚里士多德认为原因可能在于豆类和睾丸的相似性；而据其他人的说法，则是因为这位哲学家曾受过敏之苦，从童年时期就一直为病痛所折磨。我们能确定的是，甚至都不能在他面前提起豆类。

宗派一旦诞生，成员们便同住于一个社区，并在所有事上达成共识。每个夜晚，在日落之时，他们都会被要求问自己三个问题：1.我做了什么坏事？ 2.我做了什么好事？ 3.我遗漏了什么事？然后他们必须说出如下的话语："我以向我们的灵魂揭示神圣四元体的他起誓。"

这位大师每夜都在授课。人们从世界各地蜂拥而至，前来聆听，但毕达哥拉斯不许任何人看见他，只在一道幕帘之后讲话。那些设法一睹到他真容的人们，无论是多么潦草的一眼，都会在余生庆贺他们的好运。"他有着出众的面容，波浪状的头发，穿白色的长袍，这些使得他看上去举止庄严。"他的每一堂课都以这句话开始："我以我所呼吸的空气和我所饮用的水起誓，我从未由于我正要说出的话而遭受责难。"这让我们多少对毕达哥拉斯对民主的态度有所了解。

只有很少一部分幸运的人曾被允许来到他的面前，甚至他的学生们也只在完成了五年的课业之后才能获此殊荣。曾有一位"初学者"设法潜入他的私人住所，目睹他在浴缸中洗澡，回去传告给其他学生，说毕达哥拉斯有一条金制的大腿。然而埃利安却称，是毕达哥拉斯自己在奥林匹亚的剧院中展示了他金制的大腿。

毕达哥拉斯习惯于将他的追随者分为两类：数学家，指那些有正当途径获取知识的人；听众，他们只需要负责遵守规则。为了保持核心教派的纯粹性，他发明了一种秘密的语言，只供其内部成员使用，由数字代码、符号信息和各种巧妙的方法组成，通过控制信息来保护权力基础。实际上，毕达哥拉斯可以被看作共济会的创造者，或者至少说他的宗派是所有后世秘密社团的先驱。他们的宗派具有所有共济会集会处的特征：秘密性、入会仪式、一位伟大的导师、兄弟般的合作、秘密符号、罗盘、三角板，等等。说到私密性，他们决不对背叛者施舍一点慈悲。一个名叫希帕索斯的学生向人们展示了无理数的存在，这一发现威胁到了毕达哥拉斯的理论基石——数字和谐论。这位叛徒并没有走得太远：他受到了大师的诅咒，绝望之际奋力一搏想要逃走，却溺死在克罗顿的几公里之外。

许多不可思议的事迹都被归于毕达哥拉斯，我只列出其中最不那么不可思议的几条：他杀死了一条致命的毒蛇，用的是痛咬它的方式；他在许多年里，都一直和一头熊保持交谈；他说服了一头小母牛不再吃豆类；他抚摸一只从天上降落、只为向他致意的白鹰；他同一时间在克罗顿和美塔彭提昂被人看到；当他穿过内索斯河，河神向他致辞：“您好啊，毕达哥拉斯。”

毕达哥拉斯的超自然特质被他的学生们神化了，他们几乎将他想象为一个半人半神的人物。他们习惯于说：“宇宙中有人，有神，还有像毕达哥拉斯那样的存在。”他的名字从来没有在对话中被直白地提起，而被隐晦地称作“那个人”。在许多个世纪里，门徒们会教条式地以 auto efe（他自己说过，这个词在拉丁语中被译为 ipse dixit）开头，来引用毕达哥拉斯的话，从而终结任何争论。

毕达哥拉斯教授过程中讲究的规则和那神秘、武断的特性，最终令一些更具民主思维的克罗顿人感到厌倦。正如我们那不勒斯人所说的"Dalle e dalle se scassano pure 'e metalle!"——这句话大致等同于奥维德[*]的"滴水穿石"。我们必须承认，毕达哥拉斯派并没有给足邻人爱戴他们的原因。他们看不起其他人，只与自己的成员握手，想要把他们的信仰加诸所有人。现在，伟人除了不惜一切代价改造他人之外，几乎所有事都可以被原谅。主要是由于毕达哥拉斯团体的偏执，克罗顿人才决定向锡巴里斯的居民宣战，根据毕达哥拉斯的说法，这些人因无忧无虑、不顾及他人的生活方式而有罪。结果是（就像典型的在宗教改革的口号之下达成的胜利那样），高雅精致的锡巴里斯被夷为平地，它的居民们被处以极刑。

同时，反毕达哥拉斯派也在克罗顿形成了。这个反对派的头领是某个名为喀隆的人，这个出身名门的年轻人，拥有暴烈的大性，他被拒绝加入毕达哥拉斯的宗派，发誓要对他们复仇。一天夜里，他纠集了一伙流氓包围毕达哥拉斯派位于运动员米洛的住宅的总部，几次召唤这位哲学家不成，他们便放火烧了房子。只有一小撮人逃了出来，包括阿尔基波、吕西斯和毕达哥拉斯自己，但不幸的是房子后有一大片豆子地挡住了他们的去路，这位年迈的哲学家并没有穿过豆子地，而是选择站在那里，直至死于反叛者之手。然而，波菲利的说法完全不同。他说，喀隆派来的人都是不错的家伙，他们抓住了毕达哥拉斯，但放走了他，并

---

[*] Ovid，罗马诗人。

说道："亲爱的毕达哥拉斯，你有一个聪明的大脑，但我们热爱自己的法律，不希望你试图改变它们。你快走吧，还我们一个和平！"最后，狄凯亚尔库告诉我们，这位哲学家逃亡到了美塔彭提昂，在缪斯诸神的庙宇中避难，说他自己不愿再活下去，选择绝食死亡。一些消息称他死于70岁，也有人说他活到了90岁、107岁，甚至150岁往上。

当菲罗斯的僭主勒翁询问毕达哥拉斯的身份时，他回答"一位哲学家"，这是"哲学家"这个词第一次被宣告出来，意思是"智慧的爱好者"。尽管毕达哥拉斯是历史上第一位说出这个头衔的哲学家，他对于权力的喜好却使得他所建立起来的更多是政治味道的宗派，而非提供哲学教育的大学。有一种说法是，毕达哥拉斯主义可能是俄耳甫斯教的一支，后者在公元前七世纪的希腊十分盛行，该教派将自己与狄奥尼索斯神密切联系起来，借此名义放荡享乐，大办酒神节。现在，尽管我怀疑毕达哥拉斯的个人品质，我却拒绝相信这种说辞。将毕达哥拉斯派视为俄耳甫斯教的追随者，就好像是搞混了身穿藏红色长袍的印度教徒，和世界杯上意大利战胜了巴西之后的意大利球迷：前者是沉思的团体，后者却是酒神狂欢式的。除了在数学上的探索，毕达哥拉斯也因他超凡的智能和对结合理性与神秘主义的不断尝试而著称。

毕达哥拉斯从未著书立作，所以我们对他学识的了解只能依靠他的追随者的言论，譬如他的私人医生阿尔克迈翁、塔拉斯的统治者阿契塔，和一位年轻的克罗顿人菲洛劳斯。亚里士多德也经常在各处提及他，但他在人前总是带有一分冷静，好像觉得毕达哥拉斯不属于上流社会阶级。他只提到过他的名字五次，在其他情况下就绕过了这个问题，使用类似于"那些被称为毕达哥拉斯派的人说……"的句子来代替。

这就是我们关于毕达哥拉斯的一些混乱的信息，为了较好地阐述毕达哥拉斯的理论又不至于陷入其中，比较明智的做法是把目光集中在他的三个基础学说上：灵魂转世论（灵魂轮回论）、数字理论和宇宙学方面的理论。

我们已经在这一章节开始提到过毕达哥拉斯的灵魂转世论，毕达哥拉斯声称他有过不少于四世的经历，在这一次化身和下一次化身的间隙，"造访"过许多动物甚至植物的身体。这种观点大有可能习自东方，那里的人至今也仍旧持有这个信念。根据灵魂转世论，灵魂从一个身体抵达另一个身体，依据的是他这一世的行为表现，要么提升到更高的状态（变成商人、运动员或观众），要么降级到更低的状态（如树、狗、绵羊、猪等）。根据阿尔克迈翁的说法，死亡"连接"起一个终点和一个起点，因此尽管这一具身体死了，灵魂却是不朽的，形成了一个环形的轨迹，就好像群星在诸天中的运动一样。菲洛劳斯补充道，身体不过是一座坟冢、一个监狱，灵魂被囚禁其中，直到它赎清罪孽。于是，我们便在这里得到了毕达哥拉斯的伦理规范：要有所行动，否则将无法提升！

灵魂转世论使得毕达哥拉斯受尽他同时代人和最杰出的剧作家们的嘲笑。在色诺芬尼的一场戏剧中，他描写这位哲学家阻止一个男人打他的狗：

"我祈求你，"毕达哥拉斯说，"不要再打你的狗，因为我担心我朋友的灵魂可能在它体内。"

"你是怎么知道的呢？"这个男人问。

"我认出了他的声音。"

甚至莎士比亚也忍不住加以嘲弄。如下的对话发生在《第十二夜》：

> 小丑：毕达哥拉斯关于野禽的观点是什么呢？
>
> 马伏里奥：他说我们祖母的灵魂可能偶然地栖居在一只鸟的身体中。
>
> 小丑：您认为他的观点怎么样呢？
>
> 马伏里奥：我认为灵魂十分高尚，根本不认同他的观点。
>
> 小丑：再会吧。您仍处在黑暗之中：您应该支持毕达哥拉斯的观点，那样我才会承认您的智慧；您应该惧怕杀害一只丘鹬，否则要害得您祖母的灵魂流离失所了。

然而，毕达哥拉斯思想的精髓并不在灵魂转世论，而是在他的数字理论中。他认为数字是 archè，即宇宙的原初元素。也就是说，被泰勒斯认为是水，阿那克西米尼认为是空气的那种东西，在毕达哥拉斯这里被认作是数字，而我必须承认，这一理论使我困惑不已。想象一张桌子是由压缩的水分子或空气分子构成，这点并不难，但试图想象一堆数字挤在一起构成的集合物，却是另一回事了。毕达哥拉斯认为数字其实是有大小的。在对毕达哥拉斯数字的研究中，斯彪西波做了分类：1 是一个点（类似原子），2 是一条直线，3 是一个平面，4 是一个立体。他在此基础上拓展，声称两个单位构成了一条直线，三个单位构成一个平面，四个单位构成一个立体。因此，由于世界上的每一个事物包括我们自己都有形状，把这种形状以线、点，并在最终的分析上以数字的方式表现出来，就必然是可能的。亚里士多德告诉我们，欧律托斯，一位毕达哥拉斯派的第二代传人，同时也是菲洛劳斯的门徒，将这一点牢记心中，去判定所有生物的特征性数字，最后，他着手计算拼建出一幅男人和马的画像需要多少颗卵石。

毕达哥拉斯不仅受到数字的物理性质的影响，还认为所有的自然现象似乎都由一个至高无上的逻辑所规定。尤其是，他注意到七弦琴的弦长和音程之间有着恒定的关系（八度音程的比例是 1∶2，五度音程是 3∶2，四度音程是 4∶3），这给他留下了深刻的印象，以至于他相信神是一位卓越的工程师，凭借一条名为"和谐"的数学定律掌管着宇宙。

对于毕达哥拉斯派的学者而言，智慧就在数字之中，美丽就在和谐之中。他们认为，世界最初是一片混沌或无秩序；一元（即数字 1）创造了数字，数字产生出点和线，最终和谐到来，决定事物间正确的关系。最终达成的结果，在毕达哥拉斯看来，即是宇宙、秩序。

健康、美德、友谊、艺术和音乐，都是和谐的内在显现。阿尔克迈翁说，健康是身体之中热和冷的完美协调，美德是对激情的控制，等等。按照阿契塔的说法，甚至社会正义也只是与和谐有关的一件事。为了避免误解，我们应该指出，对于公元前五世纪的希腊进步人士而言，他们的社会正义和今日的工会所追求的有所不同。在阿契塔看来，一个良好的社会正义系统，只有在其中的每一位工作者都获得与其价值相应的回报时才会到来。用现代术语来看，他便是计件工资的支持者，规定优秀的工作者获得高报酬，懒惰者则什么也没有。

既然提到了阿契塔，我们应该暂缓片刻，来看看这位杰出的人物。阿契塔出生在塔伦图姆，他是一位哲学家，也是一位数学家、杰出的政治家。他生活在公元前五世纪末至前四世纪中叶，我认为他应该不可能见过毕达哥拉斯。然而，他政治生涯的风格完全与毕达哥拉斯派的理想一致，领导了他的城市很多年。我们知道他拯救了他的朋友柏拉图的性命——当时，这位哲学家被叙拉古的僭主狄奥尼修斯判处了死刑；他发明了拨浪鼓，用于分散儿童的注意力，防止他们破坏贵重物品；他还是一个热情的航模爱好者，曾设法造出了一只可以飞的木鸽。

回到毕达哥拉斯和他对数学的激情，他似乎相信甚至在数字之间也存在等级秩序：有贵族，也有平民。数字10是具有神性的，但1、2、3、4同样也受到特殊的尊重，它们的总和等于10，一同组成了神圣三角——四元体：

```
         *

       *   *

     *   *   *

   *   *   *   *
```

"我们所知道的每一件事物，都占有一个数字。"菲洛劳斯声称，并且每一个数字都有特殊的意义。如果我们非常仔细地研究斯彪西波、阿契塔和菲洛劳斯，我们就可以做一本毕达哥拉斯派的 Smorfia●，在书里，1 代表智力，2 代表观点（观点总是有两端的），3（或按照亚里士多德所说的，5）代表婚姻，4 代表正义，7 代表合宜的时间（也许是指七天为一周），等等。毕达哥拉斯派还认为，数字具有治疗的价值，因此刻有幻方的银牌具有预防瘟疫、霍乱、性病的功能，这一习俗一直流传到中世纪直至文艺复兴。这使我想到，尽管我们也许很难说服机场的工作人员接受一个替代疫苗接种证书的数字护身符，但或许我们可以使用稍微简单点的表格来试验一下：

13	3	2	16
8	10	11	5
12	6	7	9
1	15	14	4

在这个图形中，每一行每一列的数字相加，或任何一条对角线上的数字相加，总和都是 34。四个角的数字相加，或中间的四个数字相加，或正方形四等分后每个小正方形内的四个数字相加，也都是 34。

● Smorfia 是指那不勒斯的一种解梦书。

13	3	2	16
8	10	11	5
12	6	7	9
1	15	14	4

　　所有这些神秘的关联，在数字和数字之间的，或自然现象之间的，必然使毕达哥拉斯兴奋十足。所以我们可以想见，当他发现正方形的对角线和其边长不成比例时，他的内心产生了多大的阴影。这怎么可能发生呢？！目前为止，每一件事都显示出对和谐的遵从，在地球上怎么可以有一个不可解决的问题突然冒出头来？再想想，他自己已经发现，以直角三角形的斜边为边长的正方形的面积，等于分别以另外两条边为边长的正方形面积之和！然而，这是这条该死的斜边不允许自己被那两条边中的一条所除！所谓无理数的发现对可怜的毕达哥拉斯派而言是致命的一击。让情况变得更糟的是，他的其中一位门徒，希帕索斯，已经在外面把一切都抖搂了出来！

　　在毕达哥拉斯一章的最后，让我们来看看他的宇宙学。在哲学史上这是第一次，我们被迫离开了自己在宇宙中心的扶手椅，取而代之的是一团处于中心的火焰，没有比这更好的定义。毕达哥拉斯派将它称为"众神之母"。真是不可思议。在这团火焰周围，环绕着十个天体：地球，月亮，太阳，五个行星，恒星天，以及为了凑到"10"这个毕达哥拉斯派所痴迷的神奇数字而构想出来的天体——Antichthon，即"对地"。这是一个和我们的地球极为相似、沿着同一轨道旋转的行星，但以中心火焰为轴心，与我们呈相反对称的关系，故而我们从来看不见它。

　　毕达哥拉斯认为，十大天体沿圆形的轨道运行，传导出曼妙的音乐，即所谓的"天体的和谐之音"。不巧的是，没有人能够听到这个音乐，因为它是连续的，而凡人的耳朵只能分辨出与周围的宁静形成对比的声音。

　　在十大天体的运动轨迹之外是无限的空间。阿契塔为了证明无限的存在，曾这样发问："如果我坐在宇宙的尽头，我是能够还是不能够伸出我的手呢？如果我可以，那便意味着在这界限之外，还有更多的空间。"

VIII
晦涩者赫拉克利特

赫拉克利特出生在爱奥尼亚海岸的以弗所，在库萨达斯以北几公里远处，后者如今已是隶属地中海俱乐部 ❋ 的一个豪华度假村。这座度假村充满狂热的生机：不知疲倦的亲善东道主们 ❖、赤身穿过水面的帆板运动员、沙滩上堆着的篝火，一切都与生成变化的哲学相得益彰。不过，它对顾客的社交能力要求就不那么"赫拉克利特"了，因为这位哲学家本身是一位不折不扣的贵族，从不与任何人社交。

赫拉克利特的生日非常不确定。有种说法是在公元前540年，另一些人则把它推迟到下个世纪之初。我们对其缺乏精确的信息，是由于古代的历史学家们并不重视一位杰出的哲学家是在何时出生的，他们更喜欢提及这位哲学家的 acmé，即全盛时期。他们使用了一个非常贴切的动词来描述它：达到"鼎盛"。赫拉克利特的鼎盛年在第69届奥林匹克运动会（约公元前500年）。

❋ Club Méditerranée，即 Club Med，成立于1950年，是目前全球最大的旅游度假连锁集团。

❖ Gentils Organisateurs（GOs）。

他的父亲布鲁松或叫布莱松，是这片殖民地建立者安德罗克勒斯的直系后裔。安德罗克勒斯又是雅典国王科德鲁斯之子。凭借如是的王室血统，他的家族保有世袭"巴塞勒斯"头衔的权力，后者乃是城邦中最高的神职席位。如此显赫的职位本应自动归于长子赫拉克利特，可是他在继承之时宣布放弃，让位于他的弟弟。我叙述这些细节，是由于在我看来，赫拉克利特孤僻、易怒的个性，是我们了解他思想的关键。他是一位贵族，也是一位极富智识者——这就等于说他是个极端的自命高人一等的人——他鄙夷自己的同胞，尤其轻视愚昧无知者和迷信之人。他的一些残篇中这样写道：

- 有许多坏的和一丁点的好（人）……因为他们中的大部分都像野兽一样饕餮。
- 无论是第一次听到还是曾经听过（我的教诲），人们都无法理解它们……也并不知道他们醒着的时候在做什么，正如他们忘了在睡梦中做过什么。

他吹嘘自己从不拜师，当他需要讨论任何事情的时候，他会说："等我去问问我自己。"他唯一尊重的一位贤哲前辈，是老彼亚斯（"大多数人都坏"）。对其余的人他只剩下轻蔑。"对许多事物的学习并没有教会人理解，否则赫西俄德、毕达哥拉斯、色诺芬尼和赫卡泰俄斯早该学会了。"

让位于他的弟弟之后，赫拉克利特去阿耳忒弥斯神庙和一些小孩玩掷骰子，以弗所的人前来责备他，他回答："流氓们，你们为何感到吃惊？和孩子们一起玩游戏，难道不是比和你们一起管理这座城市更好吗？"尽管他极端自负，却没有什么政治野心。酷爱受有智识之人簇拥的波斯国王大流士，曾给他写过一封长信，邀请赫拉克利特到他的宫廷，只要他答应，他就能获得大量的黄金。然而，我们的这位哲学家再一次拒绝了一份"安稳的工作"，向大流士声称，他深恶对名气的粗鄙渴求，那只会滋生妒忌与邪恶。这完全符合他的个性。另一方面，他在以弗所的同胞们，却显露出一种不同的气质：在以弗所盛行的道德风气，是无拘无束的享乐，根本不管什么未来。历史学家告诉我们，当这座城市被波斯人包围时，以弗所的公民们继续表现出仿佛他们的粮食取之不尽、用之不竭的态度；但当围困的时间过长，存粮开始告急，"一个名叫赫拉克利特的人走进人民集会，一言不发，拿走一把捻碎的大麦，往里面掺了点水，坐到人们中间，开始吃了起来"。公民们读懂这无声的谴责，立即勒紧了他们的腰带。而波斯人则感到挫败，放弃围城，最终收兵而归。也许我们也可以采用同样的态度解决其他经济危机——请一位以智慧著称的人在电视摄像机前吃东西，比方说吃一小块鱼肉和一小份薯片，于是电视机前的观众们深受这种节俭之风的感染，将会意识到菲力牛排并非唯一的选择！

由于轻视芸芸大众，赫拉克利特在政治上把自己划归僭主那边。他说："遵从一个人的劝诫也是律法。"公平地说，我应该解释一下，那时统治以弗所的僭主乃是赫尔谟多鲁斯，他拥有极高尚的品质，并且也是赫拉克利特家族的老朋友。我们可以想象赫拉克利特有多愤怒，当赫尔谟多鲁斯被以弗所人民以这样的理由放逐时："我们不需要最有价值的人，如果有这么一个人，就把他流放，让他和别人打交道去吧！"赫拉克利特对这些以弗所人表达抗议，说他们都该被一个个地绞死，然后把这个城邦交给乳臭未干的小孩子去治理。然后他离开了城邦，成为一位隐士。

他生命的最后那段时光，是最为艰难的。他沦落到像动物一样生活，只能吃一些药草。他撰写了一本书，《论自然》。为防止这本书落入不适合的人手中，他将它存放于阿耳忒弥斯神庙。这本著作中的篇章立即被所有人断言为完全不可理喻，其作者以"晦涩者赫拉克利特"之名被载入史册。

苏格拉底是第一批阅读这本书的人之一。他评论称："我读懂的地方，是非常出色的，所以我敢说，我没有读懂的地方也一样。需要一位提洛岛的潜水者到达它的最深处。"换言之，只有一位习惯了幽暗深水的深海潜水者，才有可能弄清它在说什么。而亚里士多德则抱怨它可怕的句读和支离破碎的语言。

当然，事情的真相是，这位上了年纪的坏脾气哲学家没有任何想要被人理解的意愿。赫拉克利特有意将写作风格贴近神谕，正如他自己所说，神谕"既不说出也不隐藏其含义，而是以一个符号显现自身"。他绝对是没有兴趣和大众交流的，将大众视为"愚人，当他们去听时好像聋子，正应了那句谚语——'人在心不在'"。

六十岁时，他感染了水肿，身体肿胀，不得不返回城中就医。你能想象到的，年迈的赫拉克利特从没对医生说过好话。在他的残篇语录中，有一处他这样惊奇地说道："医生对患者又是割又是烧，极尽折磨，然后索求他们所不应得的费用。"除了这根深蒂固的厌恶，他不善沟通的天性随着常年的独居生活不断增长，因此他甚至开始对自己的医生也打起了哑谜，问他们是否"可以将洪涝变为干旱"。医生感到莫名其妙，还遭到他的咒骂。

赫拉克利特得水肿，属于"容易发生在哲学家身上的"怪事之一。对他而言，经受水肿的折磨就好像毕达哥拉斯死于豆子地一样讽刺。要读懂这种讽刺，我们必须知道，赫拉克利特曾宣称水是人类本性中最糟糕的一部分。他说，灵魂由水和火的"尺度"组成，个体之中的成分占比有所差别，火会把人朝着更高的目标提升，水却会拖拽他下沉到卑贱的激情。"干燥的灵魂最为智慧，也是最好的，"他说，"但当一个人醉酒时，他受一个黄毛小儿的牵引，跌跌撞撞，不知道自己在哪儿，他的灵魂就变得湿润了。"

赫拉克利特生病后，便使用自己的治疗之法。"他把自己埋在牛棚的牛粪中，希望有毒的潮湿体液能够被粪肥的温热从体内驱散出来。"然而，据赫尔米普斯和西奇库斯的涅安塞斯记载，他让仆从把牛粪敷在他身上，躺在阳光下，却"因为这样的模样使他难以被辨别，而被狗咬食"。

他是一位悲观主义者。在他最引人注目的言论之一中，他这样说道："人们希望生存，但他们更希望死去，他们生育孩子，是为了留给后者死亡的命运。"这是弗洛伊德式的"死亡本能"概念第一次在欧洲思想中亮相。

忧郁的赫拉克利特，就如泰奥弗拉斯托斯所述，毫无疑问属理性主义哲学家的阵营：他轻蔑大众，仅次于藐视宙斯和奥林匹斯众神。"这个世界，"他说，"没有一样是众神或人所创造的。"他公开批评那些祈祷和祭祀的人群："向图像祈祷，就好像和房子而不是和住在房子中的人对话一样……他们用血液弄脏自己，以此进行徒劳的净身，就好像一个人涉足泥潭，用泥土来冲洗自己的双脚一样。"幸亏赫拉克利特是在以弗所而非雅典发表这些言论，没有人会以亵渎神灵为由来审判他。想想他的这些言论："发生在人们之间的神秘之事，都是罪恶的"，"人生就像是一个孩童在下棋，在棋盘上移动棋子"。区区六十年后，苏格拉底比他说的少得多，却被判处了死刑。

历史学家们总是对赫拉克利特的基本见解产生争议。对于一些人而言，赫拉克利特是"火"的哲学家，在他那里，火是最原始的元素，万物起源于它，终将复归于它。另一些人把他视作"生成"的哲学家，因为他认为万物都处在永远的流变状态。两种解释最根本的分歧在于，前一种预设了一个最终的胜利者，火；而后一种，则预设了一场平局，没有任何一边能够通过其对手的毁灭而取得完全的胜利。为了澄清事实，我直白地表明，我效忠于"生成"的理论。

根据赫拉克利特的说法，现实是持续不停的流动和转化。没有一样事物——有生命的或无生命的——不受制于恒常的变化。甚至是那些一眼看上去处于静止的事物，经过更加仔细的审察，也显示出变化的迹象。铁钟会生锈，悬崖会受侵蚀，树会生长，人会变老。Panta rei，万物皆流变。"你不能两次踏进同一条河流。"火是永恒流变的象征，是赫拉克利特最基本的实体。"万物都是火的一种交换，火交换万物，正如盛放黄金的器皿和制作器皿的黄金。"

现在，尽管以弗所只距离米利都四十公里，尽管将火定义为第一实体这一点，好像也与泰勒斯、阿那克西曼德和阿那克西米尼的宇宙论相去不远，但我们也必须当心落入把赫拉克利特和米利都学派混为一谈的陷阱。抛开他不甚亲切的性格来说，这位坏脾气哲学家所做的思辨哲学，相较他的前辈们而言，取得了巨大的进步。

赫拉克利特思想中的原创性，在于他将世界视为一个巨大的战场，其中所有的力量多少都是平等的。冲突并非一种例外，而是一种常态，人们必须将其视为一种天然的正义而接受它。"战争对所有人来说是常事，冲突是正义的，所有的事物都在生成，又经由冲突而消逝。""战争是万物之父。"

这位哲学家责备荷马，因为那位诗人曾（在《伊利亚特》中）高声宣扬："愿神和人之间的冲突消失！"赫拉克利特说，难道荷马没有意识到他正在祈祷大地的毁灭吗？如果世上没有争斗，那还会剩下什么？只有彻底的荒凉。"难道不是疾病使得健康令人愉悦；又好比邪恶之于善良，饥渴之于餍足，疲倦之于休憩？"赫拉克利特最奇怪和也许是最重要的言论之一乃是："弓被称为生命，然而它的工作却是死亡。"解释一下：在希腊语中，"弓"和"生命"都用一个词 bios 来表达，这并不完全是偶然，因为拉满的弓，尽管明面上像是静止的，却以木和弦之间的张力象征生命。而弓的用途，当然是造成死亡。所有处在斗争中的元素，当它压过对手取得胜利，都将带着悲痛：胜利的结局也意味着自杀。倘若赫拉克利特现在还活着，住在美国，他一定会强烈告诫民主党不要消灭共和党，因为后者的消失喻示着前者的瓦解。

对赫拉克利特而言，宇宙诸冲突表面上的混乱，遮盖了一种理性的秩序，他以一个单独的词语来定义这种秩序：逻各斯（logos）。现在我们便进入了更深的水区，因为这个词语有很多种诠释。它可以简单地指语言，但也可以表示真相、理性、语词、现实，甚至是神。我个人的观点是，赫拉克利特使用"逻各斯"一词来喻示统辖各种元素之间冲突的自然法则，而并不具备任何形而上学意义。另一方面，对于斯多葛学派，以及那些想要赋予赫拉克利特的言论以宗教倾向的人来说，"逻各斯"代表了造物主的意志。不幸的是，斯多葛哲学以及后来的基督教思想，都无法摆脱一个补偿所有生命之不幸的"美好结局"观念，这将大大地扭曲"逻各斯"的本义。支持自然主义诠释的主要论据是，没有一位前苏格拉底的哲学家能够设想任何非物质的事物。譬如，阿那克西曼德的"无定者"，就不是指向一种非物质的存在（比如灵魂），而是一个实体，尽管是性质上比空气稀薄百倍的实体；而毕达哥拉斯甚至把数字视为在空间中有广延的微小物体。

这位哲学家自身的"晦涩"也有部分是由于人们对他的诠释出了问题。考虑到残篇如此地令人费解，所有人只要想要，都能通过援引赫拉克利特来支持自己的理论，因为这些残篇就像统计学的数据一样，可以被用于证明任何东西。我会建议学习哲学的学生在每一个可能的场合，都引用赫拉克利特。别管问题本身是否涉及霍布斯、斯宾塞、黑格尔、柏格森、海德格尔、尼采或哪一位，"晦涩的哲学家"都能派上用场，说尽一切事，说尽一切事的反面。这样做总是能够给人留下好印象，其中的风险可以忽略不计。

甚至赫拉克利特也有他的粉丝，事实证明，他们和其他粉丝没有区别，同样比这位大师本人更为极端。赫拉克利特说，人不能两次踏入同一条河流；而他最青睐的门徒克拉底鲁，声称一个人甚至一次也不能踏入同一条河流。他和同胞交流乃是徒劳，于是习惯保持完全的静默。若有人问他问题，他唯一的回应便是摆动他的小拇指。

　　练习题：太阳和人的脚一样大。
　　请展开论述。

IX
修车工的快乐哲学 托尼诺·卡波内

　　所有使一段对话变得平庸无趣的共同点中，有一种特别令人厌恶的，就是规劝我们"哲学地看待生活"。我知道，若被困在电梯里一个小时，没有其他更好的事情来消磨时间，那么确实需要与哲学相识；然而，我仍旧反对把哲学降级为一种简单的、别无选择之下的无奈之举。"拥有一套哲学"的含义之一是，我们具备一套自己的价值观，并基于这种价值观来做我们日常的决定。

　　就以托尼诺·卡波内来打个恰当的比方。七月的一天，临近正午，我们待在那不勒斯，正值这个季节最热的时候，我的菲亚特[*]车停在烈日之下。我爬进这炽热的汽车，转动钥匙点火，发现电池没电了。我大声咒骂，只能步行去最近的电池配件处。到了那里我才发现，窗子的栅栏紧闭，上面贴着一张条子写道：托尼诺赚够了他想要的钱，已经去往沙滩。

❀ 意大利汽车品牌。

托尼诺的决定暗含了一套值得分析的哲学。我们应该分析分析。

我第一次见托尼诺·卡波内是 1948 年，在一所神学院里。他是那儿的学生，我去那儿踢球。那时托尼诺是个活泼的小伙子，不是什么思想家。还没有任何征兆显示，他会变成一个哲学家。

托尼诺在开始教会生活之前，就已经对其产生厌倦，他发现了两项饶富吸引力的事物：足球和引擎。汽车、摩托车、轻便摩托车、摩托艇——任何有内燃机的东西都让他着迷。他离开了大学，成为一名赛车机械师：总是被蓖麻油的油脂和恶臭所笼罩。他很早就结了婚，在那不勒斯找了一份工作，在菲亚特当产品测试员。然而无论他的婚姻还是工作都十分短暂，24 岁的时候他再一次变回单身，工作也无着落。他于 1955 年驾驶一辆他自主设计的汽车，参加了波西利波的汽车大奖赛。阿斯卡利 ❋ 赢得了比赛，而托尼诺在第一个拐弯就离开了赛道：要不是有十几捆稻草和一棵小木兰树，他早就在急速飞行两百米后坠海身亡。他摔坏了两条腿，但没有观众受伤。在双腿打上石膏的那段日子里，由于无法动弹，且之前学习过一些拉丁语和希腊语，他重读古典作家著作，对哲学产生了兴趣。如今的托尼诺是我认识的唯一一位会调整配电器中的断路器的意大利知识分子。

"我们生活的每一天，"托尼诺说，"就像是玩大富翁游戏。在一开始，每一个玩家都能收到 24 份自由使用的筹码，每份筹码都代表一天中的一个小时。游戏的目的在于，利用这些筹码发

❋ 英国跑车品牌。

挥出最大的优势。"

　　我们坐在那不勒斯汶梅罗区[注]的一家比萨饼店。凌晨一点多，顾客都已走光，店也将打烊。店长"奥元帅"在收银台前结算这一天的收入，两名服务员正忙碌于餐桌之间，把桌布拆下，堆到地上准备拿去清洗。而在角落处，则是托尼诺·卡尔米内（一位上了年纪的服务员）和我。我们围坐桌边，每人面前都放着一杯咖啡。

　　"为了生存，"托尼诺说，"我们需要两样东西：一点儿能让我们经济独立的钱，和一点儿能助我们熬过孤独、免受伤害的情感。这两样东西都不是现成礼物，我们必须购买它们，必须付出很多很多小时的自由，来承担其昂贵的价格。例如，意大利南部的人倾向于找一份稳定的工作，拿固定的小份工资。我并不是在建议他们找一份要求特别高的工作，事实上正相反，任何雇佣关系，就消耗我们的自由这一点来说，代价都是极高的。一天工作八小时，意味着有八小时的筹码必须被支出，我甚至还没谈到加班或者下班后再谋一份兼职的问题。而说到情感，人们同样也会选择阻力最小的方案。他娶了一位妻子，是想让她为自己提供那份情感需求。然而这项解决方案也有代价。最好的情况是，他向自己另外牺牲掉的六小时自由挥手作别。只要他一下班回到家里，他的妻子马上就要求他的关注。现在，让我们来合计一下：八个小时给工作，六个小时给妻子，还剩下十个小时。他还需要睡觉、洗漱、进食、在家和工作地之间往返。"

❀ 那不勒斯中心街区。

"唐·安托，"卡尔米内说，他和托尼诺不是密友，总是叫他唐·安托尼奥，"我唯一不理解的是关于筹码的事情。你是在说，为了赚钱，一个人必须支出……"

"没错，"托尼诺打断道，"但我们谈论的是假想中的钱，它们代表我们的自由时间。如果你把一天中所有的时间都牺牲给了工作和妻子，你就没有任何留给自己的时间了。"

"我知道了，唐·安托，"卡尔米内答道，听起来不是很信服，"但你看，当我工作的时候，我从来不觉得无聊，当我和妻子在一起时，要说的话，是有一点无聊。可当我独处时，我真的感到很无聊，而且会想，如果我在工作的话情况会不会好点儿。"

"那是因为你自己从未学会独立。你知道一位名叫尼采的德国哲学家曾经说过什么吗？'孤独啊，我的王国！'"

"在德国或许是那样的，"卡尔米内表示不同意，"但在那不勒斯，孤独从不受欢迎。"

"孤独自身并没有好坏之分，"托尼诺坚持道，"它就像一个放大镜。若你心情不愉快，又独身一人，你就会不高兴；若你心情愉悦，又独身一人，你就会非常开心。"

"问题在于人大多数时候总是不开心的。"卡尔米内咕哝着说。

"不管怎么说，我没有在讨论孤独，而是在讨论自由的时间。让我们弄清楚一件事：每个人都应该随心所欲地支配他的自由时间。一些人喜欢独自在家，看书或思考；另一些人则更喜好出门和朋友约饭；有些人甚至选择把他们的时间耗在汽车上，开车在城里乱转。重要的是每个人都应该有一部分时间，一天中某一段闲暇时光，能够做赚钱和花钱之外的事。然而很不幸，在这个时代，消费主义愈发横行，将它的规则强加到每一个人身上，要求人们去做更多他们并非真正需求的事。如果我们能削减多余的开支，我们就能一劳永逸地摆脱过度劳累的苦楚。"

"唐·安托！"卡尔米内大声道，"对于我这类人来说，你说的根本站不住脚！你说的多余开支是什么呢？你是一个单身汉，你只需要为自己操心。我可是结婚了，家里有三个孩子。你会花两万里拉❋给头灯换一个新灯泡，但对我来说，整整工作一个月再加上很多小费才挣得到六十万里拉。"

"你有车吧？"托尼诺更为尖锐地问。

"如果你当它是车的话。我有一辆旧的菲亚特127。"卡尔米内承认道，降低了他的音量，好像对此感到惭愧。

"但你不觉得那是一笔多余的支出。你的父亲从来没拥有过一辆车，那也并未使得他的生活不如你的愉悦。承认吧，你买车是因为你看到别人有车，而不是因为你真的需要它。是不是这样？"

"在那不勒斯生活，怎么可以没有车呢？公共交通烂得不行。"

"告诉我，你如何定义富人？"

"挣了很多钱的人吧。"

"多少钱？"

"哦，我不知道……比方说一个月三百万里拉吧。"

"财富啊，我亲爱的卡尔米内，不是一笔特定数目的钱财，并不是说一个人挣得多就富有，或者挣得少就贫穷。财富是相对的。如果一个人挣的比他花的多，他便富有；而反之亦然，如果

❋ 意大利在1861—2002年的货币单位，1里拉等于100分。

某个人需要的比他挣的多，他便贫穷。"

"你说什么？""奥元帅"道，他已经结清了账目，加入对话。

"我是说，财富只是一种心态：一个人没有很多钱，也可以感觉富有。重要的是花的比他赚的少，别想着那些他没有的东西。"

"你这话就有些扫兴了，唐·安托——想着我没有的东西！"卡尔米内脱口而出，"比如，我太想要一个彩色电视机了，但它需要花费将近一百万里拉。一百万！我怎么存得下一百万？上个周日，我在赌球池上下了十一注，我倒是要问问你，在结束前十分钟，菲奥伦蒂尼下场了，比分三比零，把一切都毁了！！所以你告诉我，托尼诺·卡波内，我永远都没法买上一台彩色电视机，而且我应该把它给忘了！"

"当然，"托尼诺说，"今天没人可以不用彩色电视机。"

"他们有电视机，但我只有一堆坏运气，"卡尔米内回答，"我来告诉你发生了什么。就在我住的马提尔代的房子对面，有一家社交俱乐部，名叫贝内代托·克罗切，他们有一台二十三英寸的彩电。我的太太曾在那儿——你可能会说——做办公室主管，所以每个周日的中午，我都习惯了去那儿看球。然后这个俱乐部忽然破产，付不起租金，他们只能把租来的台球桌给卖掉，承租人便起诉他们。前几天法警来了，把俱乐部给封了。但是我现在已经习惯了看彩色电视机，黑白的完全比不上了。这就是为什么我只是想拥有一台彩色电视机而已。"

"如果我是你的话，卡尔米内，我会起诉这家俱乐部。""奥元帅"提议说，他尽量不显露出什么表情，"事实上，他们就像是给你染上毒瘾的毒贩子。一开始他们把东西给你，不要钱，但现在你得出钱去买了。"

"马雷西亚❀，你在开玩笑，但卡尔米内绝对是占理的。"托尼诺反驳道，"我是说真的。因为根据他刚才告诉我们的这些，很显然就是因为这家俱乐部的放任，才让卡尔米内对更高的生活水平着迷，损害了他的相对财富。让我再给你们举一个例子。假设你某天想要解雇卡尔米内……"

"不是完全不可能，""奥元帅"插话道，"如果他把上比萨的时间用来和顾客聊天。"

"……然后假设可怜的卡尔米内找到我，求一份工作……"托尼诺继续说，无视所有的插话。

"唐·安托，我还是提醒你一声，我对汽车和电路一无所知。"卡尔米内打断他。

"……然后我，因为和他是老相识了，所以告诉他我需要一个私人秘书，并且给他一个月一百五十万里拉的薪水……"

"我的圣母玛利亚啊！"卡尔米内叹道。

"……这只是第一年的薪水，但第二年以后，由于个人原因，薪水必须降到一百万里拉。"

"什么？"卡尔米内抗议道，"第一年一百五十万，第二年就只有一百万了？你想干吗，唐·安托，给我减工资而不是加工资？我对你感到很惊讶。工作一年后，一个优秀的员工应该有权利加薪。"

❀ 即"奥元帅"的大名。Marescià 和 'o maresciallo 发音类似，后者是前者的谐音外号。

"但我是个疯子啊，我就是第一年给得多，后面给得少。"托尼诺坚持道，"并且，我这样的行为便毁了你。因为，你瞧，第一年你习惯了一百五十万的生活，而在你的余生，你会一直觉得酬不抵劳。如果你很聪明的话，你会怎么做？第一年你会把那多出的五十万施舍给教堂角落的乞丐。最终你便不用再担心了，因为你可以继续过和之前一样的生活；唯一遭罪的是那个角落里的乞丐，他会想那个每个月给他五十万的先生哪儿去了。"

"事实上，"卡尔米内承认，"这位可怜的家伙会稍微松开一点他的裤腰带。谁知道呢，也许他还给自己找了个女朋友。"

"所以，你知道了，这个可怜人被施舍的故事可以助你懂得幸福的秘诀，"托尼诺得意洋洋地总结，"财富只是一种心态：什么都别想要，我们就能有种赚大钱的感觉，这就足够了。如果你想变得开心，那么记住幸福是和个人自由等同的事物。就我自己而言，我已经把自己的生活方式变得极简。这意味着我只需要工作半天，能够用剩下的时间来结交朋友，研究这个世界。"

托尼诺·卡波内从未撰写过一本书。唯一得到认证的残篇就是他营业日记中的那些内容，在诸如"星期二 18：30，皮塔拉街道封锁"和"订购图得电池"的条目间，不时会蹦出类似于这样的话："人们多在研究如何延长生命，但我们需要知道的是，如何拓宽生命的广度。"

X

埃利亚

如果游客们，尤其是那不勒斯的游客们，能被说服放弃伊斯基亚岛拥堵的道路，而是敢于开车稍微往南走一点，去探索利科萨角和帕利努罗角之间鲜为人知的海岸线，他们迟早会偶然发现一个名唤马里纳·迪阿谢亚的小渔村，在那里，除了一片古老的美丽海景之外，他们还会发现被迷人的寂静包围着的埃利亚古城墙。

对于在遥远的公元前540年第一次目睹这片土地的福西亚殖民者来说，这一定是他们所祈祷的答案。这里有一条河，阿伦托河，宽而深，足以容纳一个港口；两个小岛，庞蒂亚和伊萨西亚，像哨兵一样守卫着河口；还有一个伸入大海的岬角，正等待着卫城的建立。福西亚人立即知道，他们已经到达了旅程的终点。

此时，从头了解这些艰苦的征程中的某一段兴许有所帮助，因为它可以让人理解，是什么驱动我们的先祖开创如此危险的事业。想象一下，在公元前六世纪，用一艘小划艇穿越地中海会是什么样的情景！我有意选择福西亚人定居于埃利亚作为我的例子，是因为这些人比起其他人，更多地参与了对已知世界的殖民开拓。有据可考，福西亚人曾探索了亚得里亚海海域，殖民西班牙海岸沿线地区，甚至在柯莱欧斯之后，穿越赫拉克勒斯之柱并沿着大西洋海岸旅行。

一切都开始于公元前545年左右黑暗的一天，一位波斯将军哈尔帕格以居鲁士大帝的名义占领爱奥尼亚海岸，包围了福西亚人的城市。

在飞机被发明出来之前，人类历史几乎全部由和围困有关的事迹书写。当一群人决定建立一个安定之所，他们最先考虑找到一处山丘，给予他们防御侵略者的高地优势，接着他们开始在那里建造城墙。埃克巴坦那（今伊朗哈马丹）的人们是如此害怕受人奴役，建造了七层以上的城墙包围他们的城市。福西亚人多了一个逃跑路线方面的优势——海洋，对于一队训练有素的海员来说尤其便捷，他们"五十桨的帆船"能迅速驶离，足以把所有的追兵甩在身后。

现在让我们回到波斯将军发起围困的时刻。希罗多德告诉我们，经无数次尝试攻克这座城池失败后，哈尔帕格向福西亚人放话，他想要攻下这座城无非是为了声誉，何不做个交易：只须毁掉一个堡垒，就足以让他声称，福西亚人也向居鲁士大帝归降了。福西亚人花了一天的时间来思考这项提议并提出了一条相反的提议，即波斯军队应当在他们认真思考时撤兵。哈尔帕格同意了，此时城里的所有福西亚人抓住机会，带着他们所有的财宝甚至神像，从海上逃走。

一场航海运动立时毫无准备地开始，波斯人穷追不舍，但明显坚持不了太长时间。福西亚人当天晚上在希俄斯岛附近登陆，在那里，他们拿出现金，提出购买奥努赛群岛。不幸的是，希俄斯岛的居民害怕这可能会带来贸易的竞争，拒绝了他们，逃难者不得不再一次乘船离岛。他们中的一些人，由于思乡情切，返回了家园；其他人勇往直前，一路向西，来到了遥远的科西嘉岛，福西亚人数年前在那里建立了阿拉里亚殖民地（今阿莱里亚）。

他们的到来显然不受迦太基人和伊特鲁里亚人的欢迎，后者把爱奥尼亚人持续的涌入视为潜在的威胁，决定一劳永逸地摆脱这种状况。大规模的海上战役打响了，而没有一方获得胜利，两败俱伤。福西亚人失去了四十条船，许多人都在战役中死去，而那些游上岸的人，立即被科西嘉岛人用石头砸死，他们只不过是在遥远年代中会些只言片语的一个民族。据希罗多德记载："这场暴行的结局是，在那以后，任何活物——羊、牛或人——只要经过这个地方……便会因瘫痪发作而扭伤致瘸。"

这场不幸征程中的幸存者分为两派：一派建立了马萨利亚（今马赛），另一派南迁至雷吉翁（今雷焦卡拉布里亚）。后者收到了女祭司皮提亚传达的神谕，建议他们尽快向远方动身，直到阿伦托河河口。这块殖民地起初被唤作黑勒，取自那里一条泉水的名字，后来被唤作埃利亚，最终则被古罗马人称为韦利亚，这是你能在公路地图上找到的名字。

他们建立卫城的所在不再是一处海角，因为经年的冲击，土层已在河口上堆叠得足够高，使得庞蒂亚和伊萨西亚两座岛屿如今已与大陆相连。然而，两座岛屿仍旧可见，因为在一片纯冲积区内上有石灰岩露出。沿着经卡萨尔·韦利诺的二级公路游览，游客会看到左手边一块写着"往韦利亚"的标识牌，而再过几百米，便能看到那低矮的城墙。来自德国、法国甚至日本的游客，都会纷纷掏出他们的相机，但很少看见意大利游客。但如果埃利亚在非洲塞舌尔群岛，它可能更受意大利社交圈的关注；然而你，我亲爱的那不勒斯人民，你们向来不屑乘喷气飞机四处游玩的奢靡作风，又怎么能远离眼前的风光呢？找个周日，带你的家人来到这里，当你到达马里纳门，请脱掉鞋子，赤脚往卫城去。当你进入罗萨门，你便行走在了两千五百年前色诺芬尼穿着凉鞋踏过的同一片石头地上。

如今，埃利亚的一切都归于平静与安宁。躺在草地上品着女眷为你精心准备的面包、香肠和比萨，然后安静地沐浴着温暖的阳光，坐在神庙的台阶上，凝视每个清晨巴门尼德传授芝诺"存在者存在，非存在者不存在"的地方。或许周遭景致的加持，会比任何学术专著令你更好地领会关于存在的哲学。

城墙的残垣侧面映射出，埃利亚哪怕在它全盛时期，也从不是一个大都市。即便如此，这座坎帕尼亚的小城，仍有一派哲学生长起来，并最终成为西方思想史上的一块基石。

XI
色诺芬尼

色诺芬尼是一位游吟诗人，有时也吟唱自己写的诗歌。他的篇目包括荷马的作品和一些讽刺诗（silloi），他写作这些诗歌来讽刺他同时代的人。无论何时，哪儿有社交集会或酒宴，色诺芬尼总是第一位被请到，也通常是在宴会最后被请出来表演的。"色尼，"他们说道，"给我们唱一小段阿伽门农从阿喀琉斯处窃走女奴的故事吧。"然而由于每次都被要求吟唱同一段诗歌，色诺芬尼开始厌倦荷马，此后再也不说他一丁点好话。可对于希腊人来说，荷马就是一切：如果不把荷马彻底地了解一遍，他所受的教育便不完整。国王阿尔喀诺俄斯甚至认为，众神策划一整出特洛伊的悲剧，都不过是为了让荷马能"为未来的世代吟唱"。

色诺芬尼是一位道德学家，但——以美德调和恶习——他同样也颇具诙谐感。他批判一切：除了荷马，他还讽刺赫西俄德、泰勒斯、毕达哥拉斯、厄皮美尼德斯和所有比他有名的人。有一次他甚至抱怨运动员："在我看来，不能因为拳击手或赛跑运动员在五项运动中与人拼搏，展现出极快的脚速，就获得比传授智慧的老师更高的荣耀，后者的价值远高于人或马的体力。"想想看，那时候的运动冠军甚至还没有赞助费！

对于他作为诙谐家的水平高低，我持保留意见；即使撇除二十五个世纪后的我们不太能抓住他妙处的因素，他的谐言也几乎没有什么石破天惊的感觉。有人告诉他，自己看见鳗鱼在热水里生活，他答道：“那我猜若要烹饪它们，就得用冷水了。”好吧，好吧。再说了，谁又知道，会不会又过去两千五百年后，学者们也以同样挑剔的眼光审视我《贝拉维斯塔如是说》的残篇呢。

色诺芬尼，德克修斯或俄尔索美涅之子，同样出生在爱奥尼亚海岸，不过是在科罗封。我们不仅无法确定他父亲的名字，对于他出生的时间也拿捏不准：第欧根尼（援引索提翁）认为他是阿那克西曼德（约生于公元前 610 年）的同代人，而亚历山大的克莱门认为他与希伦（约公元前 470 年叙拉古的僭主）属同一时期。如果这两个说法都为真，那么他就得有超过一百岁的寿命。他倒真有可能活了那么久。我们唯一确定的是他在一首哀歌中给我们的一个说法：“自二十五岁起，时至今日，我饱经忧患的灵魂已在希腊的土地上沉浮六十七载。”我们只需要做一点简单的加法：67 + 25 = 92，再额外添加几个数，就可以得到“一百年”。注意他说自己的灵魂在二十五岁时已然忧患重重。如果这“忧患”指的是他遭到流放，而米底人入侵是在公元前 540 年，那么他必定出生在公元前 565 年左右。

色诺芬尼无师自通，他一到了拥有理性的年纪，便马上表现出与世界格格不入。在公元前六世纪的上半叶，科罗封处在寡头政治的统治之下，据说拥有一支一千名骑兵组成的军队，同时，它还受到吕底亚的管辖。这也没什么不寻常的，然而吕底亚宽松的统治使得年轻的色诺芬尼感到不悦，他认为克洛伊索斯王❋麾下的士兵全都在寻欢作乐，责备他们使得同城的子民在道德上越来越松懈、放纵。他被迫重新考虑自己关于哈尔帕格统治下的吕底亚人民的看法，哈尔帕格是米底人的军事领袖，是一位旧式的士兵，也是爱奥尼亚海岸恐怖的威胁。当这支新的占领军抵达时，这位哲学家立即意识到讽刺诗再无立足之处，于是便悄然离去。

而后他历经了十分艰难的时期：落入海盗之手，被贩卖给了奴隶主，又被毕达哥拉斯派的巴门尼斯库和俄瑞斯塔德解放为自由人，亲手埋葬了自己的儿子，一直不停地流浪，出现在赞克勒（今墨西拿）、卡塔纳、马耳他、叙拉古、阿格里真托和利帕里等地。在利帕里，他为一场火山喷发所深深吸引（是哪一座火山？他也许把斯特龙博利岛错认为利帕里岛）。他过着如此漂泊的生活，直到抵达埃利亚，据一些人称，他安定下来了一些时日，创立了一个学园。

临终之时，他又老又穷，穷到他曾坦言"再也承付不起招用两名奴隶的花销"。

除了讽刺诗和哀歌，他还撰写了一首名为《论自然》的六音步诗和其他两首历史主题的诗：《科罗封的建立》及《在意大利的埃利亚的殖民》。

一些哲学史将色诺芬尼列为埃利亚学派的第一人——按时间顺序来说的话。就他生活在埃利亚这一点而言，几乎没有疑问，并且我们确切知道的是，他比巴门尼德要年长，然而即便如此，

❋ 吕底亚的最后一位国王。

宣称他是埃利亚学派的建立者，或许是有些牵强了。也许这位"科罗封的喜剧诗人"不应被描述为哲学家，而应被称作一个由于某些意外而早生了七个世纪的神学家。然而，他是第一位提出"一神即一切"这句口号的人，这一点须归功于他。某种程度上，这成为巴门尼德学说的前兆。

色诺芬尼思想的核心部分，是不能把神与荷马、赫西俄德诗歌中的怪人混为一谈。"他们认为众神有一切在凡人看来令人羞耻的行为，如偷窃、通奸、互相欺骗等。"神是一个超越的存在，是一切和一。但是注意："一神"这种表达并非具有基督教社会中长期使用的"一神教"那种内涵。我们这里讨论的是和泰勒斯的理论性质类似的泛神论：万事万物都是神，而万事万物的总和是一个整体，也具有神性。相比之下，无知的凡人想象的众神是以他们自己的形象和相似性为基础而形成的超人种族："埃塞俄比亚人给他们的神添上黑色的翘鼻；色雷斯人则说他们的神有蓝色的眼睛和红色的头发"，"如果牛和马或狮子有手可以画画，像人那样创作美术作品，马会把神画得像马，牛会把神画得像牛，并且让它们的身体也如它们一样"。

色诺芬尼说，首先，当我们谈论神时，不能说他"出生"，因为完满之物不能从不完满之物中诞生。神因此是自生而永恒的。神也不能有很多个，因为倘若如此，那么就会有一些神属上等，有一些神属下等，而下等神的概念是站不住脚的。他们也不能相等，因为这意味着没有谁比谁更好，这便与神性最重要的特权相矛盾，神性乃是至高无上的。色诺芬尼得出神是一，是无所不能的，球状的，因此既非有限的，也非无限的。

亚里士多德不赞同色诺芬尼关于神的球状性质的说法："说神是球状的，便是在他之上加诸限制。"对这些矛盾观点的调和，最终也许会走向爱因斯坦的四维弯曲空间理论，四维弯曲空间既是有限的也是无限的。但我很怕和一开始我所承诺的"接地气"相去甚远，所以我将放弃这个主题，把上述的评论留用于激发读者的想象力。

尽管在提出神的"一性"这一点上，色诺芬尼比巴门尼德更早，然而他对自然世界的看法和米利都学派的人更为接近。"所有的事物，"他说，"都源自大地，复归大地。"世界当前的状态是由土、水和二者的混合物——泥构成。这位哲学家援引在叙拉古的采石场中找到的鱼、植物和贝壳的化石，证明一种元素会侵入另一种元素的空间之中。他最非凡的陈述之一是，我们脚下的大地是无限的，不像泰勒斯所说漂浮在水上，也不像阿那克西曼德所说的那样悬浮于空中。

色诺芬尼最吸引我的一面是作为诗人的色诺芬尼。让我们一起来读一首他的哀歌，想象我们自己是公元前五世纪某场宴会的客人吧。

"……现在地面干净，所有的手和杯子亦然；一个人将缠绕的花环置于我们头顶，另一个人递予我们盛于银托盘上的芳香的药膏。搅拌钵已放好，里面装满愉悦，杯中的酒永不竭尽，瓶中的花柔软芬芳。乳香送来它神圣的香味，有清冽的水，甜美而洁净。面包放在我们前面，华贵的桌上置满奶酪与醇厚的蜂蜜。中间的祭坛四周簇满鲜花；歌声与狂欢溢满厅堂。然，首先人们应在这场集会上以欢乐赞美神，颂唱神圣的故事和纯洁的言辞；之后是祝酒与祷告，祈求我们都有行正义之事的力量，此后若适量饮酒，无须侍从搀扶便可返回家中，则并无罪过，亦不会衰老……"

XII
巴门尼德

巴门尼德，皮瑞斯之子，公元前 520 年至前 510 年之间出生在埃利亚。第欧根尼·拉尔修告诉我们，他是色诺芬尼、阿那克西曼德和毕达哥拉斯派的阿美尼亚斯的学生。他是色诺芬尼的学生这一点毫无疑问：他们共同居住的那个村庄据说不到一千位居民，他们不可能不知道对方的存在。然而，阿那克西曼德出现在这名单上看起来就有些值得怀疑了：两千千米的海程，前后一百年的差距，几乎使得他们彼此间有交集的可能性微乎其微。至于阿美尼亚斯，恐怕毕达哥拉斯派和埃利亚学派之间的关系并非完全是师徒关系。我仔细读过索提翁的叙述，值得注意的是，尽管关于巴门尼德的历史说法表明，他是色诺芬尼的"一名学生"，但当索提翁写到阿美尼亚斯时，他使用了更加模糊的描述——"与之有联系"，在一些译本中甚至被译作"与之关系甚亲"。柏拉图在《巴门尼德篇》中通过引入芝诺作为他的"特别最爱"来确定这位哲学家的性取向。这没什么好惊奇的：同性恋在那一段时期十分常见，几乎每一位哲学家都有他的男性恋人。但这些思想家和我们这个时代的同性恋者很是不同，他们也会频繁与漂亮的艺妓接触。

巴门尼德出生在一个显赫而富裕的家族，他有着慷慨的好名声。阿美尼亚斯很穷，他死时，巴门尼德自掏腰包为他建立了一座祠堂。

据普鲁塔克称，巴门尼德作为立法者的才能非常优秀，他的所有同胞在达到一定年龄时，都会起誓遵循巴门尼德所立的法。

他教出了芝诺和恩培多克勒，虽说我已经把自己对他的生平所知叙述完了，但我还想提及他公元前450年去往雅典的航行。这似乎是由埃利亚人发起的某个外交任务，意在说服伯里克利签署两个城邦之间的联盟条约。在这次事件中，比起与政客们厮混，巴门尼德与芝诺花费了更多时间与他们的雅典同行相处。实际上这是一场哲学家峰会。在埃利亚这边，他们想要显示，凡涉及思想的深度，他们那小小的城邦完全与雅典这座大都市旗鼓相当；而苏格拉底那时尽管只有二十五岁，却已经是一位锐不可当的论辩能手。最终这成了哲学史上最为复杂和乏味的一场讨论。柏拉图在《巴门尼德篇》中对此有详尽的记录——尽管他有文学才华，我还有怀疑是否真的有人将这篇对话从头读到尾，甚至教材的编辑可能也没有读完。当然，我说的"人"指的是普通人。

我已经提醒过你们了，关于这场历史性会晤中的哲学对话，接下来我将通过引用苏格拉底论证的开篇语段来让大家开开眼界。"芝诺，你是想说，如果实在是'多'，许多事物就会立即变得相似而不相似——这是绝不可能的，因为不相似之物不会变得相似，而相似之物也不会变得不相似？……因为不相似无法变成相似，相似也不能变成不相似，所以实在便不会是多，因为如果它……"如此种种足足写了五十页。

这种篇章给人的第一印象是如"吃葡萄不吐葡萄皮"一般的绕口令，但显然，一个人愈加用心地阅读其中的内容，越能在隧道尽头窥见光亮、豁然开朗。一般人通常会读到第七页，看到巴门尼德说："现在设想你将大自身给分开了，然后说每一个大的事物是大的，因为它是大自身的一部分，而它们同时又比大自身更小。你的论证难道不是很奇怪吗？"苏格拉底回答："确实！"一般人也会说："确实！"然后很快地将巴门尼德抛在一边。

在涉及抽象推理的问题上，我确实不是长跑选手，或许我放弃得更快；然而另一方面，我却又情不自禁地，对这些大希腊地区的哲学家们面对抽象问题时表露出的严肃认真的态度感到惊异。想想看，他们在奇伦托地区的一个小镇上出生、长大，而且那还是公元前五世纪，他们来到雅典这样的大城市，却没有寻欢作乐，而是专心致志于相似性和不相似性的哲学探讨；可如今，在二十一世纪来临前夕，就在同一片意大利南部的土地上，尽管电视并未普及，你却连一份报纸都卖不出去！

巴门尼德也像前人一样，以名为《论自然》的诗歌来阐明他的思想。诗歌开篇非常醒目，这位哲学家想象着自己正驾着由烈性的母马拖曳的车辆（象征灵魂中的激情部分），向着"远离于人之常规道路"的住所而去：

车轴在它的插孔内闪闪发光，发出仿佛笛中传来的声响（被两端围绕着它旋转的车轮催促着），此时太阳的女儿们离开了黑夜的居所，加紧朝光追赶而去。大门矗立，将黑夜与白天的道路分开。

在这里，巴门尼德遇上专门复仇的正义女神把守大门，拒绝给他钥匙。但太阳的女儿们（即"感觉"）以"温和的言语"劝说她让这位诗人通行，然后将他引至女神面前。女神庄严而仁慈，亲切地予以问候，并告诉他：

> 你将会旅经两条路：全面圆满的真理（科学）的永不动摇的核心，和其中不存在真信念的凡人的意见（表象）。

这便是巴门尼德如何开始知道真理，并决定将其揭示于后世的原因。我们必须试图理解。

在巴门尼德在场时讨论"生成"就好像是在教堂中立誓，得小心遭到意想不到的责备。他的观念是真理（或说一、神、逻各斯、存在）是"一、完整、不可动、不被创造"的。

> 真理是一，因为只有一个实在可以存在。
>
> 真理是完整的，因为没有空余的空间，因此没有事物可以将"一"分为部分。
>
> 真理不可动，因为为使"一"动，就必须占据一个先前即有空余的空间。
>
> 真理不是被创造出来的，因为"存在"不可以从"非存在"中来，而"非存在"根据定义不可能存在。
>
> 女神指出有两条路，引向了这样一个结论：真理之路和

意见之路。第一条路等同于"一",是唯一存在的实在。第二条路等同于"多",只是表象。

和大多数前苏格拉底哲学家一样,巴门尼德也是一位自视甚高的知识分子,对常人的评价非常低,称他们为"两面的凡人""思想在他们胸中迷失方向,又聋,又瞎,又愚笨,无法分辨存在和非存在,无法分辨真理和意见"。

根据巴门尼德的说法,思想喻示着存在,而非存在是无法被思考的。说得更明白一些,如果你可以思考一件事物,那么你的思考本身便证明这件事物存在,而非存在不仅不存在,甚至都无法被思考。这就是我开始产生疑惑的地方:如果我想到索菲亚·罗兰,显然必须有一个名为索菲亚·罗兰的女人存在,否则我无法思考她。而另一方面,我又可以思考某些不复存在的人,譬如说托托,他的存在不应当是必然的。最多只能这么说:"一个存在着的人正在思考一个叫作托托的喜剧演员,但不巧的是托托已经辞世。"但巴门尼德会对我的反驳置之一笑,告诉我是我混淆了"是"和"存在":托托的死去只是一层表象,事实上托托依旧"在"。我则更坚定地想象一幅画面,可以让某物不仅在当下"不在",并且从未"存在"过!我想,那大概是一个比E.T.还要丑的外星生物,它脚如鸡爪,鼻似象鼻,耳朵则好像是尊敬的安德烈奥蒂❋阁下的耳朵。但巴门尼德却不以为然,他说如果我能想象这样一种怪物,那么这个怪物就是"存在"的。瞧,我是

❋ Giulio Andreotti,意大利政治家。

如此喜欢使用"去存在"这个动词，我无法否认鸡爪、大象的鼻子和尊敬的安德烈奥蒂阁下都是分别实际存在的。

令人感到奇怪的一件事是，每当巴门尼德说出"存在者存在，非存在者不存在"的时候，我的第一反应都是怀疑；但我马上想到，我正在谈论的是古希腊最伟大的哲学家之一，于是又闭上了我的嘴巴。同样的经历也发生在我欣赏保罗·克利的画作时：我的常识立刻告诉我，这就是在瞎涂瞎抹，但这位大师的名气和周围严肃的氛围最终使我相信并非如此。

大体说来，绘画、音乐等艺术作品，是不需要表达明确意义的。有时这些东西完全是自我独立的，一段审美体验除了搅动情绪，不意达成任何效用。不幸的是，大多数人都是目的论者，对于他们来说，任何一个单独的人类行动都需要有明确的意图，因而意图便和艺术作品的意义等同起来。话说回来，我不应该在面对巴门尼德时，陷入和目的论者面对抽象画作时同样的错误。我问我自己，"存在者存在，非存在者不存在"难道不可以仅仅是一种诗性叙述的方便法门，用来激发我本体论方面的奇想吗？

在我看来，本体论，或者说关于存在的科学和研究，是希腊哲学中最难攀爬的悬崖。同样，在一些东方思想的体系中，如道家和禅学，我也发现了相似的困难，这使得我想到，道家和禅学与存在哲学有着一些相似之处。找到本体论的实际应用显然是不容易的。假设有人突然问我："教授，我已经决定了，从下周一开始，我要过一种本体论式的生活。请给我一些意见，指导我应当如何行事。譬如，我是否应该继续在办公室工作，还是不需要呢？"我能说什么？或许我应该顺着他的话给出回应："正常地行事，但尝试在你的每一天，都规避所有多余的事务——无论是消极的还是积极的。如果你收到了一张违章停车罚单，或者尤文图斯赢了那不勒斯，你都需要控制自己的情绪，想一想生活的本质。"换句话说，其实我并无任何思路。

也许要理解巴门尼德，我们第一件该做的事是避免带着省略号来书写"存在者存在……"，这样好像我们真的马上就能定义这件糟心的事物，而是应该习惯于将它作为一个简单的陈述句使用，"存在者存在"之后就是完整的停顿。但接着，考虑到我们天然的好奇心，往往不情愿顺从于这则陈述："存在者存在，更多的我们就不该问了。"我们可能会问，对于"存在"是否有某些定义，不管这些定义对于我们凡人来说是多么不充分。我们也可以尝试定义"非存在"，这或许能使我们从反面推导出这个更为复杂的概念。

沿着这种思路，我们可以认为"非存在"是一个对呈现于我们感官中的事物的集体定义，它们以颜色、味道、声音等形式呈现于我们感觉之中，而"存在"是这些事物的本质，是埋藏于这些可变表象之下的部分。

法国作家安托万·圣埃克苏佩里在他精彩的寓言故事《小王子》中告诉我们，一个小男孩所居住的屋子被认为埋有一些宝藏。宝藏从未被发现，却给这个地方增添了一种特殊的美感。"我们只停留在对事物外表的观察上，"圣埃克苏佩里说，"却未曾意识到真正重要的部分是被掩藏起来的。"

对于那些盛赞其雕塑作品之美的人们，米开朗基罗习惯这样回应，宣称他所做的无非是把大理石上多余的部分移除。将这些代入我们的论证，则说明表象是"过剩"的多余之物，而理想中的雕塑，被封锁在大理石内部，具有独一无二的完满性，是我们的想象力试图抓取的存在。

　　正如你所见，我们的脚步正踏在去往柏拉图"形式论"的道路上。但千万小心，这是一条非常陡峭而滑溜的坡道，可能会把我们带进沟里！

XIII
芝诺

芝诺是巴门尼德的"好伙伴"。在雅典皮索多鲁斯家中那场著名的哲学家会议上，他是话题的开启者——用戏剧界行话来说，他是"暖场"的那个人。他能捕捉到观众们的注意力达到顶峰的一刻，然后表现出不得不恳求大师开口的样子。"我本来不会要求你这么做的，"他说，"如果我们这儿再多些人的话。因为这个主题并不适合在一大堆人面前谈论，尤其是对那些到了你这个年纪的人来说；但依照目前的情况看来，巴门尼德，我和苏格拉底一样，都想求你说上两句，我自始至终都十分盼望再次聆听你的话语。"尽管巴门尼德现身这次聚会的目的就是为了宣扬自己的观点，他却摆出一副勉为其难的模样，说道："我就好像是伊比库斯诗中的老马，在赛跑伊始便因恐惧而战栗，它知道什么将要来临；又或是像这位诗人本身，他将自己比作马，自知已年迈到难以承受爱情。同样地，我惧怕自己以这样的年纪面临一场必将来临的航海旅程——穿越一片令人生畏的言语之海。然而，我必将竭我所能……"如果他真的害怕，那对于根本不是哲学家的我们来说，在翻阅完一页又一页的抽象推理，最终读到"一是一，一不可能是多，一存在还是不存在？"之后，又该作何感想？

芝诺，泰勒塔格拉斯之子，约公元前 490 年出生于埃利亚。倘若出生在别处，他可能会成为一个优秀的渔夫，最多也不过是一名教师，但他却恰巧在离巴门尼德家仅仅一步之遥的地方长大，尽管那时尚且年幼，可他表现出的聪慧与活泼，注定令他不会泯然于众。那时候，将政治与哲学融为一体的组织的领头者们（譬如毕达哥拉斯）总会物色新的能人加入。故而巴门尼德发觉这位男孩身上的潜能后，去询问收养他的事宜，是自然而然的举动。芝诺的父母也欣然接受这项提议，因为巴门尼德被视为当地社群的顶梁柱。另有一条传闻也不可忽视，据说巴门尼德此举也出于受这位男孩与其智性天赋同样吸引人的身体魅力所吸引，尽管当时没有什么八卦专栏作家写文剖析，我们只能参考前面援引的柏拉图以及第欧根尼·拉尔修所形容的，芝诺乃巴门尼德的"学生及知己"。

这位年轻人研究物理学、数学和天文学，并在极短的时间内习得了极高的修养。他还是一位天赋异禀的辩论者，这让亚里士多德尊他为辩证法的发明者。他的学生众多，有麦里梭、恩培多克勒、留基波、皮索多鲁斯、克法洛斯、卡利诺斯，甚至伯里克利。据柏拉图所说，他的私人课程很有价值，但不便宜：一整堂课收费一百迈纳 ❀，够当时的人买一小块地了。

并不是所有的权威人士都认可芝诺拥有身体魅力，甚至对他相貌如何也未达成一致。譬如，他是高是矮？柏拉图说他"颀长

❀ 古希腊等地的货币单位、质量单位。

而优雅"，然而一位阿拉伯历史学家，阿尔·穆巴希尔认为，芝诺相貌英俊，但"个头很矮，鼻子很塌"。在别处我们还读到，"他的眉眼瑰丽，一双杏仁眼又大又黑"，然而"他头大身子小，脸颊上有一块胎记"。历史学家们甚至不能在他的仪表问题上找到共同点。一些人说他"行动缓慢，很注意高昂着他的头"，其他人认为"当他动身时，很难跟上他，因为他走得太快了。他拄着一根有树杈状手柄的手杖，上面饰有象牙和翡翠"。

芝诺帅气与否当然是无关紧要的话题，然而我必须承认自己被这些哲学家震惊了，他们可以一边鼓吹自己对表象毫不关心，一边却又纵容人们将自己的公众形象传得有鼻子有眼。既然谈到这个话题，我们应该记住雄辩术这门古希腊艺术同样也是更关注形式而非内容的：时兴的是缓慢的、僧侣式的步伐，庄严的姿态，搬弄警句的风格。去梵蒂冈博物馆参观一番希腊的雕塑，你就立马能意识到在那段时期，营造出一种能引起人们尊崇的形象是多么重要。

芝诺营造的形象一定引来了人们无限的关注。如同所有政治家一样，他完全知道一个手势或一个时间恰好的停顿有时比一段长篇大论的演讲更打动人心，人们更易受戏剧化的表演而不是论证的感染——尽管埃利亚学派将表象摒弃为幻象。

芝诺的主要爱好——政治——将他升至社区中受人敬重的高位，却也是他悲惨结局的始因。尽管不是很确定，但似乎临至公元前五世纪末的埃利亚，被一个叫尼阿库斯的独裁者统治，有人说他是民主派的领袖，也有人说他是叙拉古的僭主。不管这个人是什么身份，总之芝诺组织了一场谋反。他筹措了一支由贵族组成的武装远征队，离开利帕里岛，意图在夜间登陆意大利海岸。不幸的是，计划出了问题，可能是告密者动的手脚。当革命分子踏足埃利亚的海滩时，他们遭到了尼阿库斯的埋伏。大多数人都被杀害了，而这位哲学家则被人用铁链拖拽到僭主的跟前。

德尔图良告诉我们，在灾难发生前几年，芝诺被另一位僭主狄奥尼修斯问及，学习哲学能够获得的最大好处是什么。他回答："对死亡漠然处之。"此时，这位老人在生命的最后一天，终于能自证他话中的真理。尼阿库斯用尽一切手段想从芝诺嘴里撬出埃利亚其他反叛者的名单，芝诺却冷静地一一道出这位僭主最亲密朋友的名字。只有当酷刑变得不可忍受时，他才答应供出真相，但只许尼阿库斯一个人听。僭主把他的耳朵贴近这位哲学家的嘴巴，急切地不想错过任何一个名字，这时，芝诺狠狠地咬住了他的耳朵，直到施刑者们用长剑穿过他的身体。然而他还没有死，并且又一次遭到了酷刑的折磨。而这次他咬断了自己的舌头，把它吐到僭主的脸上。尼阿库斯最终明白，他无法击碎这样的灵魂。他下令将芝诺扔进石臼，捣打致死。

据传，这位哲学家在尚存一息之时，声称："今生仅有美德尚不足够，还需好运加持。"作为一条格言，它似乎不够杰出；但它是来自石臼深处的半条舌头发出的呐喊，无疑值得为后人铭记。

巴门尼德总是遭到嘲笑，而对于一位忠诚信徒如芝诺来说——他从小就极为善辩而敏感——这一定是不小的考验。人们通常讥笑埃利亚学派的中心原则（"存在者存在，非存在者不存在"），因为它最根本的逻辑就不通。批评家们说，世界上怎么会有人在不知道什么是"非存在"的情况下设想什么是"存在"呢？

怎么会在不知道什么是"多"的情况下感知到"一"，从未经历过黑暗却来谈论光明呢？因为"存在"所假定的逻辑前提是，具有关于什么是"非存在"的知识。让我们为巴门尼德完善一下他的句子："存在者存在，非存在者不存在。尽管它的存在必须被假定。"

为了反驳这些批评，芝诺采取的方法是，从他的对手们的逻辑前提出发，通过逻辑的阐释，得出一个悖论。极为重要的一点是，在这过程中，他绝没有违反无矛盾律。尽管我们不会把芝诺看作哲学苍穹上闪烁的主要星体，因为他大部分工作都是为巴门尼德做辩护，但是他在辩证法的哲学历史上，却是占据基础性地位的，因为他启发了智者派和苏格拉底的方法。埃利亚学派主要抨击的是关于"多"和运动的观点。芝诺对他的批评者们说，你们也许会嘲笑"一"的概念，但我现在将向你们展示，"多"的概念的内在悖谬性。他接着阐述了自己的悖论。

第一个悖论：让我们假设一个人决定沿着太阳高速公路 ❂ 从那不勒斯驱车前往罗马。现在，这位哲学家会论证说，这位驾驶员永远无法到达他的目的地，因为在抵达高速公路"罗马南"出口前，他必须跨越这段路程的中点，大致是在蓬泰科尔沃附近，而在抵达蓬泰科尔沃之前，他又必须跨过另一个中点，即从那不勒斯到蓬泰科尔沃这段路程的中点"卡普亚"出口，可是在到达卡普亚之前，他还必须跨过更早的一个中点，一直如此直到无穷。换句话说，任何线段都可以被分成两半，每一半可以被再分

❂ Autostrada del Sole，欧洲最早，也是意大利最重要的一条高速公路。

为更短的区间，没有一个区间是可以小到不足以被细分的。因此，驾驶员要开车到罗马，就必须经过无数的中点，而这将耗费他无穷的时间，所以他永远不可能到达旅程的终点。

第二个悖论：众所周知，阿喀琉斯的奔跑速度非常快，然而按照芝诺的说法，他永远不能追上爬得最慢的乌龟。想象阿喀琉斯坐在 A 点，静止的乌龟在 B 点看着他。突然这位古希腊的英雄决定追上这只乌龟，于是他一跃而起，如鹰一般朝 B 点猛扑过去。乌龟意识到肯定没好事，打算避让。就在阿喀琉斯从 A 到 B 的瞬间，它竭力爬动了几厘米，挪到 C 点。阿喀琉斯大感疑惑，想知道为什么他没能抓到乌龟，他优越感十足，于是再次动身至 C 点。但乌龟也跟着挪了挪，尽管动作非常慢，它还是到达了 D 点。这种情况可能会永远持续下去：阿喀琉斯永远也追不上乌龟，除非乌龟突然死掉（但乌龟可是出了名的长寿）或者决定在某处停下来等他。

第三个悖论：一位弓箭手向靶心射出一支箭，我们都能看到这支弓箭当空穿过，除了芝诺，他有着相反的主张。他说，在任意时刻，这支弓箭都是静止的，即使再多这样静止的瞬间叠加在一起，也不能产生运动。

倘若活在今日，芝诺可能会让我们把飞矢拍摄下来，然后告诉他这支箭到底是动还是不动。理论上来说，我们也许会承认他论证的逻辑，但即便如此我也强烈建议我的读者们不要站在飞矢经过的路径上。

第四个悖论：三名男孩、安东尼奥、真纳罗、帕斯夸莱来到田径场。前两个人来到赛道上，开始奔跑，一个顺时针跑，另一个逆时针跑，而第三个人并不想加入任何运动，在看台中央找了个位置坐下。一圈结束后，安东尼奥和真纳罗在帕斯夸莱的正前方相遇，然后擦身而过。此时，安东尼奥相对于真纳罗的速度看上去是他相对于帕斯夸莱的速度的两倍。信奉无矛盾律的芝诺因而说："因为运动对于不同的观察者都表现得不同，所以它并不存在！"

在这四个悖论中，最后一个是最容易解释的，它太简单了，我斗胆提议，它甚至都算不上一个悖论。我们已经从相对论中得知，如果不为某物的运动规定一个参照物，那么描述这项运动便毫无意义。所以说安东尼奥相对于帕斯夸莱（静止者）的速度是15公里／小时，而相对于真纳罗（相反方向的奔跑者）的速度是30公里／小时，对我们而言根本不足为奇。依照爱因斯坦，两个假设都是对的。但像芝诺这样的书呆子，生活在公元前五世纪，他从未坐上一列火车去旅行，没见过树木向他迎面而来，被一种我们已经习以为常的相对性现象所震撼，是可以理解的。

剩下的三个悖论则同出一源：它们都是关于有限时间和空间的无限可分性问题。许多教科书再一次陷入相对性，声称芝诺的脑筋急转弯只能在四维时空的背景下得到解决。不过，我可不想让我的读者刚逃出芝诺的龙潭，又入爱因斯坦的虎穴。我会好好通过一种"傻子数学"来解释芝诺悖论的悖谬之处。

零和无限和其他的数字一样，可能不会进入如你我一般人的日常生活中，但在方程式和数学公式中很是常见。这些奇怪的数字确实有其自身非常独有的特征：零无论与什么数字相乘都是零，无限也是。你觉得，如果用零与无限相乘，会得到什么呢？

答案是无事发生。任何这种数学限定表达式的连接，都会打成平手，得到一个不明确的量。

就拿第一个悖论来说，如果我把一段路（也就是一个有限的长度）无限次细分，"最后"（注意有引号）我应该得到这段路的无限个截段，每一段的长度都是零。既然每段的长度都是零，那我就不能像芝诺那样确定，这些截段的总和必然是无限的，因为这些截段虽然在数量上无限，却在长度上为零。因此，说"无限多零的总和是无限"便没有意义：这就好像是宣布，无限是我们这场比赛的胜者，而零是输家。

同样，在第二个悖论中，乌龟必须走过地上的一个个小线段，这些小线段越来越短越来越小，所以事实上这些他跨越过的小线段的长度最终会变为零——在那一刻，阿喀琉斯就会追上它，把它踢到身后。

至于那个飞矢不动的悖论，我没什么能多说的，只是想指出我们在那个悖论中要处理的不仅是空间问题，还有时间问题。芝诺自说自话地把时间切割为无限个瞬间，每一瞬间都等于零。和上面同样的推理，同样的结论。

我相信自己已把一切澄清。倘若没有，也没关系。即便没有芝诺悖论，我们也能把这些问题处理得很好。

比如，犬儒主义者安提西尼就无法忍受埃利亚学派和他们反对运动存在的论证。故事是这样的，有一天，安提西尼在反驳芝诺的飞矢悖论失败后，开始在房间里来回走动，直到这位哲学家厉声说："算我求你了，给我停下来！"

"所以，"安提西尼小声说，"你承认我是在动咯？"

XIV
麦里梭

麦里梭是历史上唯一兼具舰队司令和哲学家双重角色的人。出身军队，尤其是海军的人，通常更善于吼叫着发出命令，而不是投身于辩证法。尽管如此，麦里梭还是成了第四位也是最后一位埃利亚学派思想家，在哲学史上占有一席之地。他如何调和巴门尼德式宇宙的不动性和他作为一位将军所面临的军事行动的突发性，将永远是个谜。然而，这样一个场景是非常有意思的：这位将军蹲在他旗舰船桥上的舱口，潦草地写着他的《论自然或存在》一书，那是爱奥尼亚海岸附近风平浪静的一天。

我们对麦里梭的生平几乎一无所知。普鲁塔克告诉我们，他指挥萨摩斯舰队打赢了雅典人，这也许是我们对他知之甚少的原因。雅典，在公元前五世纪的下半叶，乃是希腊世界的基石，攻击它，就得冒着被从历史的篇章上抹去的风险，对于在伯里克利时期的文化领袖看来这是确定无疑的。几代人之后，他们的审查工作由亚里士多德所完成，于是没人能够从中逃脱：这位来自斯塔吉拉的百科全书式的哲学家，就像一台完美的计算机一样，为接下来的两千年记载、评估并决定了谁值得名垂青史，谁应当湮没无闻。

亚里士多德对芝诺和麦里梭毫不留情，认为他们都是江湖骗子。他厌恶前者，因其提出的悖论；厌恶后者，因其授予物质以无限性，在他看来，无限性本应保留给非物质领域。无论柏拉图和亚里士多德流传下来的评判如何，对前苏格拉底哲学家的评价都不能无视他们。留存的原始文献非常有限，以至于这个领域的专家们不得不仰仗这两位巨头，将他们所言奉为圭臬，但我们都知道这种情况下会发生什么：历史学家在处理年代久远的事件时，有时像石头一样顽固，但神会帮助我们，使我们免遭同行的评判。

麦里梭，伊泰根尼之子，于公元前490年到前480年之间出生在萨摩斯岛。我们对他人生的前四十年不甚知晓，但我们完全能够想象这位舰队司令有过许多海上航行的经历。他也许去过米利都和埃利亚，因为这两处分别是对他有巨大影响的哲学家阿那克西曼德及巴门尼德生活和工作的地方。但麦里梭于公元前450年拜访了身在雅典的埃利亚学派这个说法明显不靠谱。巴门尼德几乎是立即动身返程，根本没有时间教授麦里梭任何东西；而芝诺，尽管在伯里克利那里驻留了许多时日，但他在萨摩斯和雅典的关系恶化时站在雅典人这一边。

麦里梭仅在公元前442年的历史上浮出水面，那一年萨摩斯和米利都因普利耶涅的归属问题发生冲突。米利都在这次邻邦纠纷中落败，次日，它的首领立即向雅典请求恢复其被不公正地剥夺的权利。我们必须记住，那个时期的雅典，被其他所有爱琴海海岸的城邦视为"母城"，所以这个请求稀松平常。然而，普鲁塔克倾向于认为是伯里克利的情妇阿斯帕西娅，而不是米利都的代表团，说服伯里克利保护米利都。无论事实如何，可怜的萨摩斯人在一天清晨发现岛的四周被四十艘船组成的舰队层层包围起来。雅典的特遣部队驱逐了萨摩斯的执政者，让某个民主团体取而代之，然后他们从显赫家族的子嗣中带走五十五名人质，并安插了一支卫戍部队，以确保自己的利益。原先的执政团体中的一行人设法逃跑了，麦里梭也许就在他们之中，因为和许多那一时期的哲学家一样，他出身贵族。流亡者获得了萨迪斯❋的统治者皮苏迪尼的政治庇护，在他的帮助下，他们配备了七百战士，夺回了被攻陷的故乡。这场征战取得了完全的胜利：贵族们打败了占领军，重新夺回了城邦的控制权。雅典人侵略萨摩斯期间，在七名当地贵族的脸上文了一艘萨摩斯船舰的图案，为了一雪前耻，萨摩斯人在每个雅典人的脸上文上一只猫头鹰，这是他们货币的象征。为胜利举行的庆祝活动却并非晴朗无云：所有人都知道，不久之后伯里克利还会回来。他们尝试以外交手段缓和与伯里克利的关系，皮苏迪尼甚至向他献上了一万金币——伯里克利是出了名的唯利是图——但这次的伤亡实在太严重，他不情不愿地拒绝了。不过，在其他人忙于谈判的同时，麦里梭则致力于加强防卫，比如加固城墙，用所有他能弄到的供给来扩充城中储备。

雅典人并没让他们等太久。在伯里克利号令下，六十艘船舰先在一场海战中击败了萨摩斯人，接着便从四面八方包围了整座

❋ 波斯吕底亚行省的首府。

城池。在此紧要关头，麦里梭又为自己赢得荣耀：一天夜里，伯里克利带着几艘三列桨座战舰撤离，麦里梭趁机突袭，毁坏了雅典舰队留下来的所有船舰。此番英雄之举制造了片刻太平，但无力改变这场战争的结果。伯里克利还装备了另一支舰队，比先前那支更强大，这次令萨摩斯人无处可逃。围城持续了九个月，再加上阿尔特蒙发明的新武器，最终整座城池被夷为平地。阿尔特蒙是一位雅典工程师，跛脚，是名同性恋者，活在对意外事件的恐惧中。他从不离开自己的房子，甚至椅子，一直坐着，让两名奴隶站在他身侧拿着高过他头顶的盾牌，以防有什么东西落到他脑袋上。

麦里梭不光是一名能干的将军，而且作为埃利亚学派的第四位哲学家而闻名。他和前辈们最大的不同在于，尽管巴门尼德将"存在者"定义为时间之外的某种东西，麦里梭却认为它是经验性的现实。"'存在者'过去一直存在，将来也一直存在。"他说。这是亚里士多德对其产生异议的地方，不满于他将巴门尼德的"一"从理念层面下降到物质层面。

对于我们普通人来说，乍看两种立场间的分野非常之微小，但若经更为谨慎的分析，我们很快就能发现这种差别是巨大的。

麦里梭是一个实际的人，至少比巴门尼德更务实，他赞成米利都学派的生理学者们的意见，尤其是阿那克西曼德的。因此，他尽管同意埃利亚学派关于表象欺骗性和感觉不可信的言论，却不认为现实是空虚抽象的，而是试图赋予现实一种实在的性质，将其等同于整个宇宙，即不确定的、无限的、包含了一切事物的宇宙。这么看来，他所谓的现实更接近于阿那克西曼德的无定者，而不是巴门尼德无形的"一"，尽管它与"一"有些微相似之处。这位舰队司令称：

- 如果某物存在，它是永恒的，因为任何事物都不可能从无中来。

- 如果它是永恒的，它也会是无限的，因为它无始也无终。

- 如果它是永恒、无限的，那么它也是一，因为如果它是二，那么二中的两个就会互相限制。

- 如果它是永恒、无限的，并且是一，那么它也会是同质的，因为如果它并非一个整体，那么其中的一些就会不同于另一些，于是就变成了多。

- 如果它是永恒、无限的，是一，是同质的，那么它也是不动的，因为在它之外没有任何地方可去。

- 如果它是永恒、无限的，是一，是同质、不动的，那么它不能经受痛苦或伤痛，而一直保持不变。

这是麦里梭的理论，可不是某些伪造的冗语，我们可以拍拍胸口安慰自己，因为我们注意到了第一句话中的"存在"一词。这种对现实的简化表述使我们能够在麦里梭的言论中找到我们最焦虑不安的问题的切实答案。因为我们中的每一个人，都留有某物存在的印象，所以知道现实不仅是摆在那儿的，并且是无限的，与尘世表象无关，乃是莫大的安慰。

因此，麦里梭的现实是某种积极美好的事物。尽管它不是一幅上帝的肖像画，却也离之不远了。从无限宇宙的概念，到一和永恒，再到与之有相同特征的"上帝"，其间的跳跃越来越小。并非偶然的是，在一个残篇中，麦里梭描述了"现实"，仿佛在谈论一位留胡子的老人："它不会消亡，也不会变得更大……因为倘若它在一万年中哪怕有一根头发丝发大小的变化，就会在整个时间里全部消亡。"

XV

阿格里真托

略说阿格里真托的建城历史：公元前 583 年的一个晴朗的早晨，一队来自罗得岛的避难者和一千名左右来自附近的革拉、听阿里斯托诺斯和皮斯提路斯指挥的殖民者，打算在阿克拉加斯河和希普撒斯河之间的空地上安顿下来。这块土地看上去符合"殖民者指南"里的一切要求：东西两侧流淌着两条清澈、壮丽的河流，形成天然的防护屏障；北边是一个崎岖的山丘，是修建一座名副其实的卫城的理想之地；最后，大海离这里不超过三公里远，足够近了，但也没近到这里的人们一醒来就发现迦太基人站在自己卧室里的程度。

殖民地迅速扩张，在不到一百年的时间里，就拥有了二十万居民。当僭主塞隆击败小赫拉克里亚和希梅拉两城时，恩培多克勒还是个小伙。塞隆带着众多的奴隶，建造了无数极尽奢华的公共建筑。今天，一位游览神庙谷的游客将会首先惊叹于协和神庙，这是唯一保存完整的一座神庙。但倘若他停下来，仔细观察宙斯神庙的断壁残垣，会立刻意识到他正在观望的，是多么庞大的一座建筑：110 米 × 55 米，大致是一个足球场的大小，这就是这座神庙外墙的尺寸，令帕特农神庙都相形见绌。

阿格里真托美丽而富饶，品达称它为"凡间城市中最可爱的一座"。据传，连墓地也是十分壮观：贵族们的小祭堂装饰着记录死者事迹的浮雕，此外还有用以纪念在奥林匹克赛事中获胜马匹的石碑。甚至一位贵族女孩唯一的玩伴——一只麻雀，也有它自己的陵墓。

我认为，要说阿格里真托在过去比在今日享有更好的供水系统，没什么人会反对。事实上，在公元前五世纪，这座城市有一条公共导水渠和一个室内蓄水池，可以把所有多余的水收集起来。而在今天，夏季的轮流供水和限量供水变得比以往频繁得多。

在商业上，阿格里真托的公民也是时代的先锋。他们在城墙外建造了一个大型商业中心，不时地筹备相当于商品交易会之类的活动，来自地中海地区各个地方的商人皆前来参与。这种贸易优越性的具体证据仍旧存在于刻有"阿克拉加斯"一词和象征这座城市的鹰、四马双轮战车以及淡水蟹图案的精美金银铸币上。蒂迈欧告诉我们："阿格里真托人的生活十分精致，仿佛明日他们就将逝去；但他们又把房屋建得很好，仿佛他们将永远活着一般。"高生活水平的确对于所有的西西里城市来说都很常见。希腊人看着这座岛屿，就像是看着他们那个时代的美国，那是一个人人皆不必费太大力气便能赚得盆满钵满的世界。在西西里僭主的宫廷内出现了一股类似于后世的"文艺复兴"的风气。多梅尼科·塞纳是一位生活在十九世纪早期的修道院院长，他告诉我们，"叙拉古和阿格里真托的宫廷在宫廷礼仪和雅致程度上互相攀比，奖赏杰出的人才，支持每一种优秀而实用的技艺"。

每当人们在享受美好时光时，总有扫兴之人突然跳出来发表异议。狄奥多罗斯抱怨"他们在迦太基人围城期间过得太安逸了，法令宣布禁止哨兵睡觉用两个以上的枕头"。而蒂迈欧，这位来自陶洛米尼乌姆的历史学家，盖世无双的八卦爱好者，向我们描述了公元前五世纪阿格里真托的一场狂欢聚会：一天晚上，人们已喝得烂醉如泥——我还想补充一点，可能还嗑了点药——但不管怎么说，当盛宴正酣，来客们开始想象，他们不是在一栋别墅里，而是在猛浪拍击的船上，于是他们神色仓皇，开始孤注一掷地把所有的家具、器皿和饰物都丢出窗外，以使船只变轻，能够漂浮尽可能长的时间。维护治安的人员最终抵达现场，却被错认为海神，在场所有人立马跪倒在他们脚下乞求原谅。从那天起，蒂迈欧补充道，这座房子便被戏称为"三列桨座战船"。

阿格里真托在公元前五世纪初达到了鼎盛，一开始是由僭主塞隆统治，然后便由民主政体接手。

塞隆是那时统领时代的西西里伟大的三僭主之一，另外两位，革隆和希伦，分别统治着叙拉古和革拉，他们都与塞隆有一定关系，前者迎娶了塞隆的女儿。面对来自邻邦迦太基人入侵的威胁，以及部分移民中一直存在的反叛力量，这三位有头有脸的人物组建了军事联盟，于公元前480年在希梅拉河河岸赢得了对迦太基人决定性的一役，也是在这一年，希腊人击毁了波斯人的舰队。依照品达的说法，这并非巧合，而是一个明确的预兆：宙斯与我们同在，众神站在希腊人这边。

一代巨人之后是一代矮人，这是常有的事：塞隆、革隆和希伦的后代远不如他们的父辈，他们同室操戈，低估了反对他们的民主派的力量。塞隆之子塞拉绪代乌，挑起了和叙拉古的争端，被狠狠地回击了。在返回途中，他被驱逐到希腊，又在那里被判处死刑。阿格里真托的民主派当权，所有曾与旧政权妥协的公民都遭到清洗，与叙拉古的联盟得以恢复。

正是在这段革新的岁月中，年方二十的恩培多克勒登上了阿格里真托政治生活的舞台。

XVI
恩培多克勒

恩培多克勒是哲学家、医师、诗人、物理学家和民主人士。错了，他是巫医、庸医、精神领袖，一个号称要成神、自己高于其他任何人的人。我们该相信什么呢？哪一个才是真正的恩培多克勒？也许最接近真相的是勒南的说法："这个人有五花八门的技艺，一半是牛顿，一半是卡廖斯特罗*。"

公元前 492 年他出生在阿格里真托一个富裕的贵族家庭。正如其他希腊哲学家一样，对于他出生的日期我们只能说个大概。他的父亲叫作麦同，他的祖父也叫恩培多克勒。祖父恩培多克勒其实是这个家族第一位满载荣誉的人：他是一个养马人，在第 71 届奥林匹克运动会上赢得比赛，名头响彻整个泛希腊世界。我必须声明，那时在奥林匹克运动会上夺冠乃是极为重要的事件：优胜者受到地方长官的盛情款待，他们的名字被载入公民荣誉名册。当奥林匹克运动会冠军狄亚戈拉斯看到他的两个儿子也在奥运会上夺冠时，旁边的观众竟让他当场自尽："自杀吧，狄亚戈

✿ Cagliostro，意大利人，十八世纪魔术师、冒险家。

拉斯，"他们说，"生命已无法给你比这更多的东西！"祖父恩培多克勒较为慎重地庆祝他的胜利，用蜂蜜和大麦粉做成祭牛款待了他的同胞。

恩培多克勒未满十六岁时听过色诺芬尼在赫拉克勒斯神庙柱廊中的讲话。课后，他问这位大师，是否存在识别智慧之人的办法，这位哲学家回答说这并非难事——只要你本身是智慧之人便可。当时的少年也许并未理解这位来自科罗封、九十高龄的大师所有的思想，然而从那一刻起，他决定投身到对自然的研究中。

他帮助推翻了塞隆之子塞拉绪代乌的政权，经过短暂却紧张的政治斗争后，来到了埃利亚。他也许是希望再一次见到色诺芬尼，却遇上了芝诺和巴门尼德。这是一次失败的访学。可以想象，年轻的恩培多克勒刚刚经历过公元前472年阿格里真托的冲突，作为一个实干家，他急于掌握世界，而巴门尼德抽象的理智主义必定是颇为脱离现实的。

"厌倦了这些精微之辞后"，他回到西西里，自行报名进入了毕达哥拉斯派的学校。究竟谁是他的老师，人们众说纷纭（毕达哥拉斯之子特劳格斯？布伦提努斯？还是埃庇卡摩斯？），但可以确定的是，不久之后他与毕达哥拉斯派也产生了纠葛。我们已经知道，这座学校更像是融政治宗教为一体的宗派，而非一个纯粹的教育机构，而恩培多克勒，性格外向，不可能是模范生。有人控告他"偷窃学说"、无视毕达哥拉斯派的规定泄露学派的秘密，于是他被降格，不能在课上发言。这算不得什么丢脸的事，只要你记得后来柏拉图也遭受了同等的待遇。

在毕达哥拉斯派的学校教授的所有课程中，最吸引恩培多克勒的是巫术和灵魂转世学说。即便如此，他怀疑自己的老师不愿意将神秘之术倾囊相授，因此他决定绕过他们，直接接触知识的源头，即他那个时代的"大学"——东方学派。从埃及人、迦勒底人，尤其是马吉人那里，他学到了催眠、心灵遥控、读心术等神秘之术。普林尼和其他史学家后来将他当作江湖骗子，正是因为他的行为深奥难懂，可他们这样的做法是在有意对巫术在当时是高度受尊重的专业这一事实视而不见。人们需要人和神之间的调停者，于是求助于巫师，视他们为次要的神。这种宗教习俗被称为通神术。另一种宗教习俗后来在迦勒底人中兴起，有一类精通此道的能手，修习黑巫术，在黑暗的洞穴中集会，拿活人献祭。人们最终混淆了这两种习俗，致使马吉人的名望受损。我们要记住的重点是，即便受其所处时代的限制，恩培多克勒也是一位卓越的医生。譬如，他的同代人认为他是人体解剖学专家。公元前五世纪早期的医学大体属于哲学家的知识范围，由宗教主导。人们普遍认为，通过"激发病人的想象力"可以迅速治愈疾病。直到后来希波克拉底的出现，才使得医学成为一门单独的科学。

回到家乡之后，恩培多克勒开始着手道德改革。他发现那里公德和私德的标准都已下降，主张同胞们应当"禁绝作恶"，消除自身的不德之事。他指控城邦的管理者劫掠了国库，并解散了千人团（由贵族组成的团体，缓慢地渗透进权力部门）分道扬镳，提出新的政府应当建基于公民平等之上。公众对这些计划热情高涨，提议授他以王位。这位哲学家自然拒绝了（就像前面赫拉克利特所做的那样）。但我们有充分的理由假设，若公众授给他的是神的头衔，说不定他已经接受了。

他喜欢在阿格里真托的大街上信步，让一群年轻人领着，周围有仆从和崇拜者簇拥。他喜欢着紫色长袍，系金腰带，穿铜制的拖鞋。他有着浓密的头发和胡子，头戴德尔斐式桂冠，以纪念阿波罗。他这样描述自己：

> 朋友们啊，你们栖居在建于黄色岩石上的阿克拉加斯城（阿格里真托的古称）中上依卫城……向你们致敬。我是你们中不朽的神，不再有死，受到所有人的尊崇。人们给我戴上丝带和花环。当我来到繁荣的城市，男人女人皆以我为尊。我追随者众，他们都追问获得之道。有人渴望神谕，有人受病痛折磨，想从我这里获得治愈之语。

这幅自画像给人一种非常奇怪的古旧感，让我们更想把恩培多克勒和毕达哥拉斯时代联系在一起，但他其实和苏格拉底、德谟克利特才是同代人。

恩培多克勒是哲学家，同时也是一位先知。塞利努斯城中瘟疫肆虐，他发觉瘟疫源于一条流经城中心的沟渠中的污水。他仔细检查过城周的土地后，便自费命人掘出几条新的沟渠，从其他水源引入活水，使得那条沟渠里的水即便在干旱时期也能流动。我几乎不必说，大家也能知道，这次事件后，他同样也被塞利努斯城中的人尊奉为神。

另有一次，他用骡皮制成几百个袋子堵住一段狭窄峡谷，成功阻止西洛可风[●]破坏阿格里真托附近一处山谷的作物，再一次凭借自己的聪明才智避免了一场公共事故。无论这则逸闻的真相如何，总之从此以后他被称为"挡风者"。

亚里士多德称他为"修辞学的发明者"。高尔吉亚和鲍桑尼阿师从于他，而这照例引起了对同性恋的指控，尤其是在阿里斯底波和萨提洛斯那里，但我倒是希望我的读者们已经对哲学家们的性取向习以为常。

恩培多克勒能和人相处愉快，但在原则问题上却很固执。有一次他是宴会的座上客，对主人家没有准备喝的感到很惊讶。他要了葡萄酒，却被告知必须得等到某位政界名人来了才能上酒。结果这位人物一现身，主人便向他举杯祝酒，唤他"Symposiarch"[●]。哲学家感到非常不悦，次日便去元老院控诉这两位朋友密谋建立僭主制，并判处他们死刑。只不过是半小时没喝上酒，我觉得这种报复有些夸张了。

他写了两首六音步诗，《论自然》和《净化》，共五千个诗节，只有四百个保存了下来。亚里士多德认为他还写过四十三篇悲剧、一些政治话题的小册子、一篇关于薛西斯的历史叙事诗，以及一首给阿波罗的赞美诗，但他瞧不上这些作品，觉得它们不足以展示自己的才华，便让他的姐姐一并烧毁。然而，恩培多克勒仍然是最优秀的诗人哲学家之一。据说他还是个好歌手，因为某天他到法官安奇托斯那里做客，一个年轻人闯入宅中，试图攻击这位

● 从撒哈拉吹往欧洲的一种热风，带来干燥炎热的天气。

● 指宴会的主持者。

法官，因为他的父亲当天被判处了死刑，于是恩培多克勒显示出超凡的洞察力，他拿过恰巧在手边的一把七弦琴，极为沉着地开始吟唱：

> 这是一帖治愈悲愤与痛苦的膏药，
> 令人忘却所有的不幸。

简而言之，那位年轻人立刻冷静了下来，而恩培多克勒也保住了他朋友的性命。这位袭击者，后来成了这位哲学家最优秀的门徒之一。在归给恩培多克勒的诸项神迹中，我只提及其中一个：他治好了一位昏迷三十天之久的妇女。塞纳院长的版本是这样说的："有一位阿格里真托的妇女被医生诊断患了与癔症相似的一种病，毫无疑问，有些女性乃是假装患有此类病症，但这位患病的妇女，看起来像是真的，因为她毫无知觉，她的呼吸已停止，每个人都相信她已经死了。但恩培多克勒却托起她的手，令她苏醒过来。"

谈到恩培多克勒是怎么死的时候，我们实在有太多选择了：关于他死亡的说法不低于六种，几乎每一种都包含了一些令人惊叹的要素。除却塞纳的版本，他说恩培多克勒在六十岁的时候自缢身亡，第欧根尼把其他每一个版本都如实地记录了下来：蒂迈欧声称他在被流放至伯罗奔尼撒后自然死亡；特洛曾的德米特里厄斯宣称他把自己吊死在一棵茱萸树上；西奇库斯的涅安塞斯说他在七十七岁时从赶赴墨西拿一场盛会的马车上摔下来死去；特劳格斯在给他朋友菲洛劳斯的一封信中写道，恩培多克勒在年迈体虚之时，坠海而亡。最出名、看起来最符合他个性的一个版本，是本都的赫拉克利德斯提出的，他说在治愈昏迷的女子后不久，恩培多克勒意识到自己的名望已达顶峰，认定他现在唯一能做的事就是如神一般消失。他跳入埃特纳火山的火山口中，片刻过后，这一举动由火山喷发出的他著名的铜制拖鞋所确证。不幸的是这个版本却有几分可疑，一方面是和常识不符，另一方面是阿格里真托和埃特纳火山的距离过远，而且赫拉克利德斯此人信誉度不高，他曾在别处坚称自己和从月亮上掉下来的人交谈过。

正如我们已经说过的，除巫师之外，恩培多克勒还是科学家、哲学家、诗人。

作为科学研究者，他主要的贡献在于发现了空气作为一种实体而存在，此处是我们通常所说的那种空气，完全不同于"虚空"。在《论自然》的一个残篇中，这位阿格里真托的哲学家写道："如果一个小女孩正在摆弄以闪亮的黄铜制成的水钟，用她秀气的手将水钟上的气孔堵起来，将它浸入一片泛着银光的水里，水流便不会跑到容器中，内部的空气使它们流不进来。"之后不久，他还发现了离心力，指出如果我们在水桶的把手上绑一条绳子，水桶中盛了水，这时拉着绳子甩圈，水桶的水会牢牢地贴在其底部，不会洒出。最后，他还提出一种粗糙却令人震惊的生物演化理论，领先达尔文的进化论两千三百多年。

照这个理论的说法，原始元素的粒子以未曾预先安排过的秩序结合，首个生物的出现完全是偶然。"头部出现的时候没有带着脖子；手臂单独漫步，没有连着肩膀；眼睛漫无目的地游荡，少了前额"，"蹒跚行走的生物们有着数不清的手"，"许多生物出生时带着分别对着不同方向的脸和乳房；一些，是牛的后代，有着人脸，然而另一些，是人的后代，却带着牛头"。也就是说，这是一个充满怪兽的世界，不同的部位聚集在一起，无智能引导，处在极大的混乱和随机之中。只有博斯°或亚科维蒂°才能画出这样的世界。

然而，随着时间流逝，这些混杂之物中极度不协调的那些相继死去，唯有各部位"与神性交融"的生物活了下来。

恩培多克勒的哲学是对之前诸种说法的总结：他借用了米利都学派的自然主义视角和毕达哥拉斯派中许多神秘的信念，一劳永逸地将巴门尼德的存在和赫拉克利特的生成相结合。

恩培多克勒和爱奥尼亚哲学家们一样，最喜欢的主题都是宇宙演化论。他给我们留下了一些极为漂亮的诗文：

> 首先请听万物的四根：
> 闪耀的宙斯，带来生机的赫拉，
> 埃多纽斯和涅斯提斯，
> 她的泪水乃可朽之物的源泉。

他以朴素的语言说出四种自然中最原始的元素（四根）：火、空气、土和水。它们的相互混合遵循两条有效的原则，恩培多克勒将其唤作"爱意"与"争斗"。

❀ Hieronymus Bosch，荷兰画家，他的作品怪诞、夸张，充满想象力。
✪ Benito Jacovitti，意大利漫画家，他创作的漫画形象常有大鼻子和大脚，深受儿童喜爱。

他告诉我们，最初是爱统领一切，因此"所有更适于混合的事物都彼此相似，并在阿佛洛狄忒的爱意中结为一体"。恩培多克勒把第一阶段的世界定义为"球体"，可能是为向巴门尼德球状的"存在"致敬。球体内只有和谐与快乐："（在球体中）分不出太阳敏捷的肢体，分不出草木丛生的大地，也分不出海洋——神如此迅速地被球状的、圆形的和谐紧密覆盖、束缚，因其环形的孤独而欢欣鼓舞。"然而"争斗"想要渗入这种完美，因此便产生了第二个阶段，如果我没有误解，正是在这个阶段我们找到了自己。

如果我们相信恩培多克勒，"争斗"应该在某些时刻占据上风，导致世界的毁灭（天哪，又一个关于核毁灭的预言！），但是，在第四阶段，"爱意"会回归。

总之，"爱意"和"争斗"是两位只用四瓶调味料烹饪一日三餐的厨子。任何事情都能在"球体"的厨房中发生：有时候"爱意"是主导，一切都是甘美和明亮的；另一些时候"争斗"说了算，一切都变得寂静如坟茔。还有一些时候，两位厨子同时登场，结果便是互相把蛋奶派扔到对方脸上的一出闹剧。这是我认为最好，至少是最有趣的时刻。

如果我们仔细阅读《论自然》的残篇，就会注意到恩培多克勒的理论绝非乍一眼看到的那样普通。例如，有一处他这样写道："我将以双重的方式向你讲述。曾经一自多中诞生；后来一重新切分为多。可朽的事物的生成是双重的，它们的消逝也是双重的。"恩培多克勒所使用的"一"，明显是从巴门尼德独一无二、静止不动的"一"而来，但当他提到"多"，赫拉克利特的理论便涌现了出来。事实上，恩培多克勒的四种原始元素具有巴门尼德式的"存在"的不动性，并且，尽管是四种元素，它们又都具备"一"的属性。不过，它们的混合与分离向我们提供了一种对"生成"和"多"的解释。每一次出生也同样是死亡，因为尽管它一方面使得新混合物诞生，另一方面却消解了之前以另一种形式存在的某物。通过提出如是的想法，他祛除了出生和死亡的神话色彩，取而代之以更少戏剧性的、"混合与交换"的画面。

　　四种元素分解为微小的、可以相互混合的粒子，某种程度上预示着留基波和德谟克利特的原子论。不过，和他们不同的是，恩培多克勒并不承认虚空的存在，坚称"无物可从无中诞生"。这种观点可见于诸多前苏格拉底哲学家的文本，乃是希腊无神论的根基。若你相信无物可从无中来，你事实上就在否认神创造世界的概念，且必须接受这三个理论中的一个：一个永恒的、不动的实体（巴门尼德），一个一直处在生成变化中的宇宙（赫拉克利特），或是此二者的结合（恩培多克勒）。这三个中的任何一个，都不涉及更高的存在者，即推动万物的神圣力量的干预。希腊人信仰并供奉他们的神，可这些神不是天地的创造者，他们更像是超人，是和凡人相比禀赋超常的崇拜对象，但他们自己亦受命运支配。

　　恩培多克勒的理论有一处常受诟病的矛盾。他的诗作《论自然》中多次提到"爱意"事联结，"争斗"事分离，然而有些时候他又认为爱意倾向于联结相似之物，物质的两个粒子之间的联结愈为密切，它们相互的爱意也愈为浓烈。恩培多克勒说，如果我们拿着一块石头、一桶水，或攘着一团烟，把手放开的时候，石头会被地面所吸引，水会寻找大海，而烟会升上天空。这些观察却遭到亚里士多德的质疑，他说："如果一个人留意原因的话，他会意识到爱意是善的动力因，争斗是恶的动力因，但若他听从恩培多克勒的喋喋不休，也就是万物都倾向联结与其相似的东西，他便会落入一个不适宜生存的世界，在那儿所有的四元素都充满惰性，互相分离。"换言之，亚里士多德将爱意看作积极的力量，永远都不会引致类似于使原始元素互相分离之类的悲剧性的负面结果。

恩培多克勒在宗教上就是一个虔诚的毕达哥拉斯派。他讨厌豆类，不吃肉类，相信轮回。他宣称自己曾经生而为"一个男孩和一个女孩，一片灌木和一只鸟，一条无言的海鱼"。他相信灵魂的存在，灵魂"根据一条古老的、永恒的、被广大的誓言所封印的诸神的律令，如果让自己的双手染上了罪恶的鲜血，或追随争斗，发了伪誓，就必须离开幸福的家园，漂泊三个一万年，以各种有死者的形态出生，体验各种辛苦的生活方式。因为强大的气会将他们送到海里，海将他们喷涌到干燥的地面，大地将他们掷到炽热的太阳光之中，而太阳又把他们扔回气的旋涡中。一个从另一个那里得到他们，却都拒绝了他们。我现在也是众神中的遭流放者和漂泊者，因为我相信无情的争斗"。

恩培多克勒是他那个时代最具诗性的哲学家。归根结底，《论自然》声称只谈论自然科学，但即便如此，每当恩培多克勒谈论天体、天象或人类时，他都会使用极生动的意象，显示出他惊人的创作天赋。

这里有一些例子："急速冲刺的太阳"，"面色苍白的月亮"，

"海是大地的汗液"，"独居、失明的夜"。当描绘分娩时，他需要暗示婴孩初次诞生的地方，他想到一个绝佳的比喻——"阿佛洛狄忒裂开的草地"。

XVII
宇宙"爱与自由"大爆炸 真纳罗·贝拉维斯塔

让退休教授贝拉维斯塔在希腊哲学史上插一脚是有理由的，他的思想同恩培多克勒的宇宙演化论及伊壁鸠鲁的伦理学有直接关联。这样说来，我们可以马上处理第一个话题，即宇宙结构，但我们应该保留对那不勒斯人的特点，或者说那不勒斯式的伦理的描述，因为在另一章节，带着伊壁鸠鲁学派的背景，我们将会重新讨论这一问题。

根据贝拉维斯塔的观点，构成世界的原初材料，本原，乃是能量。它在两条活跃的原则下运行，教授称其为爱和自由。与恩培多克勒的爱意和争斗不同，贝拉维斯塔所说的力量，尽管相互敌对，最终却都会变得积极，从而增强生命。亚里士多德对恩培多克勒理论的最重要的反驳——爱意的运行最终会导致负面的结果，因此并不适用。

贝拉维斯塔认为，能量存在于两种本质不同的形式中，即物质或爆炸性的力量，取决于原子内部质子和中子之间的力量主要是受爱的支配还是受自由的支配。

记住这点之后，我认为在详细地了解贝拉维斯塔的理论之前，先复习一些基本的天文学是非常有用的。1596 年，人们发现了一颗异常的恒星：它有时极为闪耀，有时又几乎暗不可见。这颗恒星位于南半天球，属于鲸鱼座，离地球 300 光年远。这一发现带来了不小的骚动，恒星被命名为米拉（Mira），"奇异之星"。像米拉这样的恒星被称为"变星"。每一颗变星都有它独特的变化期，体积（以及亮度）亦随之改变。譬如，米拉的周期约为 331 天。

造父变星的变化与其组成气体的持续收缩和膨胀相一致。当恒星收缩时，内部温度急剧升高，接近要爆炸的一个临界点，而膨胀则产生冷却效应，为下一次收缩做准备。恒星就仿佛是预先设定好了，在两个边界之间振荡，一个是最小密度，另一个是最大密度。不过有时平衡可能会被扰乱，致使这颗恒星要么像一颗巨大的氢弹一样爆炸，要么收缩成人们完全无法想象其密度的一个核。当前一种情况发生，结果便是产生一颗新星（如果这颗恒星非常巨大，那么就会产生超新星），之所以如此称呼，是因为先前被认为什么也没有的那片天空显然诞生了一颗恒星；另一方面，当后一种情况发生，所谓的黑洞便产生了，其内部的重力达到了惊人的强度，没有任何事物能够从中逃脱，连光也不行。

现在，贝拉维斯塔自问，什么样的力可以导致膨胀或收缩，他假设整个宇宙都由爱和自由的向心力及离心力所调节。换句话说，质子和中子受两个非常强大、同时作用于它们的驱动力的支配，一个迫使它们粘在一起，另一个迫使它们向外逃离。我们知道每一个物体，例如烟灰缸，仅仅是一堆被压缩在一个小小空间里的数以万计的原子。所以，一旦原子核内的结合破裂，即便是小小的烟灰缸，也会释放出相当大的能量，连投放在广岛的原子弹也相形见绌。也就是说，所有的物质都充满了能量，这些能量保持休眠状态，直到被某个事件激活。爱因斯坦著名的公式 $E=mc^2$ 不过是为了证明烟灰缸的质量 m 和其将会发出的能量 E 之间成比例关系。

最被人广泛接受的宇宙起源理论是"大爆炸"理论，最早由神父勒梅特提出。根据这一理论，当时间开始的时候（多么可疑的表达！），整个宇宙由一团高压缩物质组成，有时称之为伊伦（谁这么称它？），它的内部温度和比重几乎接近于无穷。勒梅特认为，在某个时刻，这团物质爆炸，宇宙开始膨胀。但此处我们需要小心定义我们的用词，"爆炸"并不是说以某个特定中心为起点，向外移动的炸裂，而是所有粒子突然远离其他所有粒子，结果导致空间中每一个点都同时爆炸。

就像恩培多克勒一样，贝拉维斯塔相信当时间开始的时候，爱是主宰的因素，自由在一旁徘徊，伺机逮住爱不经意的时刻，将这团物质中紧密结合的元素分离开来。在这两股强力的作用下，这团物质被迫像变星那样律动，最终在每一个点上都发生爆炸：自由使得爱分崩离析。"大爆炸"应该是发生在百余亿年前，而爆炸本身还在进行之中。如果我们以分光镜观察天空，就会发现情况确实如此，各星系仍在远离我们假设的中心。天文学家将其更准确地描述为正在膨胀中的宇宙。

爱与自由之间的冲突既发生在物质之内，同时显现于人类的精神之中。据贝拉维斯塔所说，我们所有人都被两股相反的驱动力所支配：一种是去爱的冲动，使得我们追寻与同伴间的友谊；另一种是无法克制的去捍卫我们的隐私的渴望。在此条件下，并不存在什么稳定的状态，因为我们偶尔会受孤独折磨，偶尔又因他人的靠近而感局促。比方说，若路上正堵车，我们会对其他司机产生敌意；若我们在辽阔的大海上航行了一段时日，看着其他船只出现在海平面，我们又会立刻充满感情地向陌生人挥手致意。

贝拉维斯塔分别将受到这两种冲动支配的人称为"爱之人"和"自由之人"。民族同样也能像这样划分。英国人是隐私权的发明者（在意大利语中可没有和"隐私权"类似的词语），他们明显是自由的民族；那不勒斯人，"心与灵魂"（anema e core）*，不可避免地落入爱的范畴。

贝拉维斯塔理论的新奇之处在于，他把爱和自由放入了笛卡尔的直角坐标系，于是这两者不再被视为彼此对立，而是互相垂直平分，并且都是正向的。换言之，如果我们画两条轴，横坐标定义为爱，纵坐标定义为自由，我们就能为每一个人在其中找到位置，用 P 来表示，对应到两条坐标轴，我们就能知道这个人分别需要多少比例的爱和自由。

重要的是，我们应该认识到自己在这张图表中的位置，因为只有精确地分析我们每一个人的倾向之后，才能在生活中做出正确的选择。譬如，爱之人只有在使得别人去爱他的时候感到开心，因为他需要爱，就像植物需要水一样——这是生存之必需。另一

❋　"心与灵魂"是那不勒斯歌曲中最受喜爱的词语之一。

方面，自由之人，把他周围的空间视为神圣不可侵犯的，只要他觉得有危险，就不能获得哪怕一丝的平静。自由对他来说意味着空气，广阔开放的空间，对改变的需求。

　　只需看一眼坐标系，我们就知道它们将平面化为四个象限，每一个都有独特的意义。

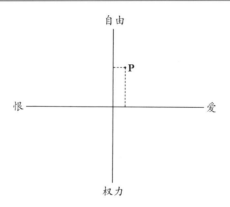

　　第一象限，圣人的象限，在这里我们能找到最好的一群人，他们同时养育了爱和自由的冲动之力。而在这些人中，最睿智的是那些在心和脑袋的命令之间达到了合理平衡的人。他们最接近于"中道"，能够爱而不索取。若你足够幸运，遇上了这种类型的人，一定要拼命抓住！

　　第二象限是"教皇象限"，由爱和权力相结合。在这个象限中，我们发现了大量的女性，所有带着强烈的占有欲去爱的妻子及母亲，并且，那些嫉妒心强的男性以及那些对员工既坦率又小气的旧式企业家，也都自然而然位列此象限。我们给这个象限取名"教皇"，是因为爱和权力正是罗马教廷的特权。即便如此，倒也不是历史上的每一位教皇都能在此找到他们的位置：约翰·保罗二世可以找到，但约翰二十三世不是，他应该处于圣人的象限（当然，更靠近爱而不是自由的坐标轴）。也有一些不适合放在这里的教皇，譬如亚历山大六世和卜尼法斯八世，他们寡廉鲜耻，滥用权力，贝拉维斯塔毫不犹豫地将他们归到了下一个象限，"暴君"。恨与权力界定了这片区域，最坏的人都能在这里找到合适的位置。在这里占据了中道线的人可以在希特勒和卡利古拉之间选出，他们挺像的。当然他们不是恶魔，恶魔可是纯粹的恨，位于横坐标的左端。墨索里尼也不能放在中道线上，作为法西斯主义的建立者，他的位置靠近权力那一端。

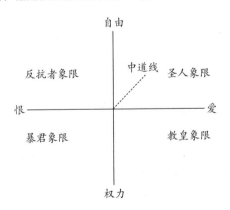

最后一个象限，"反抗者"，也许最为反常，因为仇恨和自由等明显对立的力量交织在一起。想象你自己正处于游击队员的处境，你很快就会意识到恨和自由如何结合为具有爆炸性力量的混合物。哪里有独裁，哪里就有对自由的渴望，于是就有了恨与反抗的热望。所以在"反抗者"象限的端到另一端之间，我们能找到每一个革命者的影子，从意大利红色旅或黑色旅的成员，到梦想自由与快乐之地的无政府理想主义者。贝拉维斯塔每逢恰巧遇见一场游行示威运动，都能从参与者的脸上寻到这些情绪的迹象。

临到告别贝拉维斯塔的理论之前，我们需要清楚地知道，代表每一个个体的点不会静止不动，它依据当时形势的变化而变化。如果我们遭心爱之人抛弃，遭受不公平的待遇，或一个朋友在我们这里住上超过两周，我们很快就会发现 P 点发生了重大的偏移，挪到了陌生的领域。不过，倒也是存在一个某种程度上趋于稳定的区域，和我们的个人区域相吻合，因为它包含了我们最常见的一些情绪。

我们应该指出，贝拉维斯塔的理论不过是意图以几何学的方式分析行为。显然，人类心智不能简化为爱和自由两股冲动，不过占据主导地位的应该是它们。然而，如果我们想要以概念形式而非图表形式呈现人类灵魂的形态，把二维空间替换为 n 维空间，n 表示所有能够影响到个性的变量，贝拉维斯塔的理论仍是奏效的。在这种情况下，妒忌、好胜心、性、贪婪和其他的驱动力都有自己的坐标轴，共同决定了最终 P 在什么位置。

最后，遵循 n 维空间的设想，贝拉维斯塔尝试以几何学语言描述上帝。若我们将人类能力的最高级别归给上帝（因而无所不能、无所不知等），代表他的形状将由各个轴线的无限延伸组成，即几何学家所说的"理想平面"。简而言之，每一条直线都能延伸至无限远处，这个想象中的端点被称为"理想点"，这些理想点的集合被称为"理想平面"。如果你想一想的话，就会觉得与其说它像个平面，倒不如说像个有无数条射线的球体。如果我们进一步深化这个类比，甚至连球体的样子亦不能满足我们对上帝的想象，因为我们已经把空间描述为 n 维。

XVIII
公元前五世纪的雅典

让我们先把哲学放一边，看一眼历史。人类有时真的非常不可思议：一千年过去，可以无事发生，然后突然在不到一百年的时间里，在一平方英里*多一点的土地上，一下子所有事全部来了！当然，我是在说公元前五世纪的雅典。

和这段时期有关的一长串名单让我们多少有些喘不过气，甚至得拿笔速记下来。在出生在雅典、移民到雅典和前来访问智识之士而特地移民到这的哲学家就有阿那克萨哥拉、高尔吉亚、普罗泰戈拉、巴门尼德、芝诺、麦里梭、德谟克利特、阿凯劳斯、苏格拉底、柏拉图、希庇亚斯、普罗迪库斯、伊索克拉底和安提丰，悲剧作家有埃斯库罗斯、索福克勒斯和欧里庇得斯，喜剧作家有阿里斯托芬，医师有希波克拉底，艺术家有米隆、菲狄亚斯、普拉克西特列斯、宙克西斯、伊克蒂诺、希波丹姆斯、卡利克拉特、穆尼西克里、阿尔卡美涅斯、克雷西勒斯和波利克里托斯，历史学家有希罗多德、修昔底德和色诺芬，雄辩家有希佩

❀ 1平方英里约合 2.59 平方公里。

里德斯、色拉叙马霍斯和吕西阿斯，最后还有政治家地米斯托克利、米太亚德、客蒙、伯里克利、阿里斯提德和亚西比德。正如伯特兰·罗素所说："很有可能在那时，就像在那个时代，正像在为少数极少的其他时代一样，人们有可能既有智又快乐，通过有智而变得快乐。"

公元前五世纪从一场起义开始：爱奥尼亚人反抗波斯人的统治。爱奥尼亚人中最先发起反抗的是阿里斯塔哥拉斯，米利都的统治者。希波战争伊始最奇怪的逸闻是关于希斯提埃乌斯，策划了这场起义的人。为了将开始行动的时间信息安全地传递给阿里斯塔哥拉斯，他剃光了一个聋哑奴隶的头，把相关内容文在他的头皮上，然后再等他的头发长出来，把他送到米利都，一切非常安全，因为即便奴隶被捉住，信息也不会被拦截。

在这次事件中，爱奥尼亚沿海地带的诸城邦联合起来，击败了整个地区的波斯占领军。他们虽然胜利了，但继续反抗也并不容易，因为不久之后大流士一定会带着更加强大的军队回来，比之前征服了爱奥尼亚的那支还要厉害。思考过这种可能性之后，米利都的统治者阿里斯塔哥拉斯于公元前499年秋去往希腊大陆，试图说服最重要的几座城邦联合起来形成有力的联盟，将爱琴海两边的希腊人都团结在一起。斯巴达直截了当地拒绝了：波斯对他们来说太远了，根本没什么参与感。底比斯的恨意聚焦在雅典人身上，所以——倘若没有其他原因的话——它永远也不会加入什么联盟。总之，希腊人发现他们内部邻邦间的争端，甚至比他们假想中来自外部的入侵要更为激烈。只有埃雷特里亚和雅典听取了阿里斯塔哥拉斯的建议，一致同意提供二十艘船只。用希罗多德的话说，这种团结一致的姿态是 archè kakòn，即祸乱的开端，对于希腊人和波斯人来说都是。

做出战斗的决定之后，爱奥尼亚人和雅典人便乘船前往米利都，但他们没有趴在矮矮的城墙后等待波斯人接近，而是打算预先突袭，向安纳托利亚内陆进军。萨迪斯是第一个遭殃的城市。希罗多德记载，这座城市刚被占领，一名士兵就放火烧了城中一座房屋，一夜之间，整个城市——包括神庙，悉数被大火烧毁。

当波斯国王大流士听闻这则消息时，他十分愤怒：

"谁烧毁的萨迪斯？"

"爱奥尼亚人和雅典人。"

"爱奥尼亚人和谁？"大流士问，他之前从未听说这个名称。

"雅典人。"

于是这位国王命人拿来他的弓，朝空中射了一箭，大声吼道："神啊！请让我惩罚雅典人吧！"

自那之后，他命仆从每逢他坐定开始用餐时便重复这句话："主人，别忘了雅典人！"此话萦耳，一日三次，每当进餐时就能听到。大流士终于在公元前490年发动了对希腊的侵略。

他组织了一支由六百艘船组成的庞大舰队，每艘船都满载着士兵和马匹，从萨摩斯渡过爱琴海。波斯人包围并毁灭了埃雷特里亚，烧毁神庙，以报复埃雷特里亚在萨迪斯犯下的暴行。雅典人向斯巴达求助，但斯巴达人回复称他们的法律禁止他们上阵，直到满月之后才行，所以现在无法行动。而对于唯一前来支援的普拉提亚人，从那日起，每逢节日，雅典人都会纪念他们。

战争发生在马拉松平原（公元前490年）。米太亚德经抽签被选为主要将领，他在两翼部署强大的力量，有意弱化中部；波斯人自然攻击其薄弱之处，一举突破，却马上被包围歼灭。据希罗多德的记载，6400 名波斯人和 192 名雅典人阵亡。在说到这些数据时，我们只能假设这位历史学家对本族人的忠诚已经让他失控。斯巴达人确实说话算话，在满月之后现身了。战争就这么结束了，强壮的斯巴达人只能看看波斯人的尸体以满足好奇心，然后称赞雅典人做得不错。

雅典人因胜利而兴奋不已，深信来自亚洲的危险已经解除。但精明的地米斯托克利却并不这样认为，这位雅典的执政官立即着手组建希腊联盟。每一个希腊城邦都有义务为他们的公共事务做出贡献，要么提供船只，要么提供金钱。由于他们大部分都选择了给钱，雅典人得以将其变现为最强的军事力量。

这时，大流士已经死去，他的儿子薛西斯统治波斯帝国。经过一段时间的犹豫之后，薛西斯也决定冒险一次。他急于避免重蹈父亲的覆辙，率领一支前所未见的、规模巨大的军队向希腊进军。根据记载，这支军队由 170 万名步兵、8 万名骑兵组成。"没有一条小溪在他的军队饮过之后未曾干涸的，"希罗多德说，"只有丰沛的河流能够幸免于难。"

进攻分两头进行：陆攻，经色雷斯、马其顿和色萨利；水攻，以 1200 艘船只组成的舰队。陆军部队面临的第一个难关是跨越达达尼尔海峡。一场暴风雨摧毁了埃及工程师建造的木桥，薛西斯下令，当他说出这句话的时候，赫勒斯滂海峡（达达尼尔海峡的古称）的海水应该受到 300 鞭的惩罚："你这又咸又苦的水流啊，你的主人因你伤害了他而惩罚于你，他可从未伤害过你。但国王薛西斯将会从你身上跨过，不管有没有得到你的允许。"而后，他让工程师们将300艘船舰绑在一起，造出一架浮桥，带着他的军队越过海峡来到欧洲。越过海峡花费了七天七夜，中间没有停歇。这支军队包含了波斯帝国的每一个种族：米底人、奇西亚人、希尔卡尼亚人、亚述人、迦勒底人、巴克特里亚人、塞种人、斯基泰人、印度人、阿里伊人、帕提亚人、花剌子模人、索格底亚那人、犍陀罗人、达狄凯人、卡斯皮人、萨兰盖人、帕克杜耶斯人、乌提安人、米基人、帕里卡尼亚人、阿拉伯人、埃塞俄比亚人、利比亚人、埃及人、帕夫拉戈尼亚人、利吉亚人、马蒂尼人、马里安狄尼亚人、叙利亚人（或卡帕多西亚人）、弗里吉亚人、亚美尼亚人、吕底亚人、米西亚人（或奥林匹恩尼人）、色雷斯人、皮西迪亚人、卡巴利安人、米利安人、莫斯奇人、提巴瑞尼人、马克隆涅斯人、莫叙诺依科伊人、马里亚人、科尔基斯人、阿拉罗迪安人和萨斯皮列斯人。我虔诚地复制希罗多德的名单，是为了强调公元前480年来自东方的威胁是多么严峻。三场战役打响了，它们是历史上最著名的三场战役：温泉关战役、萨拉米斯战役和普拉提亚战役。在温泉关战役中，约3000名希腊人（包括300名斯巴达人）受列奥尼达的调遣，保卫通往希腊的关口，抵抗波斯军队。当有人告诉斯巴达的一位士兵狄耶涅凯斯，野蛮人的数量众多，若他们射箭，足以遮天蔽日，他回答说："如此便最好，我们可以在荫蔽下作战。"结果他们的人几乎全部牺牲了。幸存者十分羞愧自己活了下来，于是自尽。雅典遭到入侵，几乎被摧毁了，子民乘船避难。

　　萨拉米斯战役是一场海战。希腊人只有380艘船舰对抗波斯的 1000 艘船舰，雅典人出奇制胜，把敌人吸引到萨拉米斯岛和大陆之间的狭窄水域，使得后者的舰队无法在其中调动。薛西斯为了观战，带着贴身随从安顿到一处山顶上。"他在那里竖起了一个金色的宝座，周围簇拥着一群秘书，他们的职责是记录战斗的各个阶段。"波斯人遭受了毁灭性的打击。

第三场战役发生在普拉提亚（公元前 479 年）。在这里，在波斯入侵一年之后，雅典人和他们的同盟军，由斯巴达人帕萨尼亚斯指挥，终于击败了这支规模庞大的军队。自这一刻起，雅典和斯巴达成为那个时代最强大的军事力量。这场冠军争夺战的最后一场角力将在五十年后的伯罗奔尼撒战争中尘埃落定。

冲突，以其戏剧般的即时性，往往能使参与其中的人们迅速成熟起来，希腊与波斯的战争也无例外。在普拉提亚战役后的岁月里，雅典城邦历经了一段繁荣兴旺、文明鼎盛的时期，这段时期被载入史册，称为"伯里克利的黄金时代"。地米斯托克利对建立希腊联盟的执着想法，为这繁华景象备好了温床。三百多个希腊城邦决意在雅典的领导下联合起来，创立了和联合国差不多的组织，总部设在提洛岛。尽管每个城邦都保持其独立，但都缴纳一部分财富作为安全防卫的报答。

伯里克利而后认为，把同盟的金库转移到雅典会更安全，从那时起，就由他来决定联盟的资金如何使用。这位聪明的政客由此获得了增强雅典海军实力的财富，同时也能修补遭波斯军队破坏的雅典公共建筑。可以预见，斯巴达不加入这项计划。首先，斯巴达感到军事力量自足；其次，正如所有具备严苛政制的国家那样，它不敢和雅典周围逐渐受其影响的地区一样，向民主和革新的理念敞开门扉。

希腊总是因在这段时期未能成为一个独立、强大、所向披靡的国家而受诟病。无论是雅典和斯巴达之间的竞争应受责备，还是"背信弃义的底比斯"缺乏真正的希腊精神，希腊人从未成功建立起统一的国家。对许多历史学家来说，统一的国家似乎是必不可少的。但是相反，通过保持分裂，每个城邦都带有自己的个性，这个经验给予人类的比帝国所能给予的要多得多。格里茨科·马肖尼的评论说得正好："……我倾向于——鲁莽地——相信，希腊人和他们的城邦，一劳永逸地设计出了唯一一个适宜人类栖居的社会环境。一旦一个共同体扩展得太大，它就无法自称具有真正的文明，因为它无法让每个人随时认识其他人或与其他人面对面地交流。而在诸城邦中，这一可能性得以实现。"

伯里克利是一名贵族，一位海军司令之子。尽管如此，他一开始却是通过支持民主派掌权的。当时，任何在萨拉米斯或普拉提亚战斗过的人都享有和反抗运动英雄同等的社会地位，又由于民众（选民）中的大多数都曾是战士，民主的进程必然会令他获胜。

伯里克利是个帅气的男人，却长着非常奇怪的、长长的头颅。这轻微的畸形让他有了"海葱脑袋"的绰号。就因为这个，艺术家们总是塑造其戴着头盔的形象。他的传记作者表示，他脑袋上的凸起是因为头脑太过聪明。

伯里克利的老师和精神导师是阿那克萨哥拉，从他身上学到了"所谓更高的哲学，睿智的推测，脱离了粗鄙盲目、鲁莽自大的高尚的言谈，面色从容，绝不纵声大笑，举止优雅，在谈话时不会因其动作而使衣着不整，克制音调，从不高声对谈，等等。这些品质使他的听众们感到惊奇"。有一次伯里克利泰然自若地听着一个人骂了他一整天，到了晚上他不得不回家的时候，他让这个人随他一起，继续听他的谩骂之辞，然后命仆人举着火把护送这个人安全到家。

伯里克利是一名出色的雄辩家，他在政治辩论中表现得沉着冷静，但当他的同代人提到他面向群众的慷慨激昂的长篇演讲时，却用到了"雷鸣""闪电""在其舌间挥动着可怕的雷电"等词句。由于从芝诺那儿学会了修辞学，他同时也是一位厉害的辩论能手。斯巴达的国王阿希达穆斯询问修昔底德他与伯里克利谁是更好的摔跤手，修昔底德答道："每当我设法让他（伯里克利）摔倒时，他都会对自己被判摔倒提出异议，说得头头是道，甚至还能说服那些亲眼看见他摔倒的人。"

不过，伯里克利处理国家事务的才能是毫无争议的。例如，他意识到赏酬那些为公共利益而工作的人们有着根本的必要性，于是他为士兵、管理人员甚至陪审员提供薪酬或津贴。他还组织露天宴会、游行和歌会以丰富公共庆典。换言之，他满足了人们对"轻娱乐"的需求。除此之外，他还从国家资金里抽出一部分，以支付贫困群体的入场费。在艺术领域，他开启了人类历史上最富创造性的时代之一。他使用提洛同盟的资金和最富有的公民缴纳的税款建造了许许多多的神圣建筑，吸引了那个年代最优秀的艺术家来到雅典。四十年的时间里，雅典变为一个巨大的建筑群落。每一位建筑师和每一位雕塑家都能够凭借自身的能力成为承包商，就像文艺复兴时期的工作坊一样，领导着包含学生和助手在内的一整个团队。他们使用各种各样的材料：大理石、青铜、象牙、乌木和柏木。当伯里克利最终被一些贵族指责滥用公共资金时，他答道："行吧，那么从现在开始，我会用自己的钱建这些东西。当然，你们知道每一座建筑物都会在门面上镌刻我的名字。"他的经费很快便回来了，并得以全权继续整项工程。

伯里克利同时也使得人们对于艺术家的态度发生转变。尽管听起来很奇怪，但古代希腊人一点儿也不尊重那些将他们毕生精力贡献给譬如雕刻或绘画等创造性工作的人，这是由于他们对任何用双手工作的人都报以轻蔑的态度。体力劳动者（被称为"banausi"），几乎都是奴隶或外邦人。希腊式的生活理念排除了任何获利丰厚的活动，只着眼于最大可能的闲适。这种态度可以用我一个叔叔的话来总结，他曾自豪地宣布："不是我自夸，我真的一天也没工作过！"我向你保证，他这么说的时候没有丝毫自嘲的意味。根据亚里士多德的说法，卑下而无意义的工作是有失体面的，就应该留给仆人来做，而教育和崇高的灵魂是主人阶层所独有的。普鲁塔克告诉我们，在古希腊，没有一个受良好教育的年轻人会渴望成为菲狄亚斯或波利克里托斯，无论他多么钦佩奥林匹亚宙斯雕像或阿尔戈斯赫拉神庙，这些赞美之情都不会成为他的理由，因为"你不必因为被一幅作品之优雅所打动，就认为创造出它的作者值得你尊敬"。马其顿的国王腓力二世听闻他的儿子将鲁特琴弹得非常好，就训斥他："你弹得这么好，不觉得着愧吗？"换言之，国王一想到如此精通这门乐器必定花费了大量的时间学习和练习，就无比愤慨。

伯里克利的态度却与之相反：他喜欢被一群大师围着，还特别指名菲狄亚斯做他造型艺术的导师。有好事者造谣称菲狄亚斯不仅给他提供雕像作品，还提供模特。事实上，有人指控这位雕塑家在他的工作室中给伯利克里和一些出身良好的女性牵线搭桥。直言不讳地说来，伯里克利是个好色之徒。当他还在军中时，据说就引诱其直属上司——令人敬畏的墨尼波斯的妻子，而后他又遭到斯提辛布罗图斯公开指控和自己的儿媳有染。

不过，他的真爱之一是著名的阿斯帕西娅，这位美貌的爱奥尼亚女子与伯里克利的关系使得他背上了非法同居的罪名。阿斯帕西娅出生在米利都，一些恶毒的流言说她曾在那儿为娼。据说她效仿古代的爱奥尼亚美人塔尔格利亚，热衷于结交权贵。

一在雅典定居下来，阿斯帕西娅便沉溺于一家介于激进时髦派（radical-chic）沙龙和妓院之间的会所，在那儿最聪明的男人能够遇见最漂亮的女性并交换意见。据说有这样一个故事，某天一场标枪比赛发生事故后，伯里克利和普罗泰戈拉在那儿花了一个下午的时间讨论究竟该由标枪手、裁判、死者和标枪中的哪个来承担责任。甚至苏格拉底和他的学生们也经常出入这个沙龙，虽然不知道他们是冲着讨论去的还是冲着那儿的姑娘们去的。

阿斯帕西娅是完美的女主人，温柔亲切、修养不凡，并且品味高雅。传闻说，伯里克利的许多决策都非自己提出，而是来源于她，如在米利都与萨摩斯的纷争中选择站在米利都的一边。我们不能因为她的职业而带有偏见。在她那个时代的上层阶级女性基本都很无知，而妓女却接受过良好的教育。请记得"妓女"这个词，希腊语写作"pornai"或"pallacai"，是伯里克利的敌人贴给她的标签，而历史学家只会使用"交际花"这样的词。想一想，今天的我们可不会把日本艺伎说成是娼妓!

阿斯帕西娅也为伯里克利生了个儿子,不过这个孩子永远也无法具有公民身份,因为只有父母双方都是雅典人才具有公民资格。

民主的法律给伯里克利的对手留有很大余地,最终他身边的人多有落难。阿那克萨哥拉被拉到法官面前接受审判,只有逃离城邦才能保命;菲狄亚斯被指控贪污了用于雕像作品的黄金,尽管他把出问题的那座雕像上的黄金去除,拿来称重,自证清白,可他还是被关进了监狱,传说他在狱中被毒害身亡;阿斯帕西娅被喜剧诗人赫尔米普斯指控亵渎神明,以及协助、教唆卖淫,多亏伯里克利"声泪俱下,苦苦哀求陪审员",她才得以摆脱监禁。

同时,来自城邦外部的忧患也在酝酿之中。斯巴达无法容忍她的邻邦雅典的人们那种把人生当成一次愉悦的冒险的生活态度,十分渴望和雅典一决高下。伯里克利几年来避免争端(有人说他向斯巴达的将军们行贿),但当他再也没有什么措施可以采取的时候,冲突便全面爆发了。据普鲁塔克在《希腊罗马名人传》中记载,精明的伯里克利拒绝卷入战争,选择在雅典为自己和军队筑起街垒,等待敌人的袭击。不幸的是,成千上万的农村居民被迫放弃自己的家园,到城墙内避难,大量人口的涌入导致城内爆发严重的瘟疫,伯里克利被认为对此事负有主要责任。他被夺去指挥权,罚缴十五塔兰同❂。

❂ 古希腊等地的货币单位、质量单位。1 塔兰同约合 26 千克。当用作货币单位时,1 塔兰同是指同等重量的白银或黄金。

在公元前 429 年秋伯里克利也患上了瘟疫。在他死去的那天，朋友们聚集到他床边，以为他已经陷入昏迷，开始回忆起过去四十年他为这座城市所取得的成就。但伯里克利还没有丧失意识，他最终发出了声音。"大多都是运气使然，"他说，"你们忘了提我最美的、最值得你们称颂的头衔了，那就是，没有一个雅典人因我而穿上丧服。"

XIX
阿那克萨哥拉

弗兰克·辛纳屈®被称为"声音"，阿那克萨哥拉的昵称叫"努斯"（Nous），即心灵。这两个昵称对他们的人格特征的概括都是一针见血。没有人比阿那克萨哥拉更能被选为雅典公元前五世纪知识活跃发展的典型了。当时人们对辩证法的热衷，对自然现象的兴趣，以及希波克拉底的新医学，建筑线条的纯粹性，甚至是（由米利都的希波丹姆斯所规划的）比雷埃夫斯城市布局的几何简洁度，都一同见证了思想家和实干家们仅凭借思想资源解释世界的决心。神的话题对于知识分子来说已经过时，不久却成为反对分子打击他们的利器。亚里士多德说："当阿那克萨哥拉断言心灵在自然中呈现，相较于在他之前那些无用的思想家，他仿佛是皆醉的众人中唯独清醒的那个。"

阿那克萨哥拉，赫格西布勒斯之子，公元前 500 年至前 497 年之间出生于克拉佐门尼，靠近士麦那的一座爱奥尼亚小城镇。和所有受到米利都学派影响的哲学家一样，他也花费了大量的时

❀ Frank Sinatra，意大利移民、美国歌手。

间仰望天空，对自身利益漠不关心。这可惹恼了他的家人，他们嚷道："求求你了，你就不能关心一下自己的财产吗？"他反驳道："为什么你们不帮我看着呢？"为避免再受打扰，他把手头的一切钱财都散给亲戚。事实上，年轻的阿那克萨哥拉从未感到过快乐，除非站在米玛斯山上凝望星空。他会在那儿露营一整夜，裹着羊毛毯在一片寂静中入眠。曾经有位邻居谴责他对自己的家乡无动于衷，他回答："你搞错了，我非常关心我的家乡。"然后指向天空。

他不久就因观察天象成名。人们说他直接从埃及祭司的"神秘之书"中学到了宇宙的奥秘，并相信他做出了各种各样的预言，譬如日食、地震（他观察到井底的泥土变动）、一座建筑的倾塌，甚至还有坠落在埃哥斯波塔米的一块陨石。占卜术使希腊人着迷：任何能够预测自然现象的人，无论是通过计算得出，还是纯粹凭借运气，都能以此为生。比方说，阿那克萨哥拉总是被介绍为"成功预测了天降石头的那个人"。另外一场精准的预测发生在奥林匹克运动会上：他头上蒙着羊皮现身，好像是为了不被淋湿似的，当时天空晴朗无云，但不一会儿就下起了倾盆大雨。

二十岁的时候，他来到雅典，在那儿创办了一个哲学学园。他的学生有欧里庇得斯和阿凯劳斯，后者因成为苏格拉底的老师（抑或情人）且"解释了声音的产生是由于空气的振动"而闻名。

据一些历史学家的说法，阿那克萨哥拉被伯里克利的父亲克桑提波斯召唤到雅典做他儿子的导师。然而，根据另一些人说法，他其实是作为薛西斯军队中的一名波斯士兵而来到希腊的，这也就解释了三十年之后伯里克利的敌对者们以"私通波斯"的罪名指控他。根据他受审故事的一个版本，他被修昔底德控告与波斯人有叛国书信往来，并且"不敬神"，使宗教信仰沾上不好的名声。尽管在雅典拥有无上的权威，伯里克利却也无能为力，只能贿赂监狱看守，让阿那克萨哥拉在法庭宣告审判结果之前逃走。真相是，可怜的阿那克萨哥拉唯一的罪行便是与伯里克利结成的友谊。说到摧毁政治上的对手，希腊人从来都是很直接的：对宙斯的一句批评就足以成为被指控的理由。

阿那克萨哥拉的流亡十分艰难，单是把他从"文化中心"放逐这一点就足够凄惨，不过他太骄傲了，尤其也太过智慧，以至于他丝毫不抱怨。得知判决是死刑时，他唯一的评论是："很久以前，自然就把我和我的法官都宣判了死刑。"而听闻儿子的死讯，他只是说："我知道我的孩子生来就是要死的。"有人问他是否失去了雅典人的社会，他答道："不。但他们失去了我。"对于另一位因他即将客死他乡而同情他的人，他说："无论我们从哪里开始，最终都会堕入冥府。"

同时，他的书籍却私下在知识分子间流通。普鲁塔克说："它始终属于需要严守的秘密，只在少数几个人那里缓慢地流传着，拿到它的人都十分小心……"这本书无疑是第一本畅销书，它的与众不同之处在于，这是第一本我们知道确切价格的书籍——值一个德拉克马。

正如我们之前所暗示，关于阿那克萨哥拉的庭审，存在着几个互相矛盾的版本。一些版本将审判的时间确定为公元前450年，另一些说是公元前432年；有些人说他受到修昔底德的控告，另一些说是克里昂；审判结果的描述更是五花八门，有死刑、流放或五塔兰同的罚金。最可能的情况是，发生过两次庭审、两次审判，其中有十八年的间隔。

陶片放逐是每年一次在早冬进行的负面选举。只要有6000名雅典人达成共识，任何公民都可以在不知道原因的情况下被驱逐出境五年或十年。投票通过无记名的方式进行，被驱逐者可能是完全无辜的，你完全可以想象一个人能够多么轻易地被驱逐。事实是，没有任何一位公元前五世纪伟大的雅典公民逃离得了受弹劾的命运，除了伯里克利。甚至"正义者"阿里斯提德亦遭到一段时间的流放。陶片放逐法本是为了确证民众高于个体，及时踩住个人崇拜的刹车，结果它变成了一小群善妒者手中强大的工具。

第二次审判——假设它发生过的话——则是始于一个奴隶在鞭刑之下的供词，他声称听到阿那克萨哥拉谈及太阳是一块炽热的石头，由天空的自转带领转动。这项罪行非常严重。几年前狄奥佩特斯设法通过一条法律，规定凡否认众神的存在或教导任何有关诸天的学说都是犯罪。伯里克利急于维护他的朋友，尽一切所能助他脱罪。他把阿那克萨哥拉带到法庭上，自己还发着烧，他指着老师憔悴的脸，问道："雅典人，我一向尽心竭力为这座城市的利益努力，有人觉得我哪里有问题吗？好了，我可是这个人的学生！"法官释放了阿那克萨哥拉——更多是出于同情他身体虚弱，而不是真的因伯里克利的激辩而动摇——但这位不幸的哲学家蒙受了太大的羞辱，他在兰普萨库斯绝食至死，那是爱奥尼亚北部的一个城邦。他躺在病榻上，脸上已蒙了一层布，他向前来看望的伯里克利抱怨，说他从来没得到过回报，"甚至需要一盏灯的人也得往灯里添油"。临终之际，兰普萨库斯的执政官询问他想要以怎样的方式被纪念，他请求给孩子们放个假。

我无意冒犯"心灵先生"，但我发现他的性格之中缺乏同理心。据称从没有人见他笑过，这令我尤为反感。如果这是由于他的性格缺陷，那么我们尚可原谅他，但事实不是这样。过分严肃的表情是为体现其行为之冷静从容。而正是由于听从他的教诲，他最青睐的门徒欧里庇得斯和伯里克利，都拒绝在公众场合或宴会上饮酒，就是怕到时被人发现自己的嘴角噙着笑。想想看，对微笑的反感甚至在今日也十分流行，尤其是在意大利知识分子之间。看看他们在电视采访上的表现就知道，你不会不被那种崇高的、力行克己的表情所打动。天知道晦涩难懂的加尔文主义是如何让他们产生了那么多的愧疚和赎罪的欲望，以至于他们对任何带有欢乐的暗示都那么反感。也许拉丁名言"愚人之口满是大笑"其实是莫拉维亚❀、夏夏❂或乔治·博卡＊的某个祖先发明的吧。幸好时不时会冒出个爱因斯坦或伯特兰·罗素，文化氛围一下子肉眼可见地活泼了起来。

阿那克萨哥拉所问的问题是前苏格拉底哲学界的经典问题：

1. 什么是原初元素？

❀ Alberto Moravia，意大利小说家，以虚构社会异化和无爱的性描写著称。

❂ Leonardo Sciascia，意大利作家、政治家。

＊ Giorgio Bocca，意大利散文家、记者，因在第二次世界大战中参加游击队而闻名。

2. 谁或什么东西使得它们活跃起来？

对阿那克萨哥拉来说，最初的实体在数量和质量上是无限的，他称之为"同质粒子"。因此我们并不像米利都学派那样在讨论单一的本原，也不是像恩培多克勒那样在讨论四种基本元素，而是在考虑无限多数量的、无穷微小的粒子，它们由心灵（努斯）建立的秩序合乎逻辑地安排。

阿那克萨哥拉说，起初，这些同质粒子全都混乱地堆在一起，仿佛在一个巨大的食品搅拌器中，无明显的颜色差异或其他特征——直到心灵忽然介入，"食品搅拌器"开始旋转，在离心力的作用下使内容物分离出来。然后"稠密者、冰冷者、潮湿者、黑暗者开始聚集到大地所在的地方，而稀薄者、温暖者、干燥者（和明亮者）向外进入以太的更深处"。

虽然同质粒子被描述为事物无限小的微粒，且是同质化的，并由于其微小的缘故而不可见，但我们所见的每一个物体，无论多么微小，都包含了所有可能的同质粒子。也就是说，"每样事物都有一定比例的万事万物隐藏其间，但只有数量最为众多的那些会显现出来"。这意味着一张木桌里包含着一切事物，甚至包含火、烟、灰烬等，但它只呈现出木制的样子，是由于木头的同质粒子比其他任一种同质粒子的数量都多得多。

为了支持自己的理论，阿那克萨哥拉提醒我们，动物吃的食物转化到肉、骨头、毛发、血管、软骨、指甲，甚至角中，并且由于毛发不能由不是毛发的东西构成，由此食物之中必然有毛发的同质粒子的存在。

做出"万事万物都在万事万物之中"的推论后，这位哲学家继续说每个事物不仅包含其最显著特征的属性，还包含了这些属性的反面：譬如，雪表现为白色，但必定也包含了一部分的黑。这使我想起我母亲觉得汤的味道寡淡时说的"è dolce 'e sale"，即"这又甜又咸"。

阿那克萨哥拉反对恩培多克勒的理论。他说，相似之物并不寻找与其相似之物，而是找寻其反面。相反的品质正是因其敌人才能存在。譬如，我们每个人都能感觉到的寒冷，与我们身体的热量呈一定比例；在喧闹的市集中几不可闻的声响，却能在寂静的夜中被听到。

只有清楚地理解阿那克萨哥拉的心灵是什么意思，我们才能恰如其分地理解他的体系。正如我们已解释过的，他的努斯与上帝无关，不是一个创世的原则，而只是一个"物质的"实体，尽管它具备极精炼形式的纯度、稀薄度等性质。努斯只在有生命之物中体现，专司我们所感知的这个宇宙的秩序，而不负责原初实体的创造。它被叫作心灵是因为与运气不同，它对自己所做的事情有所意识。

阿那克萨哥拉体系中努斯有限的职能，对许多雅典哲学家来说都是缺憾，以至于我们在《斐多篇》中看到，柏拉图借苏格拉底之口说出这些话：

我曾听闻有人读过阿那克萨哥拉的一本书，宣称正是心灵产生了秩序，它是万物的原因。这种说法使我愉悦。无论如何，心灵是万物的原因这一点，似乎应是正确的。我想，若是如此，那么心灵在创造秩序的时候，把万物都以秩序归列好，并以最适宜每一个事物的方式加以安排……让我高兴的是，这些想法使我设想，在阿那克萨哥拉那里，我已经找到了正合我心意的、在因果论题上的权威。我以为他会先从告诉我们大地是平的还是圆的开始，然后再详细解释其中的理由和逻辑必然性……这是一个美好的希冀，我的朋友，可它很快就破灭了。当我继续读下去时，我发现这位朋友根本未对心灵善加利用，不让它在世界的秩序中发挥因果作用，而是列举了诸如空气、以太、水和其他荒谬之物当作原因。

除了"努斯"，阿那克萨哥拉也被称为"伟大的物理学家"，这缘于他对自然科学的热衷。这是一些他基本的物理学和天文学思想：

· 恒星是炽热的石头，以极快的速度在空中旋转，直到一个突发的减速使之坠落到地球。（这个理论也许来自埃哥斯波塔米的陨石坠落事件。）
· "太阳把光线传送到月亮"，月亮是一块冷石头。
· 月亮的轨道比太阳的低，形成了日食。
· 一只名叫涅米厄斯的狮子从月亮上掉了下来。
· 月亮上有人居住，而且还有和我们一样的山、峡谷和房子。
· 风是由空气被太阳加热的稀薄效应产生的。
· 当云朵相遇碰撞时，便出现了闪电。

· 地震是由困在地球深处的大量空气运动导致的。

· 彗星是由发出火焰的行星形成的，流星是空气释放的火花。

· 太阳比伯罗奔尼撒还大。

正如你所见，阿那克萨哥拉是一位尝试者：有些时候他正中要害，有些时候他又谬以千里。但我们必须体谅这些古代的科学家，他们大部分都是靠猜，摸着石头过河，一方面相信亲眼所见的证据，另一方面又凭借天马行空的想象提出假说。

阿那克萨哥拉也有他自己的进化理论。第一个人从水中来，后来的人才是由人所生；男人从子宫的右侧来，女人来自其左侧。还有一条是：人类不久便成为宇宙中最智慧的存在，因为他们有手。这是一个非常天才的想法，现代的专家们，尤其是动物行为学家和古生物学家，都予以赞同，但在他的时代，却遭到了严重的批判。例如，亚里士多德就和他在这件事上发生争论："根据阿那克萨哥拉，人是最智慧的生物，因为他有双手。在我看来，说他有手是因为他最聪明可能会更加合理。"

XX
留基波

　　关于留基波的事迹只有寥寥数语留存下来，因此想再说点有关他的事不太容易。我们几乎无法确定他的生辰：历史学家谨慎地将它放在公元前 490 年至前 470 年之间。至于他出生的城镇，历史学家们更是众说纷纭：有的说是米利都，有的说是埃利亚，有的说是阿布德拉，还有的说根本没有这个人。最后一种说法得到伊壁鸠鲁的支持，他虽然自称对原子论很是赞赏，却否认曾有一位名叫留基波的哲学家。坦白地说，在我们看来，伊壁鸠鲁似乎是在冒险。亚里士多德在他的《论生成与消灭》中共有十一处提到留基波的名字，像他这么细心较真的人，决计不可能滔滔不绝地讲述一位假想出来的哲学家。最后，还有塔内里*的理论，据他所说，留基波只是德谟克利特用的假名。

　　但无论如何，为了完成留基波这篇简短的概论，我倾向于认为他出生于公元前 490 年，前后误差不超过十年，他一直在家乡待到公元前 450 年贵族反抗的时候。等到了三十岁，他像所有可

❀ Paul Tannery，19 世纪法国数学家、数学史家。

敬的前苏格拉底哲学家们一样动身旅行，广泛游走。我们听说他去过埃利亚，在那里停留了足够长的时间，学习和反驳芝诺的学说，然后又去往阿布德拉，那是一座位于希腊本土和爱奥尼亚之间的色雷斯城市，在那儿他建立了哲学学园。

真实性存疑的留基波过于不幸，收了著名的德谟克利特做他的学生，这位学生的名头太过响亮，使老师黯然失色，导致人们直接质疑老师的存在。首先，德谟克利特在多本书中有意不提他的老师，而历史学家，除偶有例外者，皆对此二人无差别引用，使得我们更难区分他们的思想。有一篇留基波的专著《大宇宙系统》，被收录进《德谟克利特文集》，最终就变成了德谟克利特的又一部作品。

在承认过诸多困难后，我们仍应尝试对这位哲学家进行有限的、简陋的研究，重新评估其价值，将思想史上两个基本概念的发明归功于他：虚空和原子。

直到这一刻，每个人都竭力否定虚空的存在。恩培多克勒，以女孩将黄铜容器（水钟）浸入水中的实验，证明了普通人所说的"空气"是有实体的，而非所谓"虚空"。阿那克萨哥拉也找到一种可行的方法，用膨胀的酒囊证明了空气的"实体性"。最后，巴门尼德不仅否认了虚空的存在，而且以此论证运动并不存在。"一，"他已经说过，"固定于其自身，没有多余的空间以改变或移动。"

至于原子这个概念，我们不能忘记阿那克萨哥拉的"同质粒子"已经与之非常接近。然而这两位生于同时代、居住在不同地方的哲学家基本不可能互相影响到对方，且无论如何阿那克萨哥拉的"同质粒子"和留基波的原子都有着本质区别：前一个无限可分；后一个尽管微小，却被设想为不能分割的、实心的微粒，因此切实来说它是物质可被分割成的最小部分。"原子"（atom）一词在希腊语中是"不可分割"的意思。

XXI
德谟克利特

德谟克利特，赫格西斯特拉托斯或阿塞诺克里托或达玛西普斯之子，出生在公元前 472 年至前 457 年之间的阿布德拉或米利都。前苏格拉底时期的出生登记一贯模糊，随意罗列着出生日期和推定的亲子关系。但站在这些古代雅典人的角度来看，他们没有真正的日历，所以如果要求他们提供出生年月的信息，他们唯一能做的就是参考当时在位的执政官或者奥林匹克赛事的获胜者是谁。这就好像我告诉你，我出生在杰西·欧文斯获得两百米冠军的那年，在塔姆布罗尼担任总理的时候结婚。现在你懂了吧。

德谟克利特是四个孩子中最小的。他有两个哥哥，希罗多德和达玛斯忒斯，还有一个不知名的姐姐。他的家庭非常富裕，小时候他什么也不缺。父亲死后，他宣布放弃自己的那份土地，代之以一定数目的钱。那肯定是一个不小的数目，第欧根尼提到"超过一百塔兰同"，算是一笔财富了。德谟克利特不顾他的道德信念接受钱财，只是因为这对于推进其多年以来梦想着的计划乃是必要条件：环游世界，拜访尽可能多的老师。伟大的古罗马诗人贺拉斯如是评价他的行为："当他的灵魂罔顾自己的身体，飞快地四处冲撞，野兽进入德谟克利特的田地，吃尽庄稼，便也不足为奇了。"

德谟克利特是一个不知疲倦的旅行者。他向迦勒底人学习天文学，向马吉人学习神学，向埃及人学习几何学；他游览过埃塞俄比亚、红海甚至印度，在那儿他邂逅了裸形智者。在被亚历山大的克莱门引用的一段残篇中，他说："在同代人中，我是走遍了大地的绝大部分、从一切事物中寻求最新奇者的那个；我见过数不胜数的地区，倾听过大多数有学识之人的话；而在几何图形的组合及相关证明上，无人能出我右，即便是埃及的所谓'土地测量员'（arpedonapti）也难望我项背。"旅行途中他一直受到一个波斯皇室家族的帮助，而究其原因，根据某种说法，是他的父亲在第二次希波战争薛西斯横跨色雷斯时，款待了薛西斯，自那之后这个家族就一直受到波斯国王的庇护。

很明显，范围如此之广的旅行不可能不包括雅典，但很奇怪的是，"没有人认出他"。有人认为，在柏拉图的《情敌篇》中与苏格拉底交谈的不知名年轻人可能是德谟克利特。确实在这篇对话中，苏格拉底将这位哲学家比作五项全能运动员——没有一个单项拿冠军，却能在最后摘得桂冠的人，而德谟克利特自夸其为物理学、伦理学、博物学、艺术、数学等学科的专家。

他结束所有的旅行返回家乡时，已是身无分文。他能做的就是当个穷亲戚，去和他的兄弟们一起生活。之后政府通知他，根据一条古老的色雷斯律法，因为对继承的遗产挥霍无度，他不被允许葬在自己的家乡。德谟克利特颇为抗拒海葬的想法，于是当众宣读他的《大宇宙系统》，阿布德拉人为其横溢之才所倾倒，不仅保证国家出资为他举行葬礼，还要偿还他一百塔兰同。

德谟克利特是个怪人：有些人认为他是个享受生活之人（bon viveur），随时准备发笑和开玩笑，又有些人认为他是一位学者型隐士。他也许二者皆是——同时拥有"欢笑的哲学家"和"智慧"两个昵称不是没有理由的。他的大笑在希腊非常有名，曾被雅典的知识分子们批评过好几次。这句话是用来说他的："他来自阿布德拉，愚人之城。"德谟克利特主要讽刺的对象是阿那克萨哥拉。这位阿布德拉哲学家总是挖苦阿那克萨哥拉关于智性的理论，并指控他剽窃一些有关太阳和月亮的古代学说。然而，他的仇恨来源似乎是由于阿那克萨哥拉拒绝了他进入雅典学园的申请。

德谟克利特年少时就很内向。还是小孩的时候，他就在花园底部建了一个属于自己的小屋，类似于一个可以避开任何人的兽穴。我们听闻他长大后在沙漠、墓地的坟冢间独居很长一段时间，只为将想象力锻炼到极致。

他在东方的经历给了他某些占卜的力量：除了预测自然现象（目前所有哲学家都具备这项技能），德谟克利特总是展现出一些真正不可思议的举动，令朋友们眼花缭乱。我们获悉他曾喝着一杯奶说："这杯奶产自一头黑色的母山羊，她刚刚生下自己的第一个孩子。"他的话很快得到证实。另一次，他向希波克拉底的侍女问候："早安，少女。"可次日再见到她时，他却一改问候之语："早安，女士。"事实上，这个女孩的初次性体验就发生在间隔的那一晚。历史学家没有提到她伴侣的名字，倘若那个人是希波克拉底，德谟克利特的直觉就更像是朋友间的秘密情报，与超心理学现象无关。

一日，德谟克利特不知如何安慰大流士大帝的丧妻之痛，便对他说："将我所列之物皆备齐，我保证能令她醒来。"这位国王立刻着手去办，试图满足这位哲人的每一个要求，却在最后一项被难住——须于王后的坟冢铭刻三位从未经受悲痛之人的名字。这时，德谟克利特才说："没有理智的人啊，你痛哭流涕、悲不可遏，仿佛你是唯一一个遭逢如此不幸的人！"

据传当德谟克利特年迈之时，他故意盯着银盾上反射的太阳光使自己失明，不想让"肉体的视野妨碍了灵魂的视野"。然而，据德尔图良所说，这位上了年纪的纵情声色之徒更多是想避免瞧见美女，因为他已无法和她们行欢。无论动机如何，我们都能在德西穆斯·拉贝里乌斯的一篇诗作中找到这次戏剧性事件的独立信源：

> 阿布德拉的德谟克利特，自然哲学家，
> 将盾径直转向
> 天空中许珀里翁 ❋ 升起之处
> 以天上的光华刺瞎他自己，
> 于是太阳的光线毁去了
> 他眼中的光亮。

他曾在一本书中这样写道："长寿往往不是久活，而是一场

❋ 希腊神话中的十二泰坦之一，是太阳神、月亮女神和黎明女神之父，此处指太阳。

漫长的死亡。"其实他在年过百岁时，就决定自杀，每次进餐渐少，直至再也不吃任何东西。可濒临死亡之际，同样身为百岁老人的他姐姐，抱怨他如果死了将会使她不能参加地母节[*]，于是这位哲学家不厌其烦地求来一些热面包，置于鼻子下面。只不过吸入了面包的气味，他便又坚持了三天，然后问他姐姐节庆是否已经结束，当她回答"是"时，他便永远地闭上了眼睛。

第欧根尼·拉尔修将以下的句子献给他：

> 他在自己的屋里款待死神三日
> 仅以面包温热的气味。

他的名声响彻了文明世界，甚至弗里乌斯的蒂蒙也对他赞赏有加。柏拉图却是他最不可能握手言和的敌人：柏拉图拒绝提起他，甚至试图烧毁他的书籍。但柏拉图的计划失败了，因为德谟克利特的作品传播到了世界各地，在每一个地方都受到热情的接纳。

德谟克利特的学说本身很简洁，也许他回避的问题并非如此，但我们会在恰当的时候再谈论到这一点。现在先把重要的事说清楚。

现实是由原子和虚空构成的。原子在数量上无限，绝对紧凑，因此物理上不可分。它们质性相似，但几何形状和大小有所区别。

---

[*] 古希腊节庆，为纪念和崇拜女神得墨忒耳，妇女们可以自由地参与狂欢。

另一方面，虚空就是真空，一个必须和"有物"（dén）以同等地位存在的"无物"（oudén）。用更平实的语言解释就是——世界乃由微小的粒子组成，这些粒子是有着各种形状的极坚硬物质，它们呈球体、正方体、十二面体，等等，在一个由"无"构成的物理空间中四处移动。这些粒子被称为原子，有时彼此贴合，有时彼此分离。

如果我们接受了这种对世界的解释，那么一些问题很快随之而来：是谁创造了原子和虚空，是谁使得原子移动，是谁第一次推动它们，是谁将它们粘在一起或分开？这些问题上，德谟克利特便不那么令人信服。他能说的只是，原子在数量上无限，并且总是存在，总是运动在虚空之中。它们像在漩涡（dínos）之中旋转一样，不时彼此碰撞。由此产生的回弹（apopàllesthai）、撞击（palmós）、传递（epíspasis）和偏离（sunkroúesthai）形成了原子的团簇，于是便有了我们周围看到的物体。德谟克利特摒弃了恩培多克勒的理论，根据后者，联结和分离都由爱意和争斗所掌控。他更为严肃地对待自己的唯物主义，认为爱意和争斗一类的概念沾染了太多神话色彩——如此倒不如回到宙斯和萨图恩❋那里去，他们更有趣。

这便是德谟克利特物理学和宇宙论的根基。我认为其中的瑕疵不言自明。如果我们接受原子"一直"在旋转，那么我们就必须假定这两种设想中的一种：要么它们循着平行的轨迹，这种情

❋ Saturn，罗马神话中的农神，掌管农耕和种子，"星期六"（Saturday）和"土星"（Saturn）因他命名。

况下，我们就必须要问，第一次碰撞是如何发生的？（如果它们不能改变行进路线，那么肯定会发生严重的连环车祸！）要么轨迹不是平行的，碰撞在一开始就发生了。但我们所谈论的"开始"是什么呢？我们分明刚提到过，原子"一直"处于运动之中。

伊壁鸠鲁十分赏识德谟克利特，他也是一位坚定的原子论者。他试图填补这个漏洞，声称原子彼此在形状和重量上有所不同，这种多样性使得它们的轨迹朝下。要对伊壁鸠鲁说声抱歉，我们的反驳仍然成立。

在原子论者的世界里，没有一个地方不是充满物质或真空的，甚至精神、思想和感觉都是物质的实体，精神的原子只是比身体的原子更为圆润、平滑和易动一些。只要一个人凭借呼吸成功地保持空气的原子和精神的原子两者间的平衡，生命就能延续。感觉是这样产生的：每个物体都发出"流射物"，一种叫作"影像"（éidolon）的不可见的物质实体，与居间的空气进行碰撞，在一系列连锁反应之后，最终撞击到了感觉原子上，后者再把这冲击力传递到思想原子上。因此万事都由物理接触所完成。知识是主观的，因为它依赖于居间的连接和接收者的能力。若德谟克利特的年代就有照相机，它肯定能够向人们展示"影像"是由什么构成的。

德谟克利特的原子和阿那克萨哥拉的同质粒子间最主要的区别在于物质的可分性。两个理论都强调微小的粒子，但原子是极度坚固的微粒，能抵御任何来自外部的攻击，而同质粒子至少在理论上是可无限细分的。沿阿那克萨哥拉推理的路径，我们身体中的每一个分子都能够包含数百万的世界，无论是否有人居住，这一点永远无法被反驳，因为我们无法接近内在于我们的无穷小，就像我们无法接近太空中的星系一样。

问题的关键在于，虚空是否存在。奇怪的是，这个问题依然没有得到解决。我们现在接受自然中没有真空，即便我们可以无限接近它，却仍留有光线。德谟克利特说由于刀锋找到了可以穿过的空间，我们才可以切开一只苹果，但这种推论不再站得住脚，因为爱因斯坦将物质和空间之间的区别抹除了。我很抱歉向读者们介绍了一个如此困难的概念，但相对论将空间和时间不可分割地联结在一起。伯特兰·罗素说："无论（如何）……但事件是世界的材料，它们中的每一个都只有短暂的持续性。从这个角度说来，现代物理是站在赫拉克利特的一边，反巴门尼德的。"

某种程度上来说，德谟克利特试图调和他那个世界最典型的两股思潮：存在的理论和生成的理论。存在的理论的支持者认为"一"是不可动、永恒且不可分的；生成的理论的支持者认为，世界万物无不处于运动之中，无物可以在哪怕一秒之后与其自身相较不变。如此又能怎么办呢？对德谟克利特而言，将这两种理论结合起来的办法就是发明原子论。他在原子的概念塑造上赞同巴门尼德，把它刻画为不变的、永恒的、不可分的、不包含虚空的事物，承认了埃利亚学派的"一"的所有特权，除了它的不可动性。对赫拉克利特的理论，他认可了虚空的概念，这是一个物理空间，在那里原子可以自由移动，物质能够在连续的"生成"之中凝结和分离。

在他之后的哲学家不满于此。苏格拉底、柏拉图、亚里士多德总是希望有人能够站出来阐明第一因或最终目的。对他们来说，德谟克利特就好像跳过了开头和结尾的剧作家。若他们急于向他求援，承认原子的运动是由造物主引起的，问题也无法解决——德谟克利特，一个彻头彻尾的唯物主义者，会很快反问道："那么是谁创造了造物主呢？"真相是，曾在科学和宗教之间摇摆不定的哲学，凭借着原子论，已经彻底摆到了科学这一端，排除了任何宗教的成分。

XXII
智者派

辩护作为一项职业，是希腊人在公元前五世纪发明的。与火和青霉素的发现不同，辩护的发明是阶段性的。让我们来看整个过程究竟如何。

和平时期的雅典是一个人们觉得无聊得要命的城市。奴隶承包了所有的工作，而那些幸运地拥有公民身份的人们，几乎不知道如何消磨时光。怎样熬过一天肯定是个问题。这样的局面使得我们非常易于理解法庭剧的盛行：想象一下电视上除了佩里·梅森＊，什么都没有。

在伯里克利之前，专业的辩护人不允许出现在希腊法庭。公民们无论是原告还是被告，都必须亲自出庭，给出他自己的说法。如果他恰巧不擅长演讲，那么他会非常吃亏。

陪审团，或说民众法庭，则由普通的公民组成。他们都是品格无瑕之人，但由于未受到专业训练，他们常常为演讲者的机巧所打动，而无法关注到论证的有效性，因此狡猾的人只要装作不

＊ Perry Mason，美国作家厄尔·斯坦利·加德纳的系列小说《梅森探案集》的主人公。

善辞令的样子，几乎都能侥幸逃脱。

第一位对乡村居民在律法中的这种困境加以利用的，是雅典人安提丰。作为一个政治流亡者，安提丰在科林斯定居，为了在那儿生存，他开设了"一家贩卖慰藉的店铺"，更像一间工作室。他宣称，任何种类的精神痛苦都能被简单的演讲力量治愈。几年之后，作为一名职业安慰师，他萌生了为必须出席法庭的人撰写演讲稿的想法。他创作的文本非常有效，以至于他很快便以"演讲调制者"的头衔闻名于整个阿提卡地区。他给顾客开出的账单包括一堂演讲课的费用，由于顾客大多是文盲，他只好手把手地教人演讲。

安提丰以及其他这类人被称为演说辞作家（logographoi），他们的生意就是按需写作——政治演讲、葬礼祭文和用于谋杀案审判的法庭论证。一些演说辞作家甚至冒充被起诉者的亲属，试图装成客户的辩方证人。在几年的时间里，他们变得不可或缺，得到法庭的认可，获得合法性。那些将修辞学作为职业的人，或者说收取费用的雄辩家，便是智术师（或译"智者"），他们的专长是掌握在公众场合演讲的艺术。

本来，"智术师"（Sophist）一词没有什么负面含义，相反这个词的词根"sophia"，代表"智慧"，而"成为一名智术师"意味着"在某个领域拥有渊博的知识"（用现代的术语来说，即"拥有专业技能"）。可到了后来，哲学家们和知识分子都震惊于他们以智性谋财的行为，联合起来抵制他们，并竭尽一切可能给他们安上坏名声。色诺芬在《回忆苏格拉底》中写道："有一些叫作智术师的人自甘堕落，出卖他们的知识，为了钱什么都肯做。他们开口说话是为欺骗，写作是为谋财，他们中没有任何人的行为比这更好。"在一些对话中，柏拉图也不甘示弱，借苏格拉底之手策划羞辱他们的言辞，把苏格拉底描绘得比他们要更为擅长"智术"。

智术师和哲学家之间的嫌隙因职业组织的不同而进一步恶化。"传统的"哲学家通常和拥有其独特规则及学说的学园联系在一起，智术师则是活跃于市场的自由职业者，不需要支持任何观念或思想。这是一种实质上的区别——还记得吧，希腊的哲学学园更像是兄弟会，学生接受指导，同享一套信念。因此，在哲学家看来，智术师是毫无顾虑、毫无理想之人。哲学家从没想过智术师可能也会相信一个简单的真理，即真理本身并不存在。

尽管受到知识分子界的抵制，智术师却变得更受欢迎了，有一些甚至达到了和奥林匹克运动会冠军同样的知名度。每个人都有独特的演讲风格，或是有别于其他人的特质。例如，伊利斯的希庇亚斯只穿戴自己手制的衣服和物件，甚至脚下的凉鞋和手指上戴的雕花戒指亦是他自己的杰作；除此之外，他的记忆力惊人，尽管他已八十岁了——据说他只要听一次，就能以准确的顺序复述五十个名字。伊索克拉底有超过一百个学生，每一个都要付一百德拉克马，只有雅典人可以免除学费。莱昂蒂尼的高尔吉亚能够即兴就任何临时给定的主题致辞。拉姆努斯的安提丰可以为同一个庭审写四篇演讲稿，一篇支持控方，一篇反对控方，一篇支持辩护方，一篇反对辩护方。凯奥斯岛的普罗狄科会突然朝着听众大喊大叫，以弄醒快要睡着的几个人："注意！注意！我马上会告诉你们花了你们五十德拉克马的内容！"阿布德拉的普罗泰戈拉，则对着一个在大街上羞辱他的诗人说："比起听你的诗歌，我更喜欢听你羞辱我。"吕西阿斯也许是他们中最有风度的一位，他以语言的极致简洁著称，他在辩词《反埃拉托色尼》中这样作结："我已至控诉尾声。你已听、已见，决定现在你手。宣告你的裁决。"狡猾的希佩里德斯利用陪审团易受情感影响的特质，为尤西尼波斯的辩护词这样作结："我已经竭我所能帮你，剩下的就只能靠你自己。叫上你的朋友，召集你的孩子，向法官提起上诉。"政治家克里昂曾在讲话时跨着大步走来走去，掀开长袍，拍击自己的大腿。

雄辩术给予智术师的最大快乐乃是卖弄辞藻、炫耀技巧，这是一门只为展现演讲者能言善辩的技艺。关于炫技修辞的竞赛在雅典展开；智术师之间互相较量，有检验胸怀大志的修辞学者的选拔考试，偶尔还会有寻找最佳丧礼挽歌的比赛（感兴趣的人可能知道比赛的命题是关于某个叫摩索拉斯的人）。所有在历史上留下痕迹的演说辞中，我们可能会提到琉善的《苍蝇颂》，还有莱昂蒂尼的高尔吉亚的《海伦颂》。在《海伦颂》中，高尔吉亚为这位可怜的女子辩护，认为她不应为发生在希腊和特洛伊之间的事受到责备。高尔吉亚声称有三种可能的假设：特洛伊的命运已由命运女神和众神所前定，倘若如此，负责任的便该是他们；或者海伦是受到暴力挟持，倘若如此，她也和其他人一样，是帕里斯 ° 行动的受害者；抑或她被帕里斯的一番话说服了，而"倘若如此，雅典人就应该明白，世界上没有任何东西比语词更令人

● 特洛伊的王子。

畏惧：语词是一种至高无上的力量，因为尽管它的物理体量非常微小，几乎完全不可见，它却是令许多神圣事业得以实现的动因"。

炫技修辞的一种形式是反逻辑，所谓的"双面论证"。智术师首先会捍卫一个命题，然后同等地使用不可驳倒的论证，以论证与之完全相反的命题。有个故事是这样的，有一位擅长此道的大师去往罗马，向众人展示他的技艺。当他结束其论证的第一部分时，他收获了雷鸣般的掌声；但当他开始论证反题时，便被人攻击，遭到猛烈的痛打。罗马人是一个少言寡语的单纯的民族，希腊文化之精妙繁复，超出了他们的接受范围。

XXIII
普罗泰戈拉

普罗泰戈拉的昵称是"推理",他是阿尔特或迈安德里乌斯之子,于公元前 480 年出生在阿布德拉。

他家里很穷,所以他尽己所能为当地商人搬运货物谋生。某一天德谟克利特看见他正在工作,立即被这个年轻人捆扎木料并放到骡子上的巧妙方式打动。"能够这样做的人,"他想,"必定有着能做哲学推理的天然禀赋。"德谟克利特二话不说,立马在自己的学园中给他安了一个落脚处。

这位年轻人很快便成为一名出色的演讲者。他在自己的城市待上一段时日后——在那里他加入公共朗读的行列中——我们接着便听闻他在雅典教授修辞学。斐洛斯特拉图斯说他是第一位在演讲课上收费一百迈纳一课的老师,他"将这一风俗引入了希腊地区并被接受,因为比起免费的东西,任何人都会对要钱的东西更加上心"。

普罗泰戈拉的收费肯定极其昂贵。他的学生欧提勒士,十分惧怕在课程结束后被收取一千银币的费用,想要赖账,提出只有当他在法庭上赢得第一场胜利才能结算这笔费用。普罗泰戈拉不为所动。他说："亲爱的欧提勒士，你没有任何选择，因为我会立马起诉你。如果你输了，就得马上付钱；如果你赢了，还是得立马付钱。"

如此一位坏脾气的智术师注定无法在雅典受欢迎，事实确实如此。然而，最根本的原因可能是他在短期之内累积了巨额财富，招致了许多人嫉恨。身兼诗人和剧作家角色的欧波利斯将他形容为"一个贩卖神圣事物的邪恶骗子"，而柏拉图在他的一篇对话录中，让苏格拉底这样说："我听说过一个人，普罗泰戈拉，他以自己的专业谋生，赚得比一位像菲狄亚斯那样杰出的工匠以及其他十位雕塑家加起来还要多。"

他从事智术师职业足足有四十年，撰写了许多书籍，包括两本选集和一篇关于宗教情感的论文，名为《论神》，他在欧里庇得斯的住所将其公开宣读。

在他七十岁的时候，厄运降临在他身上。雅典人因他发表了如下文字而将他送入庭审："至于众神，我无从知道他们存在或不存在。因为许多障碍阻挡了认知——这个问题本身很模糊，人类的生命也过于短暂。"他的控告者是皮索多鲁斯，推翻雅典民主政府后建立的四百人议事会成员。为避免饮下毒芹制成的毒酒，普罗泰戈拉逃离希腊，去往西西里岛。他被雅典的战船追捕，乘坐的船只在西西里海岸沉没。在挨家挨户地搜出普罗泰戈拉每一本流通的抄本后，雅典人将它们在集市广场上全部烧毁。诗人弗利乌斯的蒂蒙将以下的诗词献给他：

前无古人后无来者，智术师中的这一位，/ 他有着优美的声线，机敏而丰富的技艺：他是普罗泰戈拉。/ 他们想要将他的作品归于尘土，因为 / 他写道，他不知道、不理解 / 众神，他们是谁，是什么存在，/ 他对公正有着最大的关照。/ 这对他并无好处，他伺机逃走，避免 / 饮下苏格拉底的苦酒，落入冥府。

普罗泰戈拉的哲学则被以下短句概括：

> 人是万物的尺度，是存在者存在的尺度，也是不存在者不存在的尺度。

哲学家对此有不同的解读。他们问：普罗泰戈拉在这里所指的人是谁？他是在指任何人吗？任一汤姆、迪克或哈里？还是在指总体上的人，一个大写的人，代表这一物种的大体观点？我们必须明确这一点，因为它关系到我们对于这位哲学家的评价。

我个人的观点是，第一种提议较为正确。普罗泰戈拉所谈论的人是我，卢恰诺·德克雷申佐，欧金尼奥·德克雷申佐和朱莉娅（原姓帕内塔）之子，包括全部与我相关的品质，无论正面或负面。我所知道的并不是对于每个人来说都一样的现实，而是对于这一时刻感知到它的"我"来说具有一种特殊意义的现实，自然而然地，这种特殊意义在一刻不停地转变，因为我的观点也一直波动不定。

普罗泰戈拉的短句中表达出的相对主义，不仅涉及知识的领域，也涉及伦理学的领域。

同一杯橘子水在健康的人那里尝起来是甜的，在生病的人那里尝起来是酸的，这位智者问道："这杯橘子水是甜的还是酸的呢？"对于那两位尝过这杯橘子水的人而言，他们都完全有自己的理由说出结论。没有一个意见比另一个更为正确。我们能说的是，健康者的意见比起生病者的意见是更好的，因为健康的情况比不健康的情况更为常见。而结论则是，关于一切事物的真相在每个个体身上都有所不同，而在每个个体身上，这种真相又随着时刻的变化而变化。

在这一点上，大家的意见达成一致；当我们陷入共同伦理的荆棘丛中，问题便随之而来。善和恶是一种客观实在，抑或它们取决于我们个人的决断，决断什么是善，什么是恶？这正是问题所在。

直到智术师登场，古代人的观点才显得成了陈词滥调：行动好像非黑即白，它最终只能指向一个结果。在那段时期，琐罗亚斯德教完全征服了近东，这是一个将世界划为两方阵营的宗教，一边是善的，一边是恶的，没有任何居间的东西。也许智术师的最大价值在于，他们创造了居于两个极端之间的灰色地带，他们播下了怀疑的种子，邀请人们在面对每一个案例时，都总是记得看看事物的另一面。普罗泰戈拉可以被视作怀疑主义之父，波普尔的祖父。

有些人可能会反对说，"像智者派一样行事"太过方便。例如，我可以把偷窃、谋杀和撒谎的行为定义为善的，然后随心所欲地做任何事，却并不违背我个人的道德法典。"好吧，"普罗泰戈拉说，"如果你能那样做的话，便继续吧。"但事实上，要说服一个人的良知，让他将偷窃、杀人与善等同起来，却是非常不易的。这就是我们应当确定普罗泰戈拉的相对主义受到日常道德多大程度约束的地方。我们都同意自己即为裁判，但我们不能否认自身的判断受到了伦理规范的影响。

另一些人支持普罗泰戈拉的"人"指向的是第二种说法，他们认为这位哲学家的意思可能是，善等同于总体上人类的善，因此等同于一种集体善。他可能说过类似的话，但我们能够确定他并不相信这种说法。他并不是这么想的——谁知道呢，也许当他面对着自己的审判官时，他可能因忌惮克里底亚（这个人曾是智术师，后来成了三十僭主之一，对他从前的智术师同僚们施以残忍的迫害）而说出类似的一番话，但当他逃走后，他肯定会像伽利略那样暗自嘀咕："总体上的人根本不存在！"

而另一方面，我们受到他口号的鼓舞，能够以我们喜欢的方式来加以解读，深信我们自己的确是万物的尺度，是存在者存在的尺度，也是不存在者不存在的尺度。如果我们想要验证这一点，我们只需要听听两位分别来自比赛双方的足球粉丝如何发表意见。他们双方都出于完全诚恳的信念来播报他们看到的比赛，无视对方所说的错误、失误的决策和任何坏运气，而这一切都只是源自非常简单的原因——他们并没有"想去看到"任何对己方不利的因素。所以什么是真理？"是一切，也是无。"正如皮兰德娄[*]所说。现实是我们随时为自己创造出来的东西。如果我们不喜欢自己的工作，我们会看看星象并相信更好的事即将来临。如果

---

[*] Luigi Pirandello，意大利小说家、戏剧家，1934 年获诺贝尔文学奖。

我们被女朋友抛弃，我们会告诉自己她肯定是到国外出差了。如果意大利的国债达到了十万亿，我们会无视这个事实，继续像以前一样生活，理直气壮地认为金融危机早已不是新鲜事，它从未给我们个人带来任何不便。

XXIV
莱昂蒂尼的高尔吉亚

高尔吉亚出生在公元前 480 年至前 475 年之间，是土生土长的西西里岛莱昂蒂尼人（或作我们今日所知的伦蒂尼）。除了知道他的父亲叫卡尔曼蒂达斯，他的兄弟赫罗迪科斯是位医师，我们对他人生的前五十年一无所知。有人认为他认识恩培多克勒，并且是他的学生。我们获知的关于他的第一个准确消息来自狄奥多罗斯，提到公元前 427 年一支代表团从莱昂蒂尼出发至雅典请求军事援助以对抗叙拉古势力。高尔吉亚是其中的领导人物。

这位智术师着一身紫色现身于雅典市集，身旁一位来自莱昂蒂尼的雄辩家同伴，名为提西阿斯。两位使节在讲台上轮流发言，引得众人钦慕。雅典人从未体验过如此的雄辩术！据斐洛斯特拉图斯称，高尔吉亚展示了"雄辩之动力、革新之胆量、卓越之姿态、庄严之语调，恰如其分地停顿数秒，引人注目地重起话头，诗性盎然的表达和极富品味的修饰"。遗憾的是那时还没有录音机，否则我们就能知道《苏达辞典》❋把高尔吉亚描述为"转义、

❋ 中世纪著名的综合性辞典，收有大量百科条目，约成书于十世纪。

换置法、误用法、倒装法、联珠法、首末重复和平衡子句等修辞手法的发明者"究竟意味着什么。

高尔吉亚很快就成了明星。他在剧场亮相，对堂座上的人们大喊道："给我一个主题！"伊索克拉底称他比其他所有智术师都赚得多。他变得极为富有，给德尔斐的神庙送去一尊真人大小的他自己的黄金雕像，作为对阿波罗的感谢。他受到僭主伊阿宋的邀请来到色萨利，在那之后，色萨利的人们甚至把修辞术称为"高尔吉亚的技艺"。

他似乎很晚才结婚，却因为婚外情和妻子之间产生罅隙。一个名叫墨兰提奥斯的人取笑他说："这个人为别人的和睦相处提建议，自己却还处理不好和妻子、女仆间的关系，这其中不过三个人而已。"

高尔吉亚最重要的作品是他的《论非存在或论自然》一书，但他的演讲，包括我们已经提到过的《海伦颂》及《为帕拉墨得斯辩护》，以及他在德尔斐、奥林匹亚和某个葬礼上的演说等，也一样有名。

他活到108岁，有人问他如何能活这么大岁数，他答道："放弃欢愉即可。"一些人认为，若他不以绝食求死，可能还会活更长时间。当死亡的时刻来临，他那戏剧般的退场之辞实在精彩，不容错过——"快看睡梦是如何将我交到她姐妹怀中"。

一日，一只燕子飞过，它的粪便恰好落在高尔吉亚的脑袋上。这位智术师抬眼一瞥，狠狠地瞪了瞪它，责骂道："真替你感到羞耻，菲洛梅拉[*]！"亚里士多德使这桩轶事留存了下来，将

---

[*] Philomela，雅典公主，被姐夫忒柔斯霸占并割掉舌头，复仇后化身为一只燕子。

其作为运用隐喻的案例。亚里士多德称，莱昂蒂尼的高尔吉亚"在这里犯了两个错误：首先是亵渎了死者名讳（喜剧和悲剧绝不能混为一谈），其次是假装忽略了这样一个事实，即将粪便拉到他脑袋上的不过是一只燕子而已，并非忒柔斯的妻妹"。不用多说，亚里士多德没什么幽默感，而且不是一个智术师的朋友。他不仅因为燕子的段子批评高尔吉亚，甚至还质疑高尔吉亚的哲学家身份。正如我之前说过的，现在也要重复一遍——在那些年里，没和柏拉图或亚里士多德两位所谓的希腊哲学之父站好队，就意味着在入编哲学史行列这一点上都要受阻。事实上，他们的影响非但没有随着时间推移而减弱，反而从那以后一直制约着人们的观点。甚至今日我们也能看到这样的评价——"高尔吉亚的虚无主义不应在哲学史上占据一席之地"，以及"他对自然那讽刺性的论述，只能在修辞学史上立足"。

但我们应该重新讲述高尔吉亚作品中的哲学内容，即便我们可能不同意其道德方面的论述。也许正是他杰出的修辞能力迷惑住了历史学家，他们大多倾向于只把高尔吉亚视作一位出色的雄辩家，把他著名的演讲视作修辞学的精湛技艺。然而他广为人知的为海伦和帕拉墨得斯所写的申辩，让我们窥见其精妙的哲学洞见。在这些讲演中，这位智术师牺牲了文章的内容，着力强调其形式。他对那不忠的妻子或是背叛了尤利西斯的男人毫无兴趣，而是把所有的责任推卸到了作为说服他人的手段的文字身上。

"无物存在；如果任何事物都不存在，那其便不可知；即便其存在，且为某人所知，其存在也无从告知他人。"这是他《论非存在或论自然》一书的开篇。

　　这一前提使得高尔吉亚比巴门尼德、芝诺和麦里梭更加彻底地否定现实。他们至少承认"一"的存在。高尔吉亚却连这个也否定了。任何有所信仰的人都会反感这种说法，高尔吉亚其实相当于在这么说："亲爱的先生们，恕我冒昧，真理并不存在，如果你愿意的话，甚至可以承认真理不是我们所能达到的，实际上，这两者是一回事。你能依靠的就只有逻辑的关联，或经由文字和思想可能发挥的能量。"

　　在这点上，我们有两个问题值得思考：

　　1. 很难想象还有谁的人生比高尔吉亚的更为沉闷：108年来他什么也不相信，还放弃了快乐。

　　2. 即使承认真理是不可能达到的，我们仍然可以问，究竟孰者更重要——真理存在与否，抑或我们能否把握真理？

　　在我看来，真理存在，因为如果它不存在，它不存在的事实就将在较小的程度上存在。要合乎逻辑地证明真理（或神）的存在，唯一的办法就是以否定的方法来肯定：

"你能说你确定上帝存在吗？"

"不能。"

"你能说你确定上帝不存在吗？"

"说实话，并不能。"

"那么你就是在承认存在你所不知道的事。"

"是的。"

"那么请将这个你并不知道而又存在的事物唤作'上帝'。"

"如果我想更简单地称其为'我不知道的事'呢？"

"没有区别，含义是一样的。"

这使我想起博尔赫斯著名的小说《巴别图书馆》。作者想象自己置身于一个巨大的建筑中，就像一个蜂箱，里面有六角形的回廊，每个回廊上都有一排排的书籍。在每个回廊的中央，都有一个由上至下的巨大通风井，透过它可以看到其他无数个六角形的回廊，里面同样摆满了书籍；即使你进入另一个回廊，也会发现自己不过是置身于另一个和之前相同的垂直系统中：一个噩梦般的设想。

巴别图书馆的书籍都有统一的篇幅，410页，而且全都无法理解，随意挑选其中一卷来读，都是一串乱码。经过长时间的思索，一位老人发现这些书中包含的内容不多也不少，正巧是字母表上所有字母可能的组合，因而这座图书馆必定包含了巨大数量的藏书。

既然是字母在随意地排列组合，书上偶尔也会出现有意义的一两个词，譬如：哦，时间你的金字塔。但当人们知道这个"宇宙的图书馆"包含了所有可能的书籍时，有人便提出它也必定包含了《万书之书》——解开生命奥秘的那一卷。从那时起，人们就开始疯狂地搜查起来，成群结队的人们着了魔似地扑向书本，盲目地翻找抢夺，一旦他们发现书中的内容不可理解，便又把它们扔回去。唯一一个不为所动的人是博尔赫斯自己，他满足于知道那本书在图书馆的某个地方，并且说："愿天堂存在，纵我身处地狱。我出离愤怒也好，完全湮灭也好，愿你那庞然的图书馆能在一瞬间，在一个人身上，得到证明。"

XXV
法庭智术师 律师塔努奇

罗科·加尔迪耶里的一首诗中写道,一位那不勒斯的母亲跑到囚车后,大声喊出这句话:"阿曼多,你别担心,这个案子我们稳赢。对方请了波尔齐奥,但妈妈找了马尔恰诺。"乔瓦尼·波尔齐奥和真那罗·马尔恰诺是二十世纪上半叶那不勒斯两位优秀的法庭律师。在那个年代,刑事审判激发了人们极大的热情,人们出席巡回法院的诉讼就像今天意大利人观看《朱门恩怨》❀和《豪门恩怨》❂一样规律。只要有人说"波尔齐奥在讲话了!",每个人都会屏住呼吸用心去听。

当"贝拉·韦内齐亚纳"的审判正进行时,那不勒斯公众都在她身后予以支持。这个案子是典型的激情犯罪:安东涅塔·卡图洛,一位未婚妈妈,在市民公园*杀害了玩弄她的男人。她的辩护律师阿尔弗雷多·卡塔帕诺向陪审团总结陈词道:"让她获得自由,以每一位遭受暴力、欺骗和背叛的女性的名义;以每一位

❀ 1978—1991 年播出的电视剧 *Dallas*,开创了现代肥皂剧的经典模式。
❂ 1981—1989 年播出的电视剧 *Dynasty*。
＊ 那不勒斯最著名的公园。

因为爱情，把虚假承诺当真的女性的名义；以每一位遭遇邪恶、贫穷和剥夺，却奋力爬起，出于对孩子的爱和保护，而重获新生的女性的名义。"这位"威尼斯美人"被无罪释放，那不勒斯民众欣喜若狂。数百位女性将卡塔帕诺律师高高举起，唱道：

> 你为她辩护，
>
> 阿尔弗雷多·卡塔帕诺，
>
> 现在人们
>
> 为你喝彩。

那不勒斯的法院位于一座古老的城堡——臭名昭著的卡普阿诺城堡中，约 1000 年时由威廉二世建成。它起初是一座堡垒，后来依次变为宫廷、私人住宅，最后在西班牙总督唐佩德罗·德托莱多的管理下，变成了监狱和法院。

除了汽车的出现，我很怀疑这座古堡周围是否自西班牙总督的时代至今就再也没有发生过变化。阴沉的建筑群仍然是主要风貌。逼仄的街道和酒吧挤满了律师、街头小贩、无所事事的懒汉、获得假释的囚犯、等待刑满释放人员的亲属、伺机作案的扒手。站在道彻斯卡破败的街道中央，你能发现商店里陈列的货物的价格太过低廉，都不值得讨价还价。而在附近的卡普阿城门下，汽车的喇叭声淹没了一切。法院吞吐着无穷无尽的各色人群，他们如今已把法律当成和恶劣天气一样的东西。

不是每一位蜂拥到卡普阿诺城堡宽广的前庭来的律师都是法律界的卓越人物。他们中至少可以分出五种不同种类：明星从业者、普通从业者、帕格列塔（paglietta）、拖长业务者（strascinafacenne）和低级职员。

明星往往在司法史上留有一笔：十九世纪的尼古拉·亚穆尔、恩里科·佩西纳、莱奥波尔多·塔伦蒂尼，二十世纪的真那罗·马尔恰诺、乔瓦尼·波尔齐奥、恩里科·德尼古拉、阿尔弗雷多·德马尔西科，这些名字是第一时间浮现于人们脑海的。他们每个人都极富个性，具有将自己与别人区分开来的辩论风格：马尔恰诺饱含激情，德马尔西科娓娓道来，德尼古拉冷静犀利。

一次，伟大的刑事律师加埃塔诺·曼弗雷迪向陪审团所致的结语似乎过于坚决："他们可能在大街上议论，说这个案子输了。很好，或许结果确实如此；但如果我倒下了，那我就好像是一只受伤的鹰，竭力张开我的翅膀，双眼死死盯住太阳。"反方律师卡洛·菲奥兰特，绰号"刻薄者"，令人难堪地回复道："对我们来说最重要的是你倒下了，至于你以什么姿势倒下，请随意。"

拖长业务者，有时有执业资格，有时没有，他们是合法的临时工。他们什么都做：帮客户填法律相关的表格、办护照、更新资格证和许可证、处理交通违章，等等。给他们取这个名字（源于 strascicare 和 faccenda，前者意为拖延、拉长，后者意为事务、业务）是因为一旦他们经手了一桩不错的生意，便会尽可能地"把业务的战线拖长"，不停地收取各种资费小项。

低级职员往往是一流大律师的资深助手，这些大律师有几十年的法律经验。即便并不完全具备执业资格，他们的法律知识却通常比他们的领导要丰富全面得多。

帕格列塔是那不勒斯历史的一部分，最早亮相于那不勒斯十七世纪的法庭剧中。卡米洛·古尔戈为我们提供了如下形容："大腹便便，滑稽可笑，介于神父和骑士间的一个角色，他穿着丝制的及膝短裤，踩着饰有金光闪闪的大金属扣的鞋子，披一件名叫萨拉卡（saraca）的合身大袍子，系着褪色的蓝色颈带——俗称帕格列塔，戴着捆有黑色丝带的草帽，腰间还佩着一把剑。"

到了十八世纪，帕格列塔——或说带有贬义色彩的那不勒斯智术师——开始发生一定改变：变得高挑而清瘦，穿衣风格却更糟了。剧作家塞隆创造了一个"讨厌先生德法斯梯迪"的角色来讽刺帕格列塔，那是一个擅长狡辩、咋咋呼呼、犹豫不决的人。贝内代托·克罗切代表那不勒斯法律界——或许还代表古希腊智者派——极为反对这一形象，指出"德法斯梯迪"更像是在讽刺一个头脑简单的山野村夫，而不是帕格列塔，因为尽管后者在职业道德上有着诸多毛病，但他唯一不可被扣上的帽子就是脑袋空空。可"讨厌先生德法斯梯迪"就是个十足的白痴。有一场戏剧中，他被要求向一位贵族女性倾吐赞美之词："啊！我亲爱的meretrice！"——这个词是妓女的意思。

如今，帕格列塔的身影也和以往一样活跃在法庭中。他可能已经是那种经久不衰的角色之一，就像大仲马笔下的"铁面人"一样。古罗马喜剧作家普劳图斯这样描述这类人："他的口中有舌，背信弃义，制造麻烦，并且厚颜无耻、狂妄自负、冥顽不灵、诡计多端。"

两千年过后，马达莱瑞坚称"帕格列塔在那不勒斯是独一无二的，因为他没有遭到理想主义的侵害。就这点而言，坦诚来说，他比看门人还要务实、接地气。"

　　我结识了他们其中一位。他的名字叫作安尼巴莱·塔努奇。他的座右铭是"正义就仿佛一只很紧的鞋子，它需要一支鞋拔"。

　　为了让你了解这个人，我引用了一段他的案件的结案陈词，如下：

　　　　法官阁下，诸位陪审员，辩方为了给亚历山德罗·埃斯波西托先生（绰号"文艺复兴百货公司"）的合法权益辩护而来，对于指控他欺诈和侵犯注册商标的非难进行抗辩。

　　　　辩方试图证明，我方不需要对第一项指控做出任何答辩，因为我当事人并未实施该指控所提及的欺诈行为；至于我的当事人不正当使用注册商标，实际上这并不属于违法行为。

　　　　明确这一点后，让我们回顾案件事实：

　　　　在3月27日星期日，圣枝主日，一个阳光明媚的早晨，我们可以合理地设想，如此好的天气只会在人们心头激起善意。城市警察队的警官米凯莱·阿邦丹扎，因我的当事人亚历山德罗·埃斯波西托在基艾亚的圣卡特琳娜教堂前的人行道上无证贩售各式背包与手包对其处以了罚金。翌日，关税与消费税局的工作人员搜查了我当事人位于维科·塞尔根特·马格瑞二十五号一楼的住所，发现那里有一个制造上述包具的简陋作坊，该作坊由埃斯波西托一家掌管，并有二十八只工作状态良好的手表，均为以下品牌的仿制品：劳力士、卡地亚、保时捷和伯爵。

　　　　为澄清本案中不利于我当事人的关键点，我必须指出，那些用于组装包具的塑料原料，是由埃斯波西托购买的，但并非由其制作。原料上印有一串横向与纵向的"L"和"V"字母，交织形成组合图案，再以一些小花的图案分割开来。这些字母被认定为某位名为路易威登的人的首字母缩写，他是一位法兰西公民，并未现身于这个法庭，我也未能有幸与其结识。

为避免诸位尊敬的陪审员无法及时掌握巴黎路易威登公司的货物价格信息，容我冒昧告知，一只由法国最高品质的塑料制成的中等大小的手包，零售价为四十万里拉，而由我的当事人生产的意大利仿品只要价两万五千里拉，若逢当日市场不景气，这些手包甚至只需要两万里拉。请注意一个关键细节，上述所有货物前张贴了如下文字：

高仿真路易威登手包

当下的问题是，亚历山德罗·埃斯波西托犯了欺诈罪吗？如何定义"欺诈"？让我们查阅法典。第640条："任何人如以隐瞒或欺骗手段误导他人，并由此获得不正当利益，应在受害方的申诉得到审理确认后，判处三个月至三年的监禁，并处以四万至四十万里拉的罚款。"据此我们可以判断，欺诈的指控首先不可避免地预设了受欺诈的受害者。所以本案中谁是受害者？来往的顾客？其实并不是——法庭上博学的诸位——因为这里存在两种可能：若来往的顾客完整地阅读了张贴的文字，他或她便会意识到所购商品是仿品；或不管什么原因，他们只看到了"路易威登手包"几个字，若是这种情况，那便是顾客自己（在交易中）并非善意，他们竟想以区区两万里拉购得零售价接近五十万的物品！话已至此，谋取的不正当利益究竟在哪儿？是埃斯波西托带回家的，给他那工人家庭的，每只区区九千或一万里拉的手包？不，尊敬的诸位：辩方坚称，由于无人受到欺诈，欺诈罪名不成立。

现在让我们回到第二条指控：侵犯注册商标。诸如乔托、契马布埃、马萨乔等绘画大师，都没有在其杰作上署名的习惯，他们公正地认为，艺术作品应当因其内在品质而为人欣赏，而非由于恰好留有哪位人物的署名。事实上，对署名的固执追求，可以看成是今日消费社会的堕落。今天，人类白痴的行为——抱歉，使用了如此粗鲁的词语——已达到这样地步，人们准备好了为任何拥有正确商标的东西买单。

回到五十年代，画家皮耶罗·曼佐尼做过一个颇具挑衅意味的实验：他成功地销售了自己的粪便，把它们密封（希望如此）在罐头里，贴上"艺术家的粪便"这一商标。现在，巴黎的路易威登先生恰以同样的原则工作，在阳光明媚的一天，他暗自思忖："我应该制作上千个塑料手包，把我的首字母写在上面，再以十倍的价格销售它们。那么我们就能看到有多少白痴会上当，把它们买回家。"我提到的是路易威登，但这对其他所有贩售商标的公司也同样适用：古驰、芬迪、阿玛尼、劳力士，等等。简直是无穷无尽：甚至坐在马桶上，也有人因周围贴满标有"华伦天奴"的瓷砖而感到满足！

可能有人会这样反驳："路易威登没有强迫任何人购买他的手包。为什么你的当事人非要使用别人的商标，而不是把自己的产品投放到市场上？"的确如此。但你能想象一个女士对着另一位说"我昨天买了一个埃斯波西托的包，你应该看看它有多漂亮"吗？

已经摆出这么多事实之后，我现在在想：是否有法律限制个体的盈利？没错，肯定有，但那是市场上供求的规律，不是法律。将商品的零售价格提高到一定的限度以上，公司就会发现自己为竞争所迫。但如果这家公司洗脑他们的客户，使他们相信自己的产品具有极高的品质，而其实产品所用的只是一些人工合成材料，那么这意味着什么呢？这就是关键所在，我亲爱的威登先生！第603条：强迫罪。"任何人若将其意志强加于他人身上，使他人处于完全受压迫的状态，则处以三年至十五年的监禁。"现在，我的立场是，任何个体若故意欺瞒众人，引领群众认为一只塑料包，哪怕覆满了字母组合，也比一个相似的真皮制品具有更好的品质，并且成功将其贩售，那么这个人就是在让他的顾客落入完全受胁迫的状态。因而，就此思路推论，我将以强迫罪控告法国的威登先生。我还要控告贩卖商标和字母花纹的经销商，他们贩卖的只是空虚，也许他们是意大利人或其他国家的人，但无论如何，他们都负有压迫和强迫我们的妻子和小孩的罪名。我控告诸如《乔尔亚》和《安娜贝拉》一类的时尚杂志，它们代表了一种新的拜物教的虚假偶像，并以此进行宣传。

我控诉大众媒体、广告商、经销商和所有一起非法牟利的同谋。诸位陪审员，正义的天平就在你们手中。天平的一端如你所见，是路易威登，庞大的国际诈骗集团；另一端则是亚历山德罗·埃斯波西托，一个想从饕餮的权贵桌上分得一羹食，却被抓了个现行的那不勒斯无名小卒！

XXVI
苏格拉底

有谁不爱苏格拉底？他热心肠、不屈不挠、智慧、喜好反讽、宽容，同时还坚定不移。在这个世上，不时会出现具有他那般品质的人，倘若没有这些人，世界可能会变得有所不同，这些人有耶稣、甘地、佛陀、老子和圣方济各等。不过从某种意义上来说，苏格拉底作为如此普通的一个人，在这些人中颇为引人注目。我所提及的其他几位伟人，总是令人怀疑他们的卓越成就有人们的狂热和迷信相助，但苏格拉底不同。这位雅典哲学家不能更寻常了：他不为救世而发起运动，也不渴望有一众追随者跟在身后。他的确有着各位先知鲜少拥有的一些习惯，譬如出席宴会、享用美酒。

苏格拉底没有著书立说，他对哲学史家来说一直是个谜。说真的，他到底是谁？他的思想是什么？我们唯一的一手资源，是色诺芬和柏拉图的作品，还有亚里士多德"道听途说"的评论。问题在于，我们从色诺芬那里得到的描述，和从柏拉图那里得到的完全不一样，而这两位能够达成一致的地方，又是缘于他们互相抄袭。至于亚里士多德提供的线索，我们就更有理由怀疑其客观性了。

　　偷偷跟大家说，色诺芬真是一点哲学才能都没有。我们顶多只能说他是一位英俊的将军，很爱写日记。年轻的时候，他是雅典奢靡生活的一分子，时常出入宴会、体育馆、体育赛事等，直到有一天，在一条狭窄的街道上，他偶然撞见苏格拉底。这位哲学家仔细打量了他一番，伸出他的拐棍挡住他的去路，问道：

　　　　"你知道他们在哪里卖鱼吗？"

　　　　"在集市里。"

　　　　"那你知道人们在哪里会变得善好而受人尊敬吗？"

　　　　"不知道。"

　　　　"那随我来。"

　　因此，比起对智慧的热爱，更多是想在朋友面前惊艳亮相的色诺芬，便开始追随苏格拉底的步伐。然而几年之后，也许是厌倦了无休无止的谈话，他自愿加入他能发现的第一场战争。他在小居鲁士和斯巴达国王阿格西劳斯的宫廷内消耗了一些时日，见过许多他老师永远都不会涉足的地方。他的整个人生都在战争和小规模交火中度过，几乎总是在外国的军队里打仗。写苏格拉底时，他像一名受指派提供法律援助的律师：庭审过后，他试图为其恢复公众好感，呈现他不受腐蚀、心思偏执、遵从权威的形象。如果说色诺芬笔下的苏格拉底颇有些传统，那么柏拉图（一位出类拔萃的创作天才）的刻画则完全与其背道而驰。换句话说，在阅读柏拉图的对话录时，我们很难分辨其中的角色究竟是在阐述苏格拉底还是作者自己的思想。既然如此，最好的办法就是把我所知道的全数陈列，让读者形成自己的观点。

就外貌而言，苏格拉底长得非常像米歇尔·西蒙，一位二十世纪五十年代的瑞士演员；当他走起路来，又很像《控方证人》里的查尔斯·劳顿。他于公元前 469 年出生在阿罗卑克，那是一处位于利卡维多斯山坡的雅典郊区，离城市大约半小时的步行路程。对星座感兴趣的朋友肯定认为他是摩羯座，因为他出生在一年伊始的时候。他的家庭是中产阶级，隶属 "Zeugitai" 等级（按重要程度排名第三的等级，可以在雅典军队中充当重装步兵）。他的父亲索福隆尼斯克斯是一位雕塑家，或仅仅是一位当地的石匠，他的母亲菲娜瑞特是一位助产士。我们对他的童年一无所知，而且实话实说，真是需要一点想象力才可以设想他小时候的样子。不过，由于他的家境非常富有，我们可以假定他和其他雅典男孩接受了同等程度的教育，并且也在十八岁的时候服了兵役，二十岁的时候披上铠甲，成为一名重装步兵。

还是小伙子的时候，他自然是在父亲的作坊里帮忙，直到克力同 "受其灵魂之美震慑"，把他从那里带走，开始激发他对智慧的热爱。第欧根尼·拉尔修在其《名哲言行录》中告诉我们，苏格拉底的老师是阿那克萨哥拉、达蒙和阿凯劳斯，他成了这其中最后一位的情人，或更准确地说，是阿凯劳斯的被爱者（当时处于爱情关系中的两个男人，年长者叫作爱者，年轻者叫作被爱者）。既然谈到了古希腊哲学家之间同性的恋爱关系，那么干脆允许我在各位落入将苏格拉底划归为男同性恋者的陷阱之前，一次性澄清这个话题。同性恋以 "希腊式爱情" 的名义载入史册并非巧合。有些人，譬如普鲁塔克，甚至把它定义为"教育中的恋童癖"。无论如何，它从未被认为是可耻的。当叙拉古僭主革隆与青年男子达罗库斯相爱，他只是说："美好之物令我愉悦，乃再自然不过之事。"这美好的事物是男孩、女人或男人，都无关紧要。同性恋真正变成问题始于基督教：这个新兴宗教把性只视作种族繁衍的手段，其他任何形式的性欲都有罪，此后对同性恋的迫害和歧视直至今日仍在蔓延。

当年纪稍长时，苏格拉底有过几次这方面的风流韵事，尤其是广为人知的与亚西比德的那段恋情。和阿里斯底波在其论文集《论古人的豪奢》第四卷中的主张恰好相反，并非苏格拉底和他的学生坠入爱河，而是他的学生爱上了苏格拉底，从《会饮篇》里令人惊奇的这一段落中我们能够清楚地看到，年轻的亚西比德在不是完全清醒的状态下坦白其对苏格拉底极度渴求的爱意：

> ……无论何时我听到他说话，心跳都比陷入宗教狂热还要快！

还有：

> 诸位，我和他独处，自然是认为他会开启爱者和被爱者私下交流通常会有的那种对话，我无比开心。然而那种事并没有发生，他还是和我照常相处，进行那些惯常的对话，然后丢下我一个人离开了。接下来我又邀请他到体育馆一起锻炼，伴随在他身边，觉得这次应该可以成事。他屡次和我运

动、摔跤，没有别人在场，但无须多言，我根本没有接近目标分毫。发现这样也行不通之后，我决定直取拿下，不轻言放弃。我觉得我需要一以贯之，善始善终，所以便邀请他共同用餐，像爱者追求他的所爱之人那样。他没有立刻同意，但还是答应来了。第一次他来，用完餐立马就走，那时我感到难为情，放他离去。但我继续加紧攻势，这次我一直留他讲话到入夜，等他想走时，强迫他留下，借口说时候不早了。于是他心无旁骛地歇下，用他吃饭时坐的睡椅当床，就在我旁边，而房间里没有第三个人……

苏格拉底在年近五十岁的时候与克珊西普成婚，也许是因为想要一个儿子或继承人，而不是真的想讨个老婆。在那之前他一直逃避婚姻，每当被问及对婚姻的看法，他的回答总是一成不变："想结就结，反正不管你是否结婚，都会后悔的。"克珊西普是一个个性很强的女人，爱唠叨、占有欲强的妻子原型来源于她。人们对苏格拉底"妻管严"的形象如此津津乐道，他的高人气有一部分还得归功于她。不过这段被妖魔化的婚姻，很有可能比它展现给我们的要正常得多。克珊西普和其他很多女性一样，是一名家庭主妇，忙于做家务和抚养（或许是三个）孩子，嫁给了一个从母亲那里继承了小部分家产，除此之外别无收入的男人。苏格拉底是个好男人，充满了擅长反讽的智慧，他十分喜爱她，可以对其耐心包容。最能惹怒克珊西普的是她的丈夫几乎不同她说话。在外面和朋友们一起时，他谈笑风生；回到家和她待着，他一言不发。第欧根尼·拉尔修告诉我们，在一次争吵时，克珊西普完全暴走，提起一桶水朝苏格拉底泼了过去，而苏格拉底唯一的评论是："我不是说过吗？克珊西普的雷霆会以大雨告终。""但是你怎么忍得了她？"有一天亚西比德问道。他回答说："和这样的女人生活在一起，就像驯服一匹烈马，一旦学会了制服它们，你就能轻松应对市集上那些人。不仅如此，我还已经习惯她了，就像听惯了起锚机咔咔作响的声音。"

据亚里士多德说，苏格拉底有第二任妻子，名为米尔托，是"公平的化身"阿里斯提德的女儿。普鲁塔克称，这位哲学家和他的第二任妻子成婚，是因为他心地善良，因为尽管米尔托的父亲是阿里斯提德，她却穷困潦倒。然而其他人却认为，她只是他某天晚上喝得烂醉之时带回家里的情妇。无论如何，不管是妻子还是情妇，总之米尔托为他诞下两个儿子，索福隆尼斯克斯、美涅克塞努，加上他的长子（克珊西普所生的儿子兰普罗克勒斯），这位哲学家的后代数增加到了三个。我们不必对此感到太过惊讶，因为雅典政府需要增加雅典本地人的数量，十分鼓励公民迎娶多个妻子。

被但丁置于《神曲·地狱篇》的鸡奸者之中，著名的"布鲁内托先生"布鲁内托·拉蒂尼，在其作品中把苏格拉底－克珊西普－米尔托的三角关系作为一处逗乐片段的主题。这个故事没有什么历史根据，但展示出了中世纪如何解读苏格拉底和克珊西普的关系：

在当时，苏格拉底是一位非常伟大的哲学家。他的相貌十分丑陋，身形矮得令人发指，脸上胡子拉碴，长着一个鼻孔外翻的朝天鼻，秃头，脑袋的形状还不太规整，脖子和肩膀上全是毛发，双腿细长又扭曲。他同时娶了两个妻子，她们经常发生口角，因为她们的丈夫宠爱不均、朝三暮四。而他，当他发现她们在吵架时，只会催促她们全力进攻，这样他就可以嘲笑她们，竟为如此一个可恶的小矮子大打出手。然后有一天，在互相撕扯对方的头发时，她们忽然握手言和，把矛头转向苏格拉底，将他扑倒，像给母鸡拔毛一样扯掉他余量告急的头发，最后一根头发也没留在他脑袋上。

说到战争，苏格拉底是一位优秀的士兵，或者应该说，一位优秀的海军陆战队士兵。在公元前432年，他和另外两千个雅典人一起，被送往波提狄亚打仗，那是一座希腊北部的城市，因反对雅典权力过大而起义。伯罗奔尼撒战争正值高潮，雅典人惧怕反叛势力会在色雷斯蔓延开来，于是被迫派出一支讨伐的军队。这是苏格拉底第一次因勇气而获奖赏，因为他救了年轻的亚西比德的生命。苏格拉底看见受伤的亚西比德躺在战场时，将他扛到肩上，穿过敌军的阵地，送达安全的地方。然而，苏格拉底军旅生涯中最令人惊叹的不是他的勇气，而是他对军队生活的艰苦表现得漠不关心。这是亚西比德自己告诉我们的：

> 我和他一同参加了波提狄亚战争，同吃同住。关于这件事，我第一点想说的是，他所展现的吃苦耐劳，不仅在我之上，也在全军之上。每当我们被阻绝、断粮，又被迫行进——这是战争中经常出现的情况，除了他以外，所有人都

感到饥饿难耐。而供应充足之时，没有人比他更懂得极尽享用这些食物，尤其在喝上面。虽然他只在迫不得已的时候才会饮酒，却千杯不醉，没人见过他喝醉的样子。至于冬天的诸多困苦——那里的冬天十分寒冷——他的应对方式就更加惊人了。有一次尤为特殊，外头起了罕见的霜冻，所有人要么留在屋子里，要么在脚上裹着毛毡和羊皮出门，苏格拉底却穿着如常，脚上什么也没裹，赤足走过冰面，比其他穿着靴子的人还要轻而易举。士兵们都用怀疑的目光看着他，认为他有意羞辱他们。另一次，他清早碰上一个问题，当场便站定，陷入沉思。不能解决问题时，他就一动不动、搜肠刮肚、反复思索。到了正午，人们注意到他，开始交相议论，好奇苏格拉底是不是一大早就全神贯注地夹裹在思绪中。最终，晚饭过后的夜里，一些爱奥尼亚人把他们的寝具挪到外面——那会儿正是夏天——这样歇息能保持凉爽，同时还能盯着苏格拉底，看看他会不会杵上一整夜。他一直站着，直到破晓时分，太阳升起。

亚西比德的话暗示了这种可能性，即苏格拉底可以陷入全身麻痹的出神状态，就仿佛某些印第安人的萨满巫师一般。他的确对于生活的舒适度漠不关心。无论冬天还是夏天，他通常的着装都是一件短的束腰外衣，名唤希顿（chiton），或至多一件斯巴达袍（tribon），即一件他习惯贴身穿着披在右肩的斗篷。永远不穿凉鞋或羊毛背心。说到奢侈品，根本没有什么物件能令他感兴趣。某日他在雅典的一间商铺前停下，看着陈放的物品惊呼道："看看雅典人离不开多少东西！"

波提狄亚包围战八年后，他和玻俄提亚人打仗。这场战争一开始对希腊人不利，他们在第一次交火后便溃不成军。苏格拉底和亚西比德被迫和剩下的人一起撤退。亚西比德说：

> 我在骑兵营，他在步兵团，所以我可以更清楚地观察苏格拉底，比在波提狄亚时看得更多：他昂首阔步，眼观六路。退兵时，他冷静地查探敌我动向。很显然，若是有人鲁莽地攻击他，准会遭到激烈的反抗。

在四十七岁的时候，他再次应征入伍，参与安菲波利斯战役。他又一次履行了军人的职责。这是件很奇怪的事，这个看起来完全是与暴力不沾边的男人，公元前五世纪的甘地，一旦上了战场，居然摇身一变成为一名出色的战士。事实是，在涉及国家和当权机构层面的时候，苏格拉底既是一位革命者，又是一位守法的公民。这里有两个证明其道德信念的小插曲。

当三十僭主的领导者克里底亚命令苏格拉底和另外四位雅典人去往萨拉米斯，并将民主人士勒翁带回判处死刑时，这位哲学家给出的唯一回应是回到家中，仿佛无事发生，尽管他清楚地知道违抗命令可能会使他付出生命的代价。幸运的是，克里底亚那时恰好去世。在柏拉图的《申辩篇》中苏格拉底自己讲述了这件事："所以我再一次明确地以我的行动而非话语来表明，死亡对我来说不值一提，至关重要的是，我不能行错误之事，不能不道德地反对勒翁。"

另有一次，他被选为议事会的议员。十位将军因未能成功营救在阿吉纽西海战中落水的一些雅典人而受审。这明显是一个不公正的案例，因为无法指明将军中究竟谁犯了疏忽的罪过，谁又没有。人们大声吵闹着，要给所有人同样的判决，但苏格拉底反对这样的诉讼，泰然自若地面对死者亲属的威胁。

不幸的是，轮到苏格拉底自己站在被告席上时，却没能受到同样冷静的审判。他被小美勒托指控不敬神，他的同胞判处他饮下毒芹汁。不敬神这件事还挺奇怪：在日常生活中，雅典人对宗教问题极为宽容，可是有的时候，一个人对神的存在表达出哪怕最轻微的质疑，也足以使他万劫不复。坦白地说，雅典人从不会为任何人的宗教原则费神，但他们关心所有能用来除掉政治对手，或者任何像苏格拉底这样，以不可动摇的辩证法不断对当局构成威胁的人的借口。哲学家中，被指控为不敬神的有阿那克萨哥拉、普罗泰戈拉、阿波罗尼亚的第欧根尼和狄亚戈拉斯——除了苏格拉底，他们所有人都逃到了安全的地方。不过，此时此刻，让我们试着把苏格拉底的审判当作一次真实的经历来重新体验，而不是重述已经被柏拉图和色诺芬书写过的故事。让我们把自己代入五百位审判官中的两位的视角吧，他们是欧律玛科斯和卡利亚斯。

"卡利亚斯，斐洛尼德斯之子，我看到你也在陪审员行列之中。看来比起窝在暖和的被子里，和泰勒西娅甜蜜地待在一起，你更喜欢对你那年迈的老师做出审判。"

"欧律玛科斯，我并不认为今天我是唯一一个看到黎明的人。

太阳还没升到伊米托斯山的山顶，但城市里已挤满了渴望正义的公民。想一想，当我离开位于斯卡波尼德斯的家时，许多人都在去往市集出席苏格拉底的审判的路上，人实在太多，街道上连下脚的地方都没有。我看到许多商贩把他们的商铺交给最信任的奴隶看管，许多人在黑暗中从楼上往窗外倾倒尿壶，引来路人的抗议。总而言之，空气中弥漫着奇怪的兴奋气息，你会觉得人们是去赶赴奥斯考弗里亚节 ❀，而不是什么审判。"

这是公元前399年2月。天还很暗，却已有数以千计的雅典市民朝市集涌去，每个人前面都有持着火把的奴隶带路。那时雅典的街道很容易拥堵——普鲁塔克提过，这些街道非常狭窄，每逢外出，你都得先敲门提醒，然后再开门，以防撞到行人。

随着晨光渐逝，渴望成为陪审员的人们在抽签机前排起的队伍也在缓慢变长。公共奴隶担任起民警的职责，为了防止好奇的围观群众闯入专为被选中的陪审员预留的区域，在入口处拉上了一条"鲜红的绳子"。任何公民要是碰到这条刚漆好颜色的绳子，都得后果自负——红漆的印子会剥夺他一年的集会权（misthos ecclesiasticos）。

在伯里克利时期，司法程序以如下方式进行。每年年初，执政官用抽签的方式选出六千名年满三十岁的雅典公民，组成民众

❀ 为纪念酒神狄奥尼索斯的节日，游行从一队拿着葡萄串的孩子开始，在高喊"eleleu iu iu"的纵酒狂欢中结束。

法庭；每一次审判时再从中抽选出所需的五百名陪审员。第二轮抽签是决定性的，在审讯当天早上举行，目的是避免诉讼当事人对陪审员行贿。每天抽签时，都会在法庭的入口处放置一种专用的大理石抽签机。抽签机上有许多条水平狭缝，公民将刻有自己姓名的铜牌塞进去。这些铜牌就是不折不扣的身份证——有持牌者的名字、父名，还有其所在片区，例如"卡利亚斯，斐洛尼德斯之子，来自斯卡波尼德斯 Z"。Z（希腊语字母表上第六个字母）代表卡利亚斯属于其部族的第六片区。当铜牌都插到抽签机上之后，内部的机械装置就运转起来，并从管道中吐出白色或黑色的骰子。骰子的颜色决定了公民是否被录入陪审团。一天结束时，每位陪审员都会拿到三欧宝❀的出席费，大致相当于一个工匠每日收入的六成。

"去年，"欧律玛科斯说，"命运眷顾了我不下四次。我当了三次民众法庭的陪审员，还在春天参与了一次法莱卢附近的弗瑞托庭审。"

弗瑞托是一个特殊的法庭，只有当审讯已被判处流放的雅典公民时，才会在那里开庭。为了避免被告人的出现污染城市的土地，他必须在一条泊于岸边的小船上发起辩护，而审判他的法官们则沿海滩一字排开。

"我们审理了达蒙之子欧里罗科斯的案子，"欧律玛科斯继续说道，"因为他父亲是我的朋友，我竭尽全力保全他的性命。可是证据确凿，我别无选择，只能投票赞成死刑。"

❀ 古希腊等地货币单位，1 欧宝约合 1/6 德拉克马。

"恐怕苏格拉底的案子也是希望渺茫，"卡利亚斯叹了口气，他是真的在忧虑，"太多人觉得苏格拉底衬得他们很愚蠢，而没有什么比让人感到自卑更能激起人们的报复心了。"

"如果他被判处死刑，也怨不得别人——苏格拉底是世上最自负的人了！"

"你怎么能这么说呢？他坚称自己什么也不知道，是个无知的人！"卡利亚斯喊道。

"这正是其自负所在！"欧律玛科斯反驳，"他这就好像是对着所有人说：我很无知，但你甚至都不知道你很无知，所以你比我还无知！任何以这种方式侮辱同胞的人迟早都会遭到报应，他不应该感到惊讶。事实上，如果你问我，我觉得他能活到七十岁还没有遭到放逐，简直就是个奇迹！"

陶片放逐法是当时流行的一种非常奇怪的做法。那是一种负面选举。如果有任何公民相信除去某个雅典人会有助于城邦的利益，他需要做的就是到市集上去，把那个人的名字写在陶片上。如果有多达六千张这样的选票投给这个人，那么他须在十日内和他的朋友及亲属告别，之后便要离开城邦。放逐的时长依据选票数量的多寡从五年到十年不等。没有人必须说明理由。这项惯例是雅典的政治革命家克里斯提尼创立的，作为限制个人崇拜的一种手段。普鲁塔克将其定义为"驱除嫉恨情绪的温和手段"。如果这种做法在今日依然有效的话，不知道有多少政客、电视名人和体育明星要移居海外！倒不是要大家在这里指名道姓，不过每个人应该都觉得自己有列出不喜欢的人的名单的自由吧。

苏格拉底进来了，他看起来很轻松，穿着平常爱穿的斯巴达袍，拄着一根橡木拐棍。

"看看他，仍旧是那副不妥协的模样！"卡利亚斯感叹道，"你可能还以为他是去参加宴会而不是跑来受不敬神的庭审的呢。看看他是怎么笑着停下来和朋友打招呼的，他还跟每个看见的人招手呢！"

"还是那么惹人讨厌，"欧律玛科斯比以往还要怨毒地说，"撇开别的不讲，他真的还没意识到人们觉得他有罪，都想看看他跪地求饶的样子。"

同时，苏格拉底已经站到台上。他站在首席执政官的左边，耐心地等待大法官宣布开庭。

"诸位陪审员，"大法官开口道，"众神将你们的名字选出，为让你们赦免或定罪于索福隆尼斯克斯之子，苏格拉底。美勒托之子小美勒托，指控他犯渎神罪。"

雅典法庭没有公诉人。任何公民都可以自担风险提起公诉案件。如果判决有罪，他便可以从被告的财物中抽取十分之一作为奖励；但是若宣告无罪，则会被处以一千德拉克马的罚金。辩方也并没有律师或顾问陪同。被告无论是否受过教育，都必须亲自为自己辩护，若他不擅长此道，那么他可以在开庭前向演说辞作家寻求帮助，他们是撰写申辩稿的法律专家，被告只需背下来即可。安提丰、普罗迪狄科、德摩斯梯尼和吕西阿斯都是杰出的演说辞作家。

"我们传唤了美勒托之子小美勒托。"大法官说道，抬手指向打扮时髦的卷发年轻人。

美勒托走向预留给检方的讲台。他的脸上混杂着傲慢和痛苦，仿佛一个悲剧诗人。他试图表现出因冲撞了苏格拉底这样的老人而感到莫大的内疚。

"雅典的陪审员们！"这位年轻人的表演开始了，他的目光缓缓扫过陪审员在他跟前围成的半圈，"我，小美勒托，美勒托之子，控告苏格拉底败坏年轻人，不信城邦认可的诸神，相信精灵之事，行无关的宗教仪式。"

人群中发出一阵长久的低声议论。他的攻击太过犀利直接了。美勒托停顿片刻，为使人们回味他话语中的分量，然后又开始说话。他的语速很慢，吐字非常清楚刻意。

"我，小美勒托，美勒托之子，控告苏格拉底干涉其分外之事，穷究天上地下之事，与每个人争论所有话题，不断地扭曲事理、颠倒黑白。以上便是我请求雅典人将其处死的罪名！"

听完这些话，众人转向苏格拉底，想看他如何反应。这位哲学家的脸上露出惊奇的表情，他仿佛一个旁观者而不是被控诉者。欧律玛科斯用手肘碰了一下卡利亚斯，评论道：

"恐怕苏格拉底还没意识到形势有多严峻。小美勒托是对的，每个人都知道苏格拉底从不信神。我有一次听见他说，雨不是宙斯让下的，而是从云间飘落，因为如果雨是自宙斯而来，那么哪怕是万里无云的日子，我们也能碰上下雨。"

"准确地讲，"卡利亚斯反驳道，"这些话是阿里斯托芬放到苏格拉底嘴巴里的，根本不是苏格拉底自己说的！"

此时，庭审继续。在小美勒托之后，另外两位控诉者登台——阿尼图斯和莱孔。

"阿波罗多罗斯告诉我，"卡利亚斯说，"昨天苏格拉底拒绝了吕西阿斯的帮助。"

"他是为苏格拉底写好了申辩稿吗？"

"不只如此，那显然是一篇绝佳的演讲稿！"

"我完全相信。克法洛斯的儿子是全雅典城最棒的！但为什么苏格拉底拒绝了呢？"

"他不只拒绝了吕西阿斯，还将他斥责了一通！他是这么说的：你是以巧妙的辩词愚弄法官，以此来帮我。可是，若你蔑视法律，又怎么能说是在帮我？"

"一贯的自以为是！"

阿尼图斯和莱孔结束了他们的演讲。大法官看了眼水钟，那是一个用来限制每个人发言时长的计时器，接着他宣布：

"现在我们传唤苏格拉底，索福隆尼斯克斯之子讲话！"

苏格拉底的双眼在法庭上游移，仿佛在拖延时间，他挠了挠后颈，看了一眼首席执政官，然后转向陪审团：

"我不知道我的控告人的辩词对你们产生了怎样的效力，先生们。就我自己而言，我认为他们非常具有说服力，若我不是他们发言所指的对象，我也会完完全全地信服于他们。事实是，他们所说的话没有一个字是正确的。你们须得谅解我无法说出和他们一样花哨的句子。我会遵照自己一如既往的说话风格，使用最为平实的语言，然而我尝试说出真相，你们唯一需要关注的是，我所说的是否公正。"

"他又开始了，漫无边际的冗语！"欧律玛科斯大声嚷嚷，明显是不耐烦了，"宙斯啊，这男的真是令人难以忍受！"

"冷静点儿，欧律玛科斯！"卡利亚斯央求道，"我想听他说了什么。"

"我想告诉你发生在从年轻时就是我的朋友的凯瑞丰身上的一件怪事。有一天他去德尔斐，向神请教一个古怪的问题：这世上是否有比苏格拉底更智慧的人。你知道阿波罗说什么吗？他说没有比苏格拉底更智慧的人。你可以想象当凯瑞丰告诉我时，我有多么震惊。这位神是什么意思呢？我知道自己没有智慧，无论这智慧多大或多小。考虑到神不会撒谎，我必须问我自己，藏在这个谜语背后的含义究竟是什么。凯瑞丰已不在人世，但他的兄弟可以为我的发言作证。"

"我真的很想知道，凯瑞丰的这些事与亵渎神灵有什么关系！"欧律玛科斯有些生气，"如果说苏格拉底身上有什么我完全不能忍的事，那就是他说话说不到点子上的破习惯。单凭这一条我就想判他死刑！"

"所以为了理解神的旨意，"苏格拉底继续平静地说道，"我去访问了一位以智慧著称的人。各位，我不会提到这个人的名字，只因为他是我们的一位政治家。好吧，他的确看起来很智慧，但其实并非如此。于是当我试图让他理解这一点时，他开始对我产生强烈的反感。接着我去访问诗人。我挑选了一些他们的作品，至少是我认为不错的那些，然后问他们是想表达什么。同胞们啊……我有些犹豫，羞于告诉你们真相……但这些诗歌最糟糕的评判者总是它的作者！在政治家和诗人那里的访问结束之后，我又转向了工匠，我发现了什么呢？由于精通自己的领域，他们声称对任何一门其他学科都有完美的理解，无论这些学科有多么重要和困难。现在我终于理解了神谕的意思：'苏格拉底是最智慧的人，因为他是唯一一位意识到自己的无知的人。'可同时，我却激起了诗人、政治家和工匠心中的怨恨。我受到这三个人的指控并非巧合：小美勒托是一位诗人，阿尼图斯是政治家兼工匠，而莱孔是一位雄辩家。"

"到目前为止，你除了含沙射影，什么也没做呀，苏格拉底，"小美勒托回击道，"你倒是更应该就腐蚀青年这件事为自己辩护。"

"所以，小美勒托啊，你觉得我是如何败坏了青年呢？"

"告诉他们太阳是一块石头，月亮是一大团土。"

"那你一定把我错当成另一个人了，因为无论何时，年轻人都可以在市集的任意角落花费一德拉克马买下克拉佐门尼的阿那克萨哥拉的著作，读到这些东西。"

"你并不信神！"小美勒托大声吼道，站起来，冲苏格拉底颇具威胁地动了动他的手指，"你只相信精灵！"

"这些精灵是什么呢？"苏格拉底追问道，他并未被激怒，"它们是众神那心肠恶毒的子嗣吗？你在这里说的无非是我不信神，而只信神的孩子。这就好像在说一个人相信马的后裔但并不信马。"

人群中响起的笑声淹没了苏格拉底的声音。这位哲学家略微停顿，直到他的观众恢复注意力，才转身朝向他的第二位指控者。

"而你，阿尼图斯，你请求判我死刑，可是为什么你没有把那些被我引上歧途的青年，带到陪审团面前？我兴许还能帮你指认出他们中一两个呢。他们大多数是成年人，可以出示反对我的证据，以确证他们受我腐蚀的事实。我看到他们中有些人就在法庭上。那边是克力同和他的儿子克力托布洛；这边是斯菲图斯的吕萨尼亚斯，埃斯基涅斯的父亲；然后是凯菲西亚的安提丰、尼科斯特拉托斯、帕拉鲁斯、阿德曼托斯和他的兄弟柏拉图；我还可以看见埃安托多鲁，他的兄弟阿波罗多罗斯在这边。也许，阿尼图斯，我可以自请放逐，来平息你心中的怒火。可是，相信我，尽管这会使你愉悦，却会对雅典人造成巨大的伤害。由此，我永远也不会停止唤醒你们、说服你们、非难你们中每一个人，成天跟随你们，无论你们在哪儿。我就像一只叮咬着一匹昏昏欲睡的纯种马侧腹的牛虻，因为这是神祇阿波罗要求我做的。同胞们啊，我所说的这匹马是雅典，如果你们将我判处死刑，你们便不会再轻易发现另一只将你们的良知刺醒的牛虻。足够了。我已在我的辩词中说尽了一切。现在也许你们以为是我搬出我的朋友、亲属和幼年子女恳求怜悯的时候了，就像许多人所做的那样。我也有家庭。我有三个儿子，但我不会把他们带到这里，因为这同时有损我和国家的荣誉。陪审团不是为了向那些让它感到遗憾的人施与怜悯而存在，而是为了依照法律以提供正义。"

水钟中的最后一滴水落尽。苏格拉底结束了讲话，坐到离他背后不远的木凳上。他最亲密的朋友怯怯地鼓掌，希望其他人也能效仿他们，可人群的冷漠使他们逐渐放弃。投票开始。

"毫无疑问，他有罪！"欧律玛科斯站了起来，"即便他没有罪，我也会判定他有罪。他的论述、他对其他人的想法发出疑问的习惯，这些东西都不应该存在于城邦中。苏格拉底散播了不安全的气氛，他是个毁灭性的因素。他越早死掉对我们越好！"

"我并不确定，如果我是你，"卡利亚斯情绪激昂地反驳道，"一个具有自尊的城市总是需要一些人看守着它，苏格拉底是唯一能够胜任的人。他是公正的，也不是个政治家，特别是，他还很穷。即便他是有罪的，他也不是因个人利益而做出这些举动。"

"卡利亚斯，那你想过吗？贫穷是年轻人的好榜样吗？你想你的孩子像他一样成长吗？把他们所有的时间都花费在市集上，问别人'什么是善？什么是恶？什么是正确？什么是错误？'"

还没等到回答，欧律玛科斯一跃而起，手里紧握一枚黑色鹅卵石（代表赞成死刑的一票），走向投票瓮。他在席位之间穿行时试图影响陪审团的其他人。

"我们已经受够苏格拉底了！让我们一劳永逸地革除他。用他自己的话说，他是刺痛着雅典的一只牛虻，可是试问什么马不会想摆脱牛虻，不会想碾碎它，如果这匹马可以这么做的话！"

卡利亚斯还是拿不定主意。他问了问坐得离他最近的人认为大部分人会投出怎样的一票。陪审团似乎大致被均分为两类人，一类十分厌恶苏格拉底，另一类认为他是世上最好的人。每一个人排到瓮前时，都会捍卫他自己的观点。同时，那些已经投过票的人返回到他们的位置，准备好吃一份便餐。他们打开便当盒，里面有沙丁鱼、橄榄和用一种名为马萨（maza）的大麦粉做的饼干。安提丰获得"十一人"❋的领导者的许可，带了一盘无花果和坚果给苏格拉底。雅典庭审持续了一整天，陪审员不许离开法庭。在日落之前，裁决结果必须下达，被告不会被留下来等结果。

现在点票已经完成。

"雅典公民们，"大法官庄严地宣布，"这是陪审团下定的判决：白色，220 票；黑色，280 票。判处索福隆尼斯克斯之子苏格拉底，死刑！"

护栏后的人群中传来震惊的喊叫。克力同以手掩面。短暂的停顿之后，大法官继续。

"现在，遵照雅典法律，我们询问这位已被定罪者，是否选择另一种刑罚。"

苏格拉底再次起身，环视四周，展开双臂，以表他的困惑。

"另一种刑罚？但我究竟做了什么才应该受到刑罚？我这一生无不忽视个人利益和家族、家庭的利益。我从不关心军事命令，也不关心公众荣耀。我从未卷入任何阴谋，煽动任何仇恨。这样一个人需要遭受什么刑罚？各位，在我看来，我只觉得自己应该受到一些奖励，比如在公共会堂免费用餐。"

他的最后一句话被一片抗议声淹没。许多陪审员都觉得这位哲学家荒谬的请求是个笑话，他在故意挑衅。苏格拉底意识到自

❋ 由十一名雅典公民组成的狱警机构。

己说得太过了。他又一次开口，试图安抚他的听众。

"很好，我亲爱的雅典同胞们。我知道你们曲解了我的意思。你们有些人将我的正义感误解为傲慢。但请坦率地告诉我，我应该提出什么样的刑罚。监禁？流放？罚款？我又能付什么罚金？我从来没收受过任何学费。我最多只能提供一迈纳。"

抗议声变得越发愤怒。一枚银迈纳作为死刑的替代刑罚的价值简直微乎其微，一文不值。苏格拉底好像在竭尽全力地作死。

"哦好吧，"最终苏格拉底叹了口气，指向克力同和他的其他学生，"我的这些朋友坚持让我提请三十迈纳的罚金。他们似乎可以为我做担保。"

现在第二轮投票开始了，陪审团在死刑和三十迈纳的罚款间做出选择。不幸的是，这位哲学家提出的第一种"刑罚"（花国家的钱在公共会堂用餐）极大地激怒了陪审团，许多本来站在他这边的人都选择了对立阵营。这一次黑色鹅卵石的数量远超白色鹅卵石，票数比为 360∶140。

"雅典的公民们，"苏格拉底最后一次强调，"恐怕城邦并不会感谢你们的这项举动。我是个老人，你们只需要等待死亡遵循自然的进程降临到我头上。你们甚至都没有把握，现在所做的事能真的惩罚到我。你们知道死亡是什么吗？它只不过是这两件事之一，要么消失殆尽，要么转生到另一处所在。若是第一种，那么死亡便是绝妙的收获，不会再有更多的痛苦和折磨。但若是第二种，我将有足够的幸运遇见许多伟大的人。你们愿意做出多大程度的牺牲，来换取与俄耳甫斯、穆赛俄斯、荷马或赫西俄德交谈的机会？或者是和均在不公正的审判后面临死亡的帕拉墨得斯及忒拉蒙之子埃阿斯交谈？现在，我将赴死，你们将继续活着，可我们之中谁才是今后更加幸福的那个，只有众神才能知晓了。"

为何苏格拉底会被判死刑？两千多年后人们仍在思考这个问题。人们需要把生活建立在确定性之上，如果缺乏了确定性，就总有人为了共同利益创造它们。思想家、先知、占星家，有些出于真正的信念，有些出于个人的利益，用源源不断的"真理"来抚慰人们痛苦的心灵。如果一个人当众宣布没有人确切地知道任何事，他立刻就变成政客和祭司眼中的头号公敌。这个人必须死！

柏拉图有不下四篇对话以苏格拉底之死作为主题：

《游叙弗伦篇》，那时苏格拉底还是个自由人，正在去往法庭听取美勒托对他的指控的路上。

《申辩篇》，描述了庭审全貌。

《克力同篇》，苏格拉底最亲近的朋友来监狱看望他。

《斐多篇》，叙述了这位哲学家生命中最后的时刻，以及他关于灵魂不朽的思想。

这些作品一直不断地再版，有时它们被合为一册。我认为，对任何想要研究这位伟大哲学家的人格和思想的人来说，这些都是必不可少的读物。

苏格拉底在庭审之后没有立即被处死。"圣船"刚好在前一天出发，载上了一年一度去往提洛岛的代表团，习俗要求在其未返回期间，不得执行死刑。二十天之后，我们还能看到他仍在监狱中，受到克力同的看望，这是他的同乡人，也和他年纪相仿。

黎明时分，苏格拉底还在沉睡，克力同安静地坐到他旁边。最终苏格拉底醒来，看见他的朋友，问道：

"这个时间你在这里做什么，克力同？若是探监，也太早了。"

"没错，的确很早，才到黎明。"

"你是怎么进来的？"

"我打点了一下守卫。"

"你在这里很久了吗？"

"有一会儿了。"

"你为什么不早点叫醒我呢？"

"你睡得如此安稳，若是把你叫醒，就太遗憾了。"克力同说，"虽然我完全无法想象，你如何能在遭遇如此不幸的时候，仍旧泰然处之。"

"如果不这样，会更奇怪呢，克力同。"苏格拉底回之以微笑，"想想看，到了我这个年纪的人还因不得不死而感到愤恨，是有多么滑稽。"

在这篇以他的名字命名的对话录中，克力同表现得更像是夏洛克·福尔摩斯身边的华生医生。这位大师讲着话，而他只不时回以"你说得太对了，苏格拉底"或"确实如此，苏格拉底"。然而，这位哲学家比他的英国人版要有分寸得多，从来不会用一声不耐烦的"基本演绎法，我亲爱的克力同！"来蔑视他。在对话录的最后我们发现，这已不再是一篇对话，而是苏格拉底自己的独白。

"什么风把你这么早就吹来了，克力同？"

"我给你带来坏消息，苏格拉底，"克力同的声音透着绝望，

"我的一些朋友刚告诉我，他们看到从提洛岛来的船已经绕过了苏尼昂海岬。今天，或者最迟明天，船就会到达雅典。"

"说它是坏消息，很奇怪不是吗？船迟早会到。"苏格拉底回答，"如果这是众神的意志，那便是吧。"

"别这么说，快听我的话逃走吧！我已经和守卫们达成协议，他们答应放走你的报酬并不是很高。即使代价昂贵，还有底比斯的西米亚斯、克贝和其他许多人，他们都愿意帮忙解决钱的问题。而且，人们会说我拒绝帮你是因为不想花钱。"

"我已准备好逃走，但在那之前，让我们先弄清楚，违背雅典公众的意愿试图越狱是否正确。如果这是对的，那就做；如果错了，我们就不做。"

"我同意，苏格拉底。"

"克力同，你相信无论身处怎样的境地，一个人一生都应该拒绝做错误之事吗？"

"的确如此。"

"甚至是在他受冤的情况下？"

"没错。"

"现在设想，就在我逃跑的时刻，雅典的法律出现了，站在我们面前这样问：'告诉我们，苏格拉底，你在做什么？你想要毁灭法律，毁掉我们，再毁掉这个城市吗？'在这种情形下，我们对这些问题和其他诸如此类的问题的答案是什么？我们会马上辩解道，自己是不公正判决的受害者？"

"我们的确会那样说。"

"那么如果法律继续说：'我们知道，苏格拉底，可一旦判决通过，无论其正义与否，都必须被遵从，因为所有人类的存在都是由法律所规定的。难道不是我们先赋予你生命的吗？难道不是多亏我们，你的父亲才和母亲结婚，才有了你吗？我们没有教过你敬重你的国家，在你捍卫它时，以勇气来阻止自己从敌军面前撤退？'我们应该对此如何回应，克力同，它们说的是真的，还是不是？"

"它们说的是真的。"

"然而尽管如此，你却想要我从雅典逃走，穿着牧羊人的罩衫或某些女性的服饰，装扮得像个小丑，跑到色萨利去，在那里人们过着杂乱无章、荒淫放荡的生活，而这一切只是为了将已近终期的自然寿命延长那么一两年！况且，违反法律之后，我又如何再言说美德与正义？"

"确实，苏格拉底，你不能。"

"如你所见，我亲爱的克力同，我根本不可能逃走，不过，如果你认为可以改变我的想法，你就说出来，我洗耳恭听。"

"不，苏格拉底，我什么也说不出来！"

"那么便放弃吧，克力同，因为这就是神引导我们的道路。"

翌日便是行刑之日。苏格拉底的朋友聚集在监狱外，急躁地等待入内的许可。几乎所有人都到了：忠实的阿波罗多罗斯、无所不在的克力同和他的儿子克力托布洛、年轻的斐多、犬儒主义者安提西尼、"贫穷者"赫谟根尼、厄庇根尼、美涅克塞努、克特西普和香肠制造工的儿子埃斯基涅斯。有一些人从很远的地方赶来，譬如底比斯的西米亚斯和克贝，以及住在麦加拉的忒尔西翁和欧几里得。在更值得注意的缺席者中，有阿里斯底波、克利俄姆布罗塔斯，以及柏拉图，据说他整日都在发烧，卧床不起。

当苏格拉底的学生们最终得以见到这位大师时，他们看到了克珊西普和苏格拉底最年轻的儿子在他身边。克珊西普一看到这些来客，便放声恸哭：

"苏格拉底啊，这是你最后一次和朋友们谈话了呀！"

这位哲学家转向克力同，说道：

"最好有人将她带回家，如果他们好心的话。"

"但你是无罪的！"克珊西普被人架出牢房时，仍在抗议道。

"你更情愿我是有罪的吗？"苏格拉底回道。

同时，一个守卫将这位囚犯脚踝上的镣铐除下。

"那些我们叫作快乐和痛苦的感受，是多么奇怪啊！"苏格拉底评论道，揉了揉他的腿，"似乎每一种都与其反面紧密关联，且一个人无法同时具有这两种感受。当我腿上绑着脚链的时候，我只感到痛苦，可现在我已经感到紧随在痛苦之后的快乐了。若伊索曾想过痛苦和快乐这种古怪的关系，我敢肯定他早就写了一篇与之相关的、极好的寓言了。"

谈话现在变成了关于死亡和来世的讨论，苏格拉底提到了非常像地狱天堂论的东西。他原话是这么说的：

"我坚定地希望，对于那些死去的人来说，总有什么事情等待着他们，而且这些事情对好人来说要比对恶人来说好得多。"

这开启了关于灵魂不朽的讨论。西米亚斯将肉身比作乐器，将灵魂比作乐器发出的声音，论证一旦七弦竖琴（肉身）被毁，音乐（灵魂）也必然不复存在。克贝不赞同，提出了转世的论说。

"灵魂就像是一个人，在他的生命之中，穿坏许多外衣。每一件外衣——每一次转世——的寿命都比它主人的要短，除了最后一次，外衣的寿命比主人的更长。然而，这并不能证明人不如外衣经久"。

换句话说，克贝在论证的是，当一个人死去时，他可能不幸遇到了这样的情况：肉体的死亡把转世多次的灵魂也一起摧毁了。苏格拉底质疑这一观点，认为灵魂是不朽的。讨论变得激烈起来，克力同最后不得不将其打断，责备这位大师。

"苏格拉底，守卫建议你尽量少说一些。他说如果你太激动，毒药可能就发挥不出其应有的功效，他就得让你服下两倍甚至三倍的剂量。"

"那就让他准备两倍或三倍剂量好了，但现在，如果他好心一些的话，就请别干涉我们，让我们继续讨论。"

于是他又转向自己的学生，重新开始关于灵魂的话题。

"只有恶人才希望死亡是一切的终点，这是符合逻辑的，这是出于他们的利益考虑。我坚信邪恶的灵魂会痛苦地徘徊在塔耳塔洛斯°，而那些纯洁而严肃地过完这一生的灵魂，会被准许进入真实世界。"

"你是什么意思，苏格拉底，'真实世界'是什么？"西米亚斯感到颇为费解。

"我相信，"苏格拉底回答，"大地是球状的，它在天空中央，不需要任何支撑，因为它不会向任何一方倾倒。我还相信它比看

———————

● 地狱。

起来的要大得多，我们只知道发西斯河°与赫拉克勒斯之柱之间的这一部分，就像是生活在池塘旁边的蚂蚁或青蛙一样。人们设想自己住在大地的表面，但事实上他们只居住在地表许多空间中的一个里，就像住在深海中的人误以为水面是苍穹。真正的大地应该像一只球，由十二片皮革构成，五颜六色。它的一些部分像金子一样闪烁，其他的比雪更白，还有一些是银色或紫色的。甚至是它的那些空间，也填满了水或空气，从外面看时，呈现各种绚丽多彩的颜色。真实世界的树木、花朵和果实，还有石头和山，都如此纯粹而透明，哪怕我们极为珍视的宝石与之相比，都会显得平淡而污浊。在那里，快乐的人们沿空气居住，就像我们沿海而居一样。"

"谁这么说的？"西米亚斯适时问道。

苏格拉底无视他的插话，继续说道：

"另一方面，在世界的深处，是荷马和其他人所说的，名为塔耳塔洛斯的深渊。在这深渊之中，所有的河流交汇，又自此分流开来。其中有四条河比剩下的那些都更为重要——大洋河环绕着大地流动；阿刻戎河以相反的方向流动，将水排入阿刻戎湖中；皮里佛勒革同河是一条烈火之河，甫一寻到出口，便会喷出熔岩；科赛特斯河呈漩涡状流淌，在如其他河流那样落入塔耳塔洛斯之前，会先穿过大地的腹心。那些犯了深重罪孽的灵魂都会被带到阿刻戎湖。这些灵魂中的一些，在怒火攻心时犯下罪孽，而后却为之忏悔者，最终会再次从湖面浮现；其他的，若罪行太

● 位于今格鲁吉亚境内，注入黑海。

过恶劣可怕，便永远定罪于此。接下来便是等着这些灵魂的命运：邪恶者待在塔耳塔洛斯，而过完纯粹一生的灵魂会去往真实世界。因而，在一生之中通过哲学追求善好和智慧，是具有充足理由的。因为得到的奖赏是美好的，希望是极大的！”

“你自己真的相信你告诉我们的这些东西吗，苏格拉底？”西米亚斯仍未被说服。

“当然，任何明道理的人都不应该坚持认为事实与我所描述的一模一样，但如果他敢于冒险，这对他内心的平静会产生奇妙的影响……”

就在这个时候，一个奴隶出现在门口，拿着一只大理石碗，里面盛放着要被捣碎的毒芹。

“命运在呼唤我。”苏格拉底说着，站了起来。

“你有什么吩咐留给我们吗？”克力同哽噎着，竭力克制自己的悲伤，“你想要如何被安葬？”

“随你喜好，若你能抓住我，没让我从你指间溜走。”苏格拉底大笑着回答，“可是说真的，我亲爱的克力同，我如何才能使你信服，唯一的苏格拉底就是站在这里同你说话的人，而不是你很快就会看到他死在这张窄床上的那位。”

时间到了。克珊西普、米尔托和三个孩子被带进来，做他们最后的告别。苏格拉底充满深情地拥抱了他们，然后让他们离开。阿波罗多罗斯无法再克制住他的眼泪。狱卒回来了。

“苏格拉底，”监狱长说，“我当然不会像对待那些在临死之前辱骂雅典、诅咒于我的人那样抱怨你。当你在这里的时候，我已经了解了你，并且我可以绝对肯定地说，你是所有在这里待过的人中最为高尚而温和的。"

说着，监狱长忽然泪如雨下，快速离开了囚室。苏格拉底有些尴尬，他不知道该说些什么，直到情绪的压力稍微缓和，他才转向克力同，让他把拿着毒药的奴隶叫过来。

"你为何要如此着急，我的朋友？太阳还没落山。"克力同抗议道，"我听说有人直到最后一丝光亮消失才饮下毒药；还有的人要吃过丰盛的一餐，和精心选来的女人寻欢之后，才肯迈出最后一步。"

"对于那些认为推迟死亡的最后一刻颇为有利的人来说，这种举动是非常自然的。"苏格拉底反驳道，"可对我来说，恰好他们的反面才是自然的，因为这样表现出对生命的迷恋，会使我自己看来十分滑稽可笑，同时也将我所教授的一切都变作了谎言。"

端着毒药的奴隶走了进来。

"现在，我亲爱的朋友，"苏格拉底对他说，"你对这些事宜很是清楚，所以告诉我，正确的做法是什么？"

"饮下它，在房间里四处走动，"奴隶回答，"当你的双腿开始变得虚弱，便躺到床上，毒药会发挥它的功效。"

"你认为用这样的饮品来作祭酒如何？"苏格拉底问。

"我们不允许那样做，我们只准备了正常的剂量。"

说完这些，奴隶把杯子端到苏格拉底面前，苏格拉底拿过杯子，从容不迫地一饮而尽。此番举动来得太过突然而坚决，所有人都随之悲痛欲绝，甚至是那些一直忍着眼泪的也难以幸免。克力同极度悲痛，起身离开了囚室。阿波罗多罗斯脸上泪水纵横，失声抽泣。斐多也在落泪，以双手掩面。

可怜的苏格拉底不知道要怎么办。他辗转于朋友间，试图一个个安慰他们，跑去追回了克力同，把他带回房间，他抚摸阿波罗多罗斯的头，拥抱斐多，擦干埃斯基涅斯的眼泪。

"说真的！你们都怎么了？"他一边尝试安慰着大家，一边抗议，"我特意把克珊西普送走，就是希望避免这不得体的场面，但我没想到你们表现得更糟。坚强点，冷静点，我的朋友，这才是哲学家和正义之人该有的。"

听到这些话，学生们开始为他们难以自已的样子感到些微羞愧，而苏格拉底则按照奴隶的嘱咐，在囚室里走来走去。几分钟过后，他的腿变得沉重起来，他躺在床上，等待终结的来临。奴隶用力地掐捏他的双腿，问他是否有所知觉。苏格拉底说没有——毒药生效了。麻木感蔓延到了他的腹部。

"记住，克力同，我们欠阿斯克勒庇俄斯一只公鸡。"他轻声说道，"记得帮我给他。别忘了。"

"我一定照办。"克力同向他保证，"还有别的事吗？你还有别的要跟我说的吗？"

苏格拉底没有回答。

又过了几天，雅典人后悔对苏格拉底的处决。他们关闭了体育馆、剧院和学校，以示哀悼，放逐了阿尼图斯和莱孔，处死了美勒托。

苏格拉底的一生和他的思想高度吻合。除了从与他交往的每一个人那里寻求真理外，他什么也没有做。他就像一条追踪人们的猎犬，在街上拦住他们的去路，给他们抛出无数的问题，强迫他们观察自己，观察他们自身存在的深处。尽管我对这位哲学家的道德形象表示敬重，但我敢肯定很多雅典人都像避开瘟疫一样躲着他。只要他矮胖的身形闪现在"神圣之门"下，人们便会四散开来，向左、向右、向前方跑去，伴随着"他来了！他来了！快溜吧！"的喊声。

在《拉凯斯篇》中柏拉图写道："……无论何时，任何人与苏格拉底面对面进行交谈，总是会发生的情况是，尽管一开始主题可能是完全不相关的事，苏格拉底却总是会在谈话中调转他的方向，使他陷入不得不将自己交代清楚的境地。"第欧根尼·拉尔修补充道："由于他在论辩中过于激烈，经常有人对他拳脚相加，或扯他的头发。"

很有可能年轻的苏格拉底就像其他所有投身于哲学的人一样，研究着自然和群星。有一天他忽然开始明白，在他看来，物理世界不再有趣，所以他开始关注知识和道德的问题。有人建议苏格拉底去游学，或是在乡间愉快地漫步，这位哲学家和善地回答说："我亲爱的朋友，树木和田野教不会我什么，然而在城市里，我却被极富启发性的人们所包围着。"

为尽量简短地总结苏格拉底的教诲，我建议在这里着眼于他所提出的三个概念：助产术、普遍性和精灵（daemon）。

助产术。当苏格拉底说"我知道我一无所知"时，他并非如智术师所做的那样，否定真理的存在，而是鼓励人们去寻找真理。他其实是在说："我的朋友们，即便我不知道真理，真理也存在；但我不相信，有人会在得知真理之后，做违背真理的事，因此最重要的事是获得那种'知识'。只有如此，我才相信，我们可以确保识别出什么是善好，什么不是。"

在苏格拉底看来，人类心灵仿佛一堆杂草，在它下面潜伏着真相，或正确判断不同的行为从而"看见事物真正的样子"的能力。苏格拉底问，我们如何才能获取知识呢？首先，清除杂草，然后，提取真相。在第一个步骤（我们可以称之为"大扫除"，或拉丁语学者说的"pars destruens"，意为"破坏性部分"）之中，苏格拉底使用的方法称为"irony"。这个词语来自希腊语 eíromai，意为审问、质问，以及 eironeúomai，意为掩饰、假装，因此便是"掩饰着去询问"之意。苏格拉底是这门技艺的大师。他自称一无所知，总是装作试图向其谈话者学习，接连不断地求索问定义，直到对方的言辞中出现自我矛盾之处。我们先前提到的一堆杂草，实际上是由累积在我们心灵之中的所有的偏见、错误的观念和迷信组成的。一旦这些渣屑被清理干净，真正的知识就能显现出来了，这就是苏格拉底的"知识助产术"。在《泰阿泰德篇》中，他想到自己的母亲，谈论她的工作，并说："我所施行的助产术和所有的助产士所做的一样，只是她们是施行在女人身上，而我施行在人身上，她们处理身体的问题，而我处理心灵的问题。"苏格拉底从不把自己说成是个人智慧的宝库，他所做的只是帮助别人从自身寻得智慧，"因为，"他说，"我本身缺乏智慧，这就是为什么神（阿波罗）迫使我参与别人的分娩，却阻止我开枝散叶。"

为了实践自己的助产术，苏格拉底显然需要开启一段对话，他从对话者那里得到的答案事实上激发了他的思考。他说，书面的文字从来不起作用，特别是"一无所知的我又能写些什么呢？"。除此之外，从《斐德若篇》中柏拉图借苏格拉底之口所说的寓言我们可以看到，苏格拉底对写作的态度非常谨慎。

"从前有一位埃及的神叫作忒伍特。他发明了数字、几何学、天文学、各种投骰游戏，最重要的是，他还发明了写作。有一天忒伍特去见塔姆斯，给他看自己的发明，塔姆斯是住在上埃及❋的一位国王。当展示字母表的时候，忒伍特说：'这是一项将为你臣民的智慧和记忆带来奇迹的创举。'国王回答说：'天才的忒伍特啊，你的字母表只会产生相反的作用。一旦埃及人开始依赖于书面的智慧，他们就会停止使用自己的记忆能力，再也不通过他们内在的智谋来记住东西，而是使用外在的符号。'"

想到这些都是苏格拉底临时编出来的，斐德若表示强烈抗议，而这位哲学家反驳道："你们年轻人唯一关注的是我所说的轶事到底是真是假，却并不重视其中包含的真理。"他继续说："写作和绘画有着相似的劣势，如果你向一幅图画问问题，它不会给你答案，书面的文字同样也无法回应，只是重复作者写作时写下的话语。"

我总是怀疑苏格拉底就像基督一样，不会阅读或写字。第欧根尼·拉尔修告诉我们苏格拉底写了像伊索寓言那样的东西，但这几乎没什么意义，因为他也可能是口述给一个抄写员听的。有些人可能会反对说一个像苏格拉底这么智慧的人不会写字，简直是不可想象的，但我想说，今天有成千上万的人都不会用电脑，

❋ 位于埃及南部。

尽管只需要不到一周的时间就可以学会使用它的基本技能。一个很普遍的事实是，在那个时候，只有极少的人会读书写字。普鲁塔克告诉我们，有个雅典文盲想要在陶片上写阿里斯提德的名字，不知不觉就求助到阿里斯提德本人那里。当后者问他是否知道自己想要放逐的人是谁，这位雅典人回答说他不知道，但他真的厌倦了听到每个人都称其为"公平的化身"。于是阿里斯提德本分地履行义务，将自己的名字写了上去，全程保持沉默。

普遍性。在柏拉图的对话录中，苏格拉底频繁地要求他的对话者定义一些道德概念，他们几乎不约而同地给出一些具体的事例。于是苏格拉底表达出他的不满，一直坚持直到达到了一种"更具普遍性"的定义。

苏格拉底：美诺呀，你能告诉我，德性是什么吗？

美诺：这不能更简单了！一个男人的德性就在于能管理城邦的事务，能帮助他的朋友，伤害他的敌人。另一方面，一个女人的德性就在于认真持家，顺从她的丈夫。还有孩子的德性，老人的德性……

苏格拉底：这是个多么幸运的早晨啊！我在寻找的是一种德性，却得到了蜂群似的一窝德性！……想想蜂群吧，美诺呀，你会说那里面有一堆不同的蜜蜂吗？

美诺：没错，每一种都区别于其他种，在尺寸、美丑和颜色上均有不同。

苏格拉底：然而尽管呈现出如此的多样性，还是会有某个原因让你说出："哦，那是一只蜜蜂！"

美诺：是的，就目前看来，它是一只蜜蜂，与其他蜜蜂没有什么大不同。

苏格拉底：所以无论这只蜜蜂属于哪一种，你还是能够认出它是一只蜜蜂。假如我想要让你定义善良呢？

美诺：我会回答说，善良意味着帮助邻里，把钱给需要的朋友。

苏格拉底：所以如果你要帮助一个不是你朋友的人，那就不是善良的一例。

美诺：哦，对，即便他不是我朋友，此举也仍是善良的。

苏格拉底：那么如果，虽然把钱给了朋友，你却察觉他要用这些钱去助长犯罪，你的举动也仍是善良的吗？

美诺：不，很明显那种情况下就不是了。

苏格拉底：所以，让我们来概括一下：把钱给朋友，可能是善良的，也有可能是不善良的；而把钱给不是朋友的人，这个举动，可以是善良的。

此时，美诺的论证开始溃败，苏格拉底像一辆没有感情的推土机，继续往前开。他试图证明，我们能够想象的每一个德性之举都有共通之处，德性的"本质"只能在这其中寻得。这样我们就获得了普遍性的概念，它也是柏拉图理念论的序章。然而，我们确实无法判断其中苏格拉底真正说过的话占据几成，而柏拉图为引入自己最重要的理论而借他之口所说的话，又占了几成。

苏格拉底的精灵：

　　一天，一件非常奇怪的事发生了。在安多希德斯那里用过餐后，我和一群朋友走在返回雅典的路上。我们的队伍中有苏格拉底、横笛吹奏者查瑞路斯、预言家游叙弗伦、克贝，还有几个年轻的雅典人。每个人都有些醉意，饮酒过后通常如此。年轻人唱着歌，苏格拉底取笑游叙弗伦的预言能力。但突然我们看到这位大师停了下来，驻足片刻，陷入沉思，然后开始沿着另一条路走。他没有走入直接通向市集的雕刻师街，而是来到制皮箱者的街道。当有人问到他如此决定的理由时，他回答是由于他听从了自己的精灵。小伙子们被他的笑话逗乐，继续随着查瑞路斯的笛声愉快地往雕刻师街行进，而队伍中的年长者都跟着苏格拉底来到制皮箱者街。差不多走了一百米后，就在法庭外面，那些抄近路的人撞上一群往相反方向去的猪。猪群太庞大，堵满了整条街，许多人都不得不往回撤。查瑞路斯坚持穿过猪群往前走，最后到达市集时，衣服和腿上都脏污不堪。

　　普鲁塔克在他的《论苏格拉底的精灵》一文中借预言家忒俄克里托斯之口向我们讲述了这个故事。

　　在故事的最后，忒俄克里托斯问他的同伴对苏格拉底的精灵怎么看。他们其中一位点评道："我听说过苏格拉底和精灵交流的传闻。一个麦加拉人告诉我，只需要听见喷嚏即可。如果苏格拉底听到有人打喷嚏，他会留心是在自己的右边还是左边，前面还是后面，这会影响他的决定。至于他自己的喷嚏意味着什么，这完全取决于他当时正在干什么——譬如，他是正在走路，还是站着不动。如果是前者，他就会取消接下来要做的任何事。如果是后者，他就会开始做事情。这就是我所听到的，但说实话，我并不相信一个如苏格拉底一般智慧的人会允许他自己受到这种怪力乱神的影响。"

除了普鲁塔克提供的信息，我们还能从苏格拉底自己身上窥见一二。在庭审中，他提到有一个精灵助他度过艰难岁月：

> ……有一种声音降临到我身上，自我童年开始就如影随形。每次听见它时，它总要劝阻我做一些正打算做的事，却从不催促我做什么。它尤其反对我投身政治。

对于苏格拉底的精灵，人们众说纷纭，说那是指路精灵、守护天使、良知之声、第六感、直觉，等等。我个人认为，那是苏格拉底的一张"百搭牌"，他想避免为他的每一个决定都作出合理的解释。

XXVII
小苏格拉底学派

　　苏格拉底师门中最为杰出的七个学生是安提西尼、阿里斯底波、欧几里得、斐多、柏拉图、埃斯基涅斯和色诺芬。前面四位都在雅典建立了自己的哲学学派：安提西尼建立的学派，其成员被称为犬儒主义者；阿里斯底波建立了昔兰尼学派；欧几里得建立了麦加拉学派；斐多在伊利斯建立了自己的学园。教科书通常称他们为"小苏格拉底学派"，也许是为了把他们放到和柏拉图（柏拉图学园的建立者）相对的位置上，因为他无疑可以独占"大苏格拉底学派"的头衔。

　　苏格拉底和所有这些人的初识都变成了传奇的一部分。我们已经提到过苏格拉底和色诺芬的邂逅是在雅典的一条街上。至于安提西尼，这可怜的家伙住在比雷埃夫斯，为聆听这位大师的课，每天须往返十六公里。欧几里得的境况更糟：作为一个麦加拉人，他被禁止进入雅典，雅典的一项旧法规定判越境者以死刑。但他可没被吓退，每天晚上他都乔装成女子越过边界线。与柏拉图的邂逅则是这样的：有一天苏格拉底正在睡午觉，他梦见自己正把一只小天鹅抱在膝盖上，忽然这只天鹅的翅膀上长出了羽毛，紧接着它飞出窗外。第二天柏拉图便出现在门口的台阶上，苏格拉底认为他就是梦里的那只小天鹅。当苏格拉底邀请埃斯基涅斯成为他的学生时，这位年轻人告诉他："我身无分文，只能把我自己给你。"苏格拉底回答："那岂不是最好的礼物？"伊利斯的斐多在小时候就被卖到雅典为奴，他被迫在一间恶名昭彰的房子里卖淫，苏格拉底和克力同为他的智慧所震撼，为他赎身，还他自由。

尽管有这位伟大哲学家的道德教导，他的七位门徒仍然彼此憎恶，每一个都在其信徒面前自封为苏格拉底学说唯一的诠释者。

犬儒学派

纵观时尚史，"流浪者的形象"总是不时冒出头，常常伴随着对生活方式的精确选择。那些做出过如是选择的有希腊的犬儒学派、每个时代的"波希米亚人"、法国存在主义者、"垮掉的一代"、嬉皮士以及朋克。除了文化时尚之外，经典的例子总是由受过教育的流浪汉提供的，他们这些流浪汉更喜欢随意地生活，宁愿在塞纳河的桥下入眠，也不降格向朝九晚五的生活妥协。我们并不想把所有这些团体杂糅在一起（从而混淆了犬儒主义和朋克），但我们不禁会注意到他们中有一个共同的因素起作用，那就是对自由难以抑制的渴望。这是理解犬儒学派的关键。

对犬儒主义者来说，自由是灵魂的最高善，只有通过自给自足才能获得。真正的犬儒主义绝不成为他身体或情感需求的奴隶，永远也不会惧怕饥饿、寒冷或独处，永远也不需要性、钱、权力或荣耀。如果他让你觉得疯狂，那只是因为他选择的这种生活和大多数人所欲求的恰恰相反。一旦犬儒主义者发现精神的价值是唯一重要的，他们就会不遗余力地批判传统价值。他们是极端分子，把苏格拉底的学说推向极端。存在被简化为与自己共存，而表象则作为不可忍受的冗余而遭到拒斥。

该学派最著名的代表人物有安提西尼、第欧根尼、克拉底、美特洛克勒和希帕基娅。

安提西尼，安提西尼之子，绰号"真犬"（Aplokúon），于公元前446年出生在雅典。他的父亲是雅典人，母亲是奴隶，因而他不能成为雅典公民。然而这未曾困扰到他，事实上他甚至还从这种境遇中获得了一些满足。他最先对哲学产生兴趣，是源于聆听了智者派的演讲，尤其是高尔吉亚，然后再是苏格拉底。后来他和一群志同道合的朋友交往，与他们一起创立了犬儒学派。这个名字应该是取自他们会面论道的地点库诺萨格（Kunósarghes，意为"快犬"），那是一座位于雅典城墙外伊利索斯河岸的、供外国学生使用的体育馆。他被贴上犬儒主义者的标签也有可能是由于他一生都活得像一条丧家犬（kúon）。据马格尼西亚的狄奥克莱斯说，他是第一个"斗篷两用"的人，换句话说，他有一件足够大的斗篷，能睡在里面，因而实际上来说，他也便成了睡袋的发明者。

这是色诺芬在《会饮篇》中对他的样子的描绘：

"依我之见，"安提西尼说，"财富并非像一个物件那样，可以存放在家中，而是灵魂的安放；否则我们无法解释，为什么任何已经拥有物质的人，还会以身犯险、劳累不堪，只为积累更多的财物。无人可以理解那些僭主的行径，他们在焦虑之中夺取权力和财富，犯下的每一个罪行都比上一个更可怖。他们就仿佛不停进食、永不餍足的人。而在我这里，尽管我看上去很贫穷，却拥有如此之多的财富，多到我都记不住它们。我随心所欲地吃饭、饮酒、睡觉，感到整个世界都从属于我。为了使我的食物更加美味，我利用自己的食欲——一段时间不进食，我发现在断食一天之后，任何放入口中的食物都变得美味无比。当我的身体渴求性欲的满足，我便和一位丑陋的女子躺在一起，她会以最大的热情欢迎我，因为没有男子想求得她。总而言之，我的朋友，最重要的就是无求于任何东西。"

从他的话中，我们可以看出安提西尼内心深处是渴求女色的。他还有别的名言："我宁愿疯掉，也不愿享受快乐！"以及"爱财之人没一个好东西！"

安提西尼十分仰慕苏格拉底，因为他对疼痛和快乐都一派漠然，虽然这位大师常常喜欢取笑他。比如有一次，他穿着自己肮脏破烂的斗篷出现在浴室，这位哲学家打趣道："我发现你对名声的热爱正透过你袍子上的破洞探出头来。"

随着年龄的增长，他对身上的伤痛越来越敏感，这伤痛超出了他能承受的范围。八十一岁的时候，他罹患一场重病，从此再也没停止过抱怨。有一天他最喜欢的学生第欧根尼前来拜访，他们的对话大致如下：

"你需要一个朋友吗？"第欧根尼一进屋便问道。

"哦，第欧根尼，见到你我可太开心了！"安提西尼满面痛苦地叫喊，大声抱怨道："谁能把我从这痛苦中解脱出来？"

"这个。"第欧根尼冷静地回答，拿出一把匕首。

"啊——！！"安提西尼哭喊着，一跃而起，"我说的是把我从疼痛中解脱出来，不是生命！"

锡诺普的第欧根尼出生于公元前404年。他的父亲赫塞西斯在市中心经营一家货币兑换店，直到有一天他厌倦了处理其他人的钱币，决定铸造一些以作私用。哲学家欧布里德说是第欧根尼自己铸的币。无论真相如何，父子二人都受到裁决，前者被关进监狱，后者遭到流放。在审判中，第欧根尼试图把责任推到阿波罗身上，说是德尔斐的神谕令他这么做："回到家中，革新这个国家的制度吧。"而他并不确定这话是什么意思，便着手铸币。判决显然没引发他多大的悲痛，如果我们相信他听到判决时说的那番话："锡诺普人将我放逐，我判他们待在家中！"

到达雅典后，他遇到了安提西尼，不到半个小时就加入了犬儒学派。一开始这位老哲学家对自己引以为傲的劝阻之法非常自信，但他慢慢看清楚，这位新学生是真的准备好了跟随他到天涯海角。他用棍子吓唬他，想要赶他走，然而第欧根尼毫不气馁，把他的脑袋伸过去，说："敲吧，安提西尼！但我敢肯定，你绝对找不到比我脑袋更硬的棍子把我赶走！"

若要说起奇闻轶事，锡诺普的第欧根尼简直是个宝藏。我们知道他住在桶里，哪怕是阳光普照的时候，也拿着点亮的提灯走来走去，他边走边大声喊："我在找一个人。"所有轶事中最著名的一件，是他与亚历山大大帝的相遇。国王正骑马穿过科林斯，看见他坐在科林斯的克拉尼欧姆体育馆的台阶上晒着日光浴：

> "我是亚历山大大帝，你是谁？"
> "我是犬儒第欧根尼。"
> "你想要什么，尽管提。"
> "走开，你挡着我的阳光了。"

他把个人的吃穿用度缩减为极少的必需品：一件斗篷，用作外衣，也用作四季床铺，一只用来吃饭的碗，和一个用来喝东西的杯子。可是有一天，他看到一个男孩竟在用一片面包盛扁豆，于是他便丢掉自己的碗，然后他又看到这个男孩用手来掬水，于是又丢掉了自己的杯子。至于性事方面，他尽量用手解决，觉得那更加方便快捷。有人批评他在公共场合行不雅之事，他回道："啊，要是撸撸肚子也能饱就好了！"

为了让自己适应不同温度，他夏天躺在滚烫的沙子上，冬天四处寻找雪花。这可能看上去挺奇怪，但我们今天不也是如此？和其他的犬儒主义者一样，他也对快乐嗤之以鼻。一天晚上，他碰见一位赶赴盛宴的年轻人，便在他身后喊道："你回来的时候会变成一个更糟的人。"他对自己的同胞也没有什么好评价。有一天有人看到他与一座雕像交谈，问他为何如此，他回答："我在让自己习惯白问问题。"

他和柏拉图的交往也不甚热络。他认为柏拉图式的对谈"纯粹是浪费时间", 柏拉图回敬他说第欧根尼是"疯掉的苏格拉底"。有一次这两人加入了一场哲学论辩, 谈话的内容变成了理念论。

"我可以看见一张桌子和一只茶杯在这个房间里," 第欧根尼说, "但我可看不见什么'桌子性'或'杯子性'。"

"确实应该如此," 柏拉图反驳道, "因为你的脑子只能分辨出桌子和杯子, 而分辨不出理念。"

第欧根尼不能忍受柏拉图身为一个哲学家却住在舒适精致的房子里。一天, 正下着倾盆大雨, 第欧根尼闯进柏拉图的卧室, 在他的毯子和所有的刺绣品上大肆糟蹋, 然后又跑到街上, 抹了一脚的泥, 回到屋子再来一遍。柏拉图耐心地在一旁看着, 未曾阻止他。

"我践踏了柏拉图的骄傲!" 第欧根尼大叫。

"用第欧根尼的骄傲。" 柏拉图回道。

不过, 第欧根尼也没丧失幽默感。有一天, 他发现练习赛上有个技艺不精的弓箭手, 于是走过去坐到靶子旁边, 说: "这是我唯一觉得安全的地方。"还有一次, 他发现自己身处一幢富丽堂皇的别墅, 里面精心铺满了地毯和珍贵的装饰品, 他朝屋主的脸上啐了一口, 又立即用他的斗篷擦掉并道歉, 说他看不出屋子里还有其他合适的脏地方。

他漫长的一生可谓经历丰富。暮年, 他在爱琴海上航行, 被海盗掠走带到克里特岛卖作奴隶。奴隶贩子问他会做些什么, 他回答说: "治理民众。"话音刚落, 他发觉自己正被满身珠饰的克塞尼亚德饶富兴趣地打量, 便补充道: "把我卖给那个不幸的男人, 看他那穿金戴银的样子, 我猜他急需一位主人。"克塞尼亚德买下了他，第欧根尼在他那里给他的儿子们做导师，度过余生，在九十岁的时候闭气自杀。

据说他拒绝安葬自己的遗体，而是命人丢进沟渠里，成为野兽的餐食。不过实际上发生的却是，他的朋友们为谁能有幸埋葬他而险些打起来，最终他们同意由国家出资建立一座由一根大理石柱和一条狗的雕像组成的纪念碑。

克拉底和他的妻子希帕基娅、妻子的兄弟梅特克勒斯是一个犬儒家族。他们所在的年代比安提西尼晚了太多，我们都很难想象其中年纪最大的克拉底怎么可能成为第欧根尼的门徒。他的巅峰时期，或说最活跃的一段日子，大概在公元前323年，那时犬儒第欧根尼已逾八十岁了。

虽然克拉底的父亲是底比斯的大富翁阿斯康达斯，他自己却一生穷困潦倒。似乎是因为在见过第欧根尼之后，他就变卖了所有的家产，将两百塔兰同的钱财散给他的同胞，高声大喊："克拉底将克拉底解放！"

他达到雅典之后不久，就获封了"开门者"的绰号，因为他喜欢不请自来地走进别人家，只为传播一些智慧的小片段，这习惯实在恼人。他一点也不帅，而且还有点驼背。当他在体育场做运动的时候，所有人都讥笑他。有一次他向奥林匹克冠军尼科德罗莫斯挑衅，被他打得鼻青脸肿。第二天他在雅典的街上走来走去，前额粘着一块"尼科德罗莫斯的杰作"的告示，加上一个指向他黑眼圈的小箭头。每晚他都会趁妓女在街边迎客的工夫，对着她们破口大骂，应对这些"女士"的反击无疑给了他充足练习，让他在市集上和其他哲学家争论时变得游刃有余。

和所有的犬儒主义者一样，他也活到了很高的年龄。长期轻断食和露天生活明显对身心皆有益。

梅特克勒斯出生在色雷斯的马罗尼亚。他是非常胆小羞怯的男孩，所以他的父母打算把他送到一位大师那里进行品行塑造。他们选择了以坚韧闻名的克拉底。克拉底建议他做的第一件事是增强他的体能，把这个小伙子带到了体育场。但有一天当梅特克勒斯正在举重时，一件不幸的事发生了——他放了个屁，因而尴尬得无地自容，想要绝食自尽。可怜的克拉底使出浑身解数来劝解他，直到已经觉得没戏了，便问他：

> "比起生你真的更向往死吗？"
>
> "对。"
>
> "所以我可以假设，你已经对生与死的意义了如指掌？"
>
> "不，我没有。但我仍旧想死。"
>
> "你难道不想知道，如果你决定活下去，今后会变成什么样子？难道不想知道如果你拒绝活下去会错过什么？"
>
> "我会错过什么？"少年问。
>
> "来吧，让我告诉你。"

第二天一早，克拉底吃了许多羽扇豆，然后带着梅特克勒斯去见执政官。

"这些是我们城邦的执政官，有一天，你也可以变成他们中的一员。"

说完这些话，他向执政官们鞠躬，然后放了一个比他的学生在体育场放的还响的屁。然后又把他带到将军、议事会主席团成员、监察官那里，每次他都会放一个不可思议的惊天响屁。男孩最终接受了这件事，以平常心看待，放弃了所有轻生的念头。后来，梅特克勒斯成了一位杰出的哲学家，在年迈之时亲手掐死了自己。

希帕基娅，梅特克勒斯的姐姐，也是本书出现的唯一一位女性哲学家。她一定是位真正的美人，否则就无法解释为什么第欧根尼·拉尔修在提到她与年老的克拉底成婚时，那极为惊异的语气。她明显是受到马罗尼亚所有最有钱、最英俊的年轻人追捧，但她却被克拉底深深吸引，威胁称若不能和他结婚就自行了断。最后她的父母无计可施，不得不恳请哲学家本人出现劝阻她。克拉底大体来说不是个令人讨厌的家伙，他知道自己相貌平平，于是脱得一丝不挂地走到她面前，说："希帕基娅，这，就是你的新郎，这是他所有的财产。"而希帕基娅确实是一位不折不扣的犬儒主义者，仍然选择和他结婚。他们在公共场合行欢，给他们的儿子取名帕西克勒斯。

犬儒主义更多是一种生活方式，而不是哲学流派。犬儒主义者将自身从物质需求中解放出来，对政治、物理和所有哲学推论都不感兴趣，除了伦理学的诸问题。他们自称"世界公民，没有自己的家、城市、国家"。犬儒主义者遍布任何地方、任何时代。有一个人可作为其中典型。德谟纳克斯，公元90年出生在塞浦路斯，是从来都不会制造麻烦的类型——他谦虚低调，幽默感十足，是天生的和事佬，所有人的朋友。从来不需要他开口，人们就会给他食物。当他在集会现身时，所有的执政官都起身，一片肃静。他活到了非常大的岁数，以拒绝进食结束了自己的生命。雅典人给他以国葬，在他的坟前放满了鲜花。人们显然发觉，同他相比，自己身上存在太多恶习，由此而感到羞愧。

昔兰尼学派

从犬儒学派跳到昔兰尼学派，跨度颇有些大。虽然安提西尼和阿里斯底波的哲学思想同出一源，但他们的学说确实大相径庭。若将前者比作狗，后者便具有所有猫的特性和行为。我们可以看看第欧根尼·拉尔修留给我们的一段轶事：

> 有一天，锡诺普的第欧根尼在一口井中清洗大头菜，看见这位昔兰尼学派的学者正向他走来。"如果你学会了吃蔬菜的话，"第欧根尼嘲弄道，"你就不会奉承僭主。""如果你知道如何侍奉僭主，"阿里斯底波反唇相讥，"你就不必吃蔬菜了。"

这段对话被其他人传开来，却把两个角色颠倒了。这回是阿里斯底波先开的口："如果你知道怎么和富人交往，你就不用再吃蔬菜了。"接着是第欧根尼回道："如果你学会了吃蔬菜，你就不再需要在权贵面前卑躬屈膝了。"

把大头菜的事搁一边，这段轶事使得两种不同的、值得深究的生活方式跃然纸上。

虽然阿里斯底波（约公元前435年）出生在非洲，他却是个希腊人。他的出生地昔兰尼是两个世纪前由来自锡拉岛的希腊殖民者建立的。据品达说，他的家族在利比亚最为富贵显赫——这也许是品达对阿里斯底波日后成为享乐主义者给出的解释——他在早年已习惯了奢靡的生活。他在十九岁左右的时候去希腊旅行，参加奥林匹克运动会，遇见了伊索玛鸠斯，伊索玛鸠斯告诉他在雅典有一个叫作苏格拉底的人，他的演讲令所有的年轻人都着迷。听到这些，阿里斯底波显然十分兴奋，"他日渐消瘦、面色苍白，直到满怀热望与激情地抵达雅典，才在泉边饮水，与苏格拉底结识"。

一些历史学家认为在见到苏格拉底之前，阿里斯底波已经向智者派尤其是普罗泰戈拉学习过一段时间，甚至他自己也是一名智术师。而其他人则认为，他有此名声，只不过是因为他的课程要收费。我个人的感觉是，阿里斯底波是那不勒斯人叫作 'nu signore 的那种类型，他享受有品质的生活，并且通过向学生收费来维持这种生活。一位抵制收费的学生父亲说："五百德拉克马！都够我买个奴隶了！"他反驳："那就去买你的奴隶吧，然后你就会得到两个奴隶——你的儿子，还有你买的那个。"收费价格根据不同学生的学习能力有所不同，他会给最聪明的学生打折，向最笨的学生增收费用。有一次他使出浑身解数，诱惑苏格拉底接受一笔二十迈纳的款项，可这位年迈的哲学家"婉转地"回道，他的精灵不允许他这么做。

阿里斯底波对他周围的人非常势利。有一次，他在海上遇到风暴，非常害怕，船上的另一位乘客奚落他："堂堂哲学家这么怕死也太奇怪了吧，连我这种普通人都还淡定着呢。"阿里斯底波比平时还要刻薄地回嘴道："你的命也配和我的比？我是在担忧阿里斯底波的性命，你只不过在担心一个微不足道的人的性命罢了！"

为了理解阿里斯底波，我们必须了解他对金钱的态度。他尤其贪婪，唯一想做的就是挣足够多的钱满足自己的需求（非常非常多的需求）。曾经，他在船上碰上有人行凶抢劫，便把钱扔到水里并说："最好是阿里斯底波丢了钱而不是钱弃阿里斯底波而去。"若确有必要，他也准备好了过贫穷的生活。一天，他从公共浴室出来，玩笑式地穿上了第欧根尼肮脏破旧的斗篷。不用说，当这位犬儒主义者发现留给自己的只有昔兰尼学者华丽的紫袍时，便直接选择了裸着。这表明阿里斯底波比他的同行更自在无拘一些，贺拉斯的评价也印证这一点："我更喜欢阿里斯底波多一些，他无论穿什么袍子都无所谓。"

还有一件关于衣服的趣闻，这次牵扯上了柏拉图。僭主狄奥尼修斯（不太确定是年轻还是年长的那位）邀请他们二位穿上女装出席，想要戏弄他们。柏拉图拒绝了，说没有什么能够引诱他穿女人的衣服，然而阿里斯底波却不假思索地答应了，漫不经心地发表意见："为什么不呢？即便是在酒神节狂欢的时候，那些纯洁的人也不会受到玷污。"所以现在我们就触及了问题核心——"什么是内在的自由？"阿里斯底波认为，他拥有一种内心的平静，哪怕是穿过金钱、权力、色欲之海，仍无惧沉沦其中。有人谴责他和妓女莱斯的关系，他辩称："我占有了她，却未被她所占有。"还有一次他说："进妓院没什么可羞耻的，只有出不来才是耻辱。"从记录来看，莱斯从来没向他收取过一分钱，将他的光临视作很好的宣传，却向可怜的德摩斯梯尼收取了累积起来近一万德拉克马的巨款。

柏拉图难以忍受他，色诺芬讨厌他，安提西尼一直不停地与他发生口角，第欧根尼把他当作美德的敌人，并且在接下来几个世纪里，基督教逐渐成为大势，教父们和更多顽固偏狭的历史学家们都对其厌恶至极。但为什么他们都对阿里斯底波如此排斥？有种说法是，他们蔑视他，因为他教授哲学却要收费；另一种说法是，他们不赞同他放浪形骸的生活方式；我个人觉得是因为没人能够忍受他十分自得其乐这个事实。

在苏格拉底的学生之间产生的第一道意识形态裂缝，是阿里斯底波那深深根植于感知世界的享乐主义与柏拉图的理念论发生的分歧。可以想见，这两位哲学家所持的观点截然相反，是不可能友好相处的。柏拉图完全专注于国家和集体的利益，因此对阿里斯底波这样的个人主义者怀有反感是必然的结果。这种反感在《斐多篇》中有所体现，例如，在列出苏格拉底去世时都有谁在场时，他特别强调了一下缺席者：

> "有许多从外地赶来的人吗？"
>
> "是的，有底比斯的西米亚斯和克贝、斐冬得斯，还有来自麦加拉的欧几里得、忒尔西翁。"斐多回答。
>
> "还有阿里斯底波和克利俄姆布罗塔斯？"厄刻克拉底问。
>
> "不，我听说他们在埃伊纳岛。"

　　埃伊纳岛是一座离比雷埃夫斯不远的小岛，这是一个因供人寻欢作乐而臭名昭著的欢乐场，也是阿里斯底波最喜欢的妓女莱斯生活的地方。柏拉图都不需要把细节详述出来，雅典人可以从字里行间脑补解读出来。他想表达的无非是苏格拉底生命垂危之际，那两个家伙还在埃伊纳岛逍遥快活。如果我们相信西塞罗的说法，那么事实便是，可怜的克利俄姆布罗塔斯在看到柏拉图的这段诽谤后，跳下了海边的悬崖。

　　苏格拉底死后，阿里斯底波开始四处游历。我们得知，他去过叙拉古、科林斯、埃伊纳岛、麦加拉、西拉，当然还有他的故乡昔兰尼。他年老时被小亚细亚的总督阿尔塔弗涅斯抓去，在大概七十岁时，于意大利的利帕里殒命。他写过很多对话录和一些游记，包括三卷关于利比亚的作品，但只留存下少许残篇。

　　阿里斯底波的学说全都集中在为"飞逝的瞬间"而活，对应到那不勒斯文化中的概念，可用这句歌词来总结："因为世界是个滚动的车轮，让我们抓住流经的瞬间（Si 'o munno è 'na rota, pigliammo 'o minuto che sta pe' passà）。"大多数人只有在回忆过去或展望未来时，才觉得日子过得下去。很少有高级的生物（据阿里斯底波的说法）可以将自身沉浸于当下。我们经常听到老人沉湎于他们二十岁时有多欢乐的回忆中（虽然我们都知道其实那时候他们也并没有多开心），正如我们也常常看到在其体力和精力都达到顶峰的年轻人把一切都押在只有很小概率实现的梦想上。几乎没人能够拍着胸脯说出这句简单的话："就在此刻，我没有任何问题缠身，我最亲近的人都境况安好，我心满意足！"渴了，可以用一杯水来轻易地解渴——"这水多棒啊！"——是昔兰尼学派的态度。

"快乐是一阵轻柔的微风，痛苦是一阵强劲的狂风，日常的生活是一种风平浪静的状态。"阿里斯底波以海洋作比，让我们明白我们的目标是只在快乐的微风轻轻吹拂的海面上航行。

为了更清楚地理解昔兰尼学派的学说，我们应该把赫拉克利特、阿里斯底波和皮兰德娄放进搅拌机，混合得到如下理论：时间由许多个瞬间组成，它们每一个都彼此不同；同样，一个人在其一生之中，也不总是同一个人。因此，我们的目标是用正确的态度把握正确的时刻，然而又总是保持一定的距离。

这个重视当下的学说从来不曾得到知识分子的认同，和那不勒斯的格言"身体健康才是真正紧要的"一样，是不参与道德或政治事务的同义词，因此在社会变革的大背景下显得毫无用处。不过，也有人认为正是阿里斯底波对生活难题的漠不关心，使他成为所有苏格拉底流派中最为苏格拉底式的。犬儒主义者为避免受快乐的奴役，把"自由"定义为只满足于很少的东西，昔兰尼学派却将接受生活之愉悦而不受其所累的能力定义为"更高的自由"。

阿里斯底波早于他的同行伊壁鸠鲁近一个世纪，他们二人的主要区别在于，前者比后者更"伊壁鸠鲁化"。伊壁鸠鲁区分各种快乐，并评估它们的后果，而昔兰尼学派就是为了快乐而快乐，并不拘泥于细节（mé diaférein hēdonén hēdonés）。

阿里斯底波广为人知的追随者包括他的女儿阿莱特——她被教导要享受生活的快乐，同时也要避免过度，以及以无神论而著名的塞奥多洛和赫格西亚。情况往往是这样——学生反超老师，走得更远（在这个例子中，学生是更"右派"）。

塞奥多洛教导说，我们应该抓住任何出现在眼前的快乐，而不应该被虚假的道德束缚。这位提倡自我主义的理论家甚至反对建立友谊，因为"只有愚人才需要情感支柱，而智慧、自足的人，完全不需要它"。

赫格西亚是昔兰尼学派最激进的一位，认为由于稳定的快乐状态是不可达到的，并且生活中起伏不定的情绪只会平添折磨，因此不如一死了之。他会强迫来往行人听从自己的言论，试图说服他们去自杀。他说："听着，我的朋友，你知道终有一天，不可避免地，你会死去——你不知道的是你将如何死去。命运也许为你准备了一个激烈的、痛不欲生的结局，或赐予你无休止的、极为折磨的病痛。请留心一位智者的建议吧——杀了你自己！只需要一瞬，你就再也不用操心了！"他的成功率大概是一个月说服两个雅典人。他的绰号是"peisithánatos"，劝人赴死之人。

麦加拉学派

麦加拉的欧几里得（别和数学家欧几里得搞混了）是苏格拉底最老的门徒。我们并不确知他的生卒年，但可以大致猜测他活在公元前 435 年至前 365 年。他年轻的时候就开始学习哲学，专注于巴门尼德的著作。埃利亚学派公元前 450 年来到雅典的访问，无疑给希腊思想家留下了正面的印象。在见过苏格拉底之后，他余生的时间都花费在融合这位大师和巴门尼德的思想上。他的追随者被称为麦加拉学派，有时也叫作辩证学家，源于他们以问答形式来引导对话。

从巴门尼德那里，他学到了所有的对象都有内在的性质，叫作存在，它们也同时是一堆外在表象的结合，称作非存在。在选择想要达到的目标时，我们必须首先明确，我们意欲的对象是存在，而不是表象。举个简单的例子，假设我想要成为国家的首脑，因为我有提升同胞生活质量的需求，在这种情况下，我便接近了国家首脑这份工作的存在。另一方面，若我只是被这份工作所承载的声望、荣誉和权力所吸引，那便意味着我不过将目标对准了外在的表象，在这种情况下，我便休想达到善。

总体来说，学者们总是不太愿意以我这种方式给出关于存在的例子，也许是惧怕将这个概念琐碎化；但如果这会使得概念更简单易懂，我更喜欢竭我所能帮助到读者。

苏格拉底说过生命中最重要的事是获得知识，也就是善，欧几里得在调和这位大师和巴门尼德的思想时毫无困难，并且总结出善等同于存在，或一，是永恒、不可见的，剩下的都不再重要，因为它们不存在。

结论

小苏格拉底学派相较于他们的前辈，忽视了对自然的研究，转而着眼于伦理学。受苏格拉底的影响，其研究重点向人和道德问题转变，给了哲学一个实践性的走向，使得它更能引起我们的共鸣。所以让我们从中提取一些智慧，为我们的生活提供助益。

苏格拉底主张凡是懂得德性的本质的人，都不可能愚蠢到反其道而行之，因为如此一来，他便违背了他自己的利益。因此，人生的目的是发现德性的本质。

对于犬儒学派而言，善在于个人的自由，为了减少对外部世界的依赖，他们将基本的需求几乎缩减至最低限度。

昔兰尼学派认为善等同于快乐，恶等同于痛苦。阿里斯底波认为，人生的意图在于把握快乐，同时还要避免成为快乐的奴隶。

麦加拉学派的善的概念更为抽象：善就是存在，恶就是流动变化。这基本上是一种宗教式的态度，因为欧几里得认为"最高的善只能是一，即便它也许有着许多名字，例如审慎、神、心灵、智慧，等等"。

XXVIII
"钱会毁了我！"希肖

二十世纪五十年代的时候我结识了一位犬儒主义者，他的名字是希肖·莫兰特，大部分时间居住在阿马尔菲附近。他是一位流浪汉，也是一名绅士；他帅气，对女士很殷勤；平时寡言少语，相当自命不凡；他没有固定的住所，但骄傲得像一位西班牙贵族，从不在口袋里放一里拉。他其实没有口袋，为了避免往里面塞满东西，他让波西塔诺最好的裁缝佩皮托把口袋都缝起来。

希肖只在四月到十月间出现，只要天气一转凉，他就消失得无影无踪，可能是冬眠去了。有人说在科尔蒂纳和塞斯特列雷曾看到过他，说他和夏天结识的富婆待在一起，但这类信息的真实性总是存疑，因为"希肖最近的冒险"这句话只是当地人茶余饭后的消遣罢了。

他的家族属于那不勒斯的旧资产阶级，把"工作"看作下层社会的专属特权（我们必须承认，这是一种非常陈腐的观念，继承自我们的古希腊先祖）。因为家族传统禁止工作，希肖就以喝卡布奇诺、吃奶油面包卷为生，偶尔受邀去一些饭局，但据我所知他从来不会问朋友要钱。有一次他向弗兰卡·瓦莱里要一千里拉买一包"国家"牌香烟，但不一会儿他就回来了，满面笑容，拿着香烟和一朵玫瑰。

"希肖，你好吗？"无论何时见到他，我都会这样问。

"非常好，"他回答，脸露笑容，"我刚买了个电冰箱。"●

他最喜欢出没的地方是卡普里岛和波西塔诺，几乎不在伊斯基亚岛逗留，在那里他会享受到所有想要的热情款待，因为他很多非常富有的亲戚都在那儿（还是酒店的老板）。希肖在这一点上非常古怪：有时他长途跋涉就是为了有个栖身之所，另一些时候，他又展现出无比的骄傲，在去拜访伊斯基亚亲戚的路上用仙人果充饥，就为了避免接受他们邀请他吃饭。

有一次我给了他一件黄色的套衫，颜色有些过于鲜亮了。

"谢谢你，"他说，"但黄色不是我的颜色，让我看起来胖胖的。此外，目前流行晚上的时候穿蓝色。"

即使他收下了我的礼物，也不会穿它几次。物质的东西对他来说什么都不是，他要么把它丢在街上或矮墙上，要么拿它到酒吧里换杯威士忌。

他与当地的餐馆老板们达成约定，以保证自己每天都有饭吃。

"巧了，波西塔诺刚好有六十一家餐馆，也就是说你们每家餐厅每隔两个月才会轮到管我一次饭。别担心我的早餐问题，我的朋友们都互相争着照顾我呢。"

在餐馆里，他点的菜从来没有超过必要的量——蛤蜊意大利

● 在二十世纪五十年代，电冰箱是身份和财富的象征。

面和一杯酒。他有身为客人的意识，从来不多索取别人的好意。

有段时间他几乎快成为"兰恰奥·费洛内"餐厅的常客了，这是桑德尔·佩蒂在伊斯基亚港口开的一家漂亮餐馆。桑德尔想要给他一小笔酬金，作为他无偿给餐馆打广告的回报，但他拒绝了。

他说他想要写一本回忆录，书名就叫"勤勉之蝉"，但除了标题没多写一个字。

希肖在参演了维托里奥·卡普里奥利的电影《太阳里昂》（*Leoni al sole*）后性情大变。他甚至控诉可怜的维托里奥给他造成了伤害。

"我喜欢你但我也恨你，你给我钱就是毁了我！"

《太阳里昂》在我们那不勒斯人心中的地位，等同于费里尼的《浪荡儿》。其中讲述了我们无所事事、慵懒的夏天，与瑞典女孩的假日浪漫，对浪漫爱情的秘密渴望，让米兰的度假者承付花销的早餐。所有的事都发生在二十世纪六十年代的波西塔诺。故事里的"狮子们"，也就是葛吉宪、弗兰茨、希肖、萨萨、可可和康菲特诺，懒洋洋地趴在岩石上。无须说，希肖是唯一一个没用化名的人。这部电影始于杜杜·拉卡布里亚的原创想法，也是他撰写的剧本，他同时也是《致命伤害》（*Ferito a morte*）一书的作者，这本书是最能体现那不勒斯上流社会真实生活的绝佳书籍之一。

正如我所说的，希肖从电影中赚到的钱（五十万里拉）使他陷入了深深的痛苦之中。他试图邀请每一个人甚至是陌生人用餐，来摆脱掉这笔钱。但当他再次由奢入俭时，他丧失了从前那寡言少语的、绅士般的举止，变得尖锐刻薄，哪怕是最无恶意的问题，他也不会给好脸色。

"希肖，你好吗？"

"不关你的事。我好得很。"

但他一点儿也不好。连续饮酒，尤其是空腹饮酒，把他毁了。他在五十五岁的平安夜死于肝硬化。他孤身一人，躺在医院的病榻上，也许是值班的医生太年轻，没敢通融，拒绝了他想要饮一小杯威士忌的要求，本来这杯酒还能让他多撑几日。

XXIX
柏拉图

其人生平

柏拉图原名阿里斯托克勒，是阿里斯通和珀里克提俄涅的孩子，于公元前 428 年出生在雅典，是金牛座。传说由于他的生日和阿波罗是同一天，所以父母希望向神表达谢意，把还在襁褓中的孩子带到伊米托斯山，举行祭仪。一群蜜蜂落到他身上，用蜂蜜灌满了他的嘴巴。这桩轶事无疑就是不经之谈，但却显示出他的天赋在整个古代世界受到了多大的尊崇。

柏拉图是一位贵族。从他父亲的那一支来说，他是科德鲁斯，即雅典最后一位国王的后裔，而科德鲁斯声称自己乃是海神波塞冬的后裔；他母亲的曾祖父的曾祖父德洛皮德斯，是雅典杰出的政治家、立法者梭伦的兄弟。并且，仍旧是在他母亲这一脉，他本可以依靠两位舅舅，三十僭主中的卡尔米德和克里底亚的帮助。他出身自一个政治背景如此强大的家族（相当于公元前五世纪的肯尼迪家族），不可避免地会考虑从政。

柏拉图在给叙拉古狄翁的朋友的第七封信中，承认自己对政治具有浓厚的兴趣："在我年轻的时候，我有着和许多同龄男孩一样的雄心壮志，那就是一旦我能为自己做主，便马上开始政治生涯。"但是，民主理想遭到背叛，带来一次又一次的幻灭，令他还在年轻的时候便对政客失去了所有信心。谁也不能责备他。伯里克利已经死去了一段时日，雅典"启蒙"的黄金时代也随着他的离去一并随风消散。他的继任者，蛊惑民众的煽动者克里昂和希帕波鲁斯，都是些不值一提的二流人物。至于亚西比德，虽然颇具宏才，其道德原则却很有问题。所有的这些都构成了柏拉图对民主的印象。然后伯罗奔尼撒战争又重新打响了，雅典人在埃哥斯波塔米被击败（羊河战役），斯巴达式的高效行事风格大行其道，三十僭主的政府由此建立。在这段时期——尽管只持续了不到一年，柏拉图的舅舅克里底亚和卡尔米德都游说他参与政治生活，但当柏拉图看到甚至连这些贵族也只会对他们的前辈打击报复，除此之外一事无成，他便放弃了所有从事政治的想法，全身心投入哲学之中。苏格拉底是他唯一欣赏敬重的人，却在民主制度恢复后被判处了死刑，这无疑给了他最后一击。有过如此遭遇之后，他在余生一贯对民主发自肺腑地不信任，便也不足为奇了。

他与苏格拉底的相遇的确是十分重要的，和一见钟情差不多。柏拉图直到二十岁之前的人生，都是在撰写诗歌中度过的，直到有一天，在去剧院参加一场诗歌比赛的路上，偶然撞上苏格拉底和一群年轻人讲话。他立马意识到这个老人是他命中注定的精神导师，而后便烧毁了自己所有的诗歌，追随于他。

大师死后，他害怕遭到迫害，和苏格拉底的其他门徒一起逃到麦加拉，他在同行欧几里得那里客居了三年。后来，他再也克制不住对新知识的渴求时，开始学习我们所谓的"哲学家基础课"：拜访了昔兰尼的数学家、埃及的先知和意大利的毕达哥拉斯派。本来预计以拜访小亚细亚地区的马吉人为行程终点，但该地区正处于战乱之中，他最终决定避开此处。

据我们收集到的信息来看，柏拉图曾至西西里游览，去过埃特纳火山口，精确到恩培多克勒结束生命的地方。在途中，他和第二个对他人生有决定性影响的人相识了——年轻的狄翁。

狄翁是狄奥尼修斯的内弟，叙拉古的高层人物。尽管僭主狄奥尼修斯专制而冷血，狄翁却是个理想主义者，听闻柏拉图的政治思想后，他想将他带回叙拉古，将专制的暴君转变为一位开明的统治者。

不幸的是，事情的发展未如狄翁所愿。柏拉图不久就开始厌恶宫廷生活和狄奥尼修斯，而狄奥尼修斯对于这个张口就仿佛自己在说神谕一般的雅典人持有很深的怀疑。公元前四世纪的西西里的宫廷生活大致是什么样呢？这么说吧，那里曾有过一场接连九十天歌舞不歇的盛宴。若干年过去，当讲起旅居西西里的那段经历，柏拉图坦言："在一个崇尚意大利美食的社会里，没有什么能令我高兴，在那里，所谓的幸福就是一天填饱两顿肚子，永远不在夜里孤身入眠。"

更糟的情况是柏拉图和狄奥尼修斯一起讨论哲学的时候。选中的主题是德性。柏拉图率先开启对话，认为德性之人比僭主更为幸福，狄奥尼修斯已经怀疑柏拉图对他的尊重没他想的那么多，于是直截了当地问：

"你为什么来到叙拉古?"

"寻找德性之人。"

"你找到他了吗?"

"很明显并没有。"

"你说这些像个老糊涂!"狄奥尼修斯厉声说道,比以往更加恼火。

"你说起专制的时候又何尝不是。"哲学家反击。

半小时后,柏拉图被绑起来扔到斯巴达人波利斯的船里,波利斯奉命将他带往埃伊纳岛,卖到奴隶市场上去。

"他就是这么个哲学家,"狄奥尼修斯安心地解释,"压根儿不会认清自己的处境!"

柏拉图还算幸运,他的一位来自利比亚的仰慕者,昔兰尼学者安尼凯里,恰巧路过埃伊纳岛,不仅用二十迈纳赎回了柏拉图,还给了他足够的钱财买下一块地建立学校。

阿卡德米(Academy)学园的建立是古代世界最重要的文化事件之一。学园在雅典城外几公里的地方,一个大公园的中央,顺着一条两边有许多伟人的墓地的街道走到尽头便是。我们在《斐德若篇》中找到了可供参考的资料:"最妙的是,柔软的草坡平缓地向上倾斜,人躺在上面,头部会得到最舒服的体验。"附近有一片小树林,是献给英雄阿卡德莫斯的,虽然似乎没有人真的知道他做了什么,才获得如此的荣耀。这可真是幸运!阿卡德莫斯从来没有想过,他的名字可以在历史上永垂不朽,代表着最神圣的学习之地。

柏拉图在这里聚集了一大群门徒，有男有女。男性包括色诺克拉底、斯彪西波、亚里士多德、本都的赫拉克利德斯、卡利普斯、伊拉斯塔斯和提摩劳斯，女性包括拉斯提尼亚和阿克西塞亚（后者女扮男装）。那是一段平静的生活，人们在林荫小道、潺潺溪水的田园景象中漫步交谈。这种日子本可一直持续、永不改变，若没有狄翁接连不断地从叙拉古来信，请求柏拉图重返西西里。

老狄奥尼修斯死了，由他的长子小狄奥尼修斯继位。普鲁塔克告诉我们，这位父亲忌惮儿子与他争位，从儿子青春期开始，就一直将他关在屋子里。这个不幸的少年在与世隔绝的漫长日子里，一直忙于木工，制造凳子、小灯具和木制桌子等。新王甫一即位，狄翁就在想，以他如此顺从的性格来看，或许现在正是尝试柏拉图心目中理想政体的理想时期。

柏拉图历经第一次旅行的惨痛结局后，对去往西西里的第二次旅行缺乏热情，不仅是因为距离问题，还因为他自己说的，"完全无法预料事情会在那个年轻人手上发展成什么样"。他最终还是让步了，坦白承认自己的主要动机是"害怕失去我的尊严，以免觉得自己是一个只会言说，却不情愿着手任何行动的人"。

这一次他被迎以盛礼，可惜好景不长，一些谄媚者对他心生厌恶，以叛国的罪名控告他和狄翁。年轻的僭主不知道该怎么做，但认定做点什么总比什么也不做强，于是驱逐了他的舅舅，并且禁止柏拉图和他一同离开。

"我不想你一抵达雅典就开始说我的坏话。"年轻人说。

"但愿阿卡德米学园中有足够的话题去讨论，而不会触及困扰你的东西。"柏拉图讽刺道。

尽管柏拉图受到了全面的敬待，仿佛一个尊贵的座上宾，其实他却相当于被软禁了起来。狄翁和狄奥尼修斯不和，本质上是源于狄奥尼修斯嫉妒柏拉图对狄翁的青睐。不消说，肯定没人提过改变政制这一茬。小狄奥尼修斯确实喜好哲学，但只把它限定为谈资而已。就日常生活来看，他的言行说不上比他父亲好，也说不上比他差。不过，柏拉图这一次仍是拼命逃离了叙拉古，等回到学园时，发现心爱的狄翁正在一众门徒中等着他。

而他的西西里之行还未结束。还有第三次旅行值得我们关注。若干天后，狄奥尼修斯开始以书信纠缠柏拉图，恳请他回到叙拉古。他向塔伦图姆的毕达哥拉斯派求助，跟每一个人都说他离不开自己的老师，派出他最快的三列桨座战舰，最后清楚地放话说，如果这位哲学家拒绝，他就再也不归还狄翁的任何财产。

柏拉图如今已是个高龄老人（已经六十七岁），从雅典坐船前往叙拉古可不是闹着玩的。然而，他对狄翁的情谊战胜了所有的不情愿，只能强行"穿过可怕的卡律布狄斯*大漩涡"。狄奥尼修斯自然是违背了诺言，而柏拉图也第三次陷入困境，难以脱身。一位塔伦图姆的毕达哥拉斯派学者阿契塔，连夜将他接到一艘三列桨座船上，助他成功逃离。顺带一提，狄翁的脱身却是在很多年后，他率领八百人反叛军向狄奥尼修斯发起进攻，推翻了他的统治。可是其后不久，他又遭到柏拉图最初的跟随者之一卡利普斯的背叛，最终被杀害。这个故事告诉我们，门徒中的 8.33% 会不尽如人意。

❀ Charybdis，《荷马史诗》中的女妖，每天吞吐海水三次，危害航行。

柏拉图在一场婚宴上死去，享年八十一岁。他被葬在了英雄阿卡德莫斯的小树林里。在他漫长的一生中，从未有人见他笑过。

理想的城邦

如果有个对柏拉图一无所知的人，恰好翻开他的《理想国》，先读了前面五卷，他会对作者怎么看？他肯定会觉得柏拉图就是个混蛋，比希特勒好不了多少。那么我们又如何解释他总是受人敬重？先别急着盖棺定论。让我们首先读一读这本对话录，然后再来讨论。

《理想国》的开头是一群朋友在克法洛斯家团聚。在场的人有玻勒马霍斯、欧绪德谟、格劳孔、色拉叙马霍斯、吕西阿斯和阿德曼托斯。他们讨论的主题是"什么是正义"。

克法洛斯是第一个说话的，对他来说，正义意味着"偿还债务"；对玻勒马霍斯而言，正义是"帮助朋友，伤害敌人"；在色拉叙马霍斯那里，正义是"强者的利益"。值得庆幸的是，到目前为止唯一的问题是，他们每个人的想法都不够清晰。苏格拉底趁机介入，却把讨论变得更复杂了。不过，我们必须注意一件事。某些概念，譬如正义和民主，在希腊和今日具有完全不同的意思，因此柏拉图的许多论述才显得反动。例如，我们是法国大革命的继承者，基本是从"egalité"，即权利平等的角度来思考正义，然而对于柏拉图和他的同伴们来说，正义意味着秩序，只有通过每个人"专注自己的本职工作，不干涉他人之事"才能达到。这里有一些我从《理想国》中截取出来的片段，编成了"《读者文摘》精选"的风格：

"为了理解正义的本性，"苏格拉底说，"让我们考虑正在建立中的城邦吧。"

"你接着说。"其他人说。

"在我看来，"哲学家说，"城邦的产生是由于我们任何一个人都没办法做到自给自足。人们需要如此多不同的东西，因此他们被迫聚集在一处地方，定居下来，以使得他们能够互相帮助。而大家共同定居下来的这个地方，我们称之为城邦。"

"的确。"其他人说。从此时起，他们只负责拍手点头。

"现在我们最首要的需求是食物，其次是居所，然后是衣服，等等。所以在我们的城邦，我们需要一个农民、一个建筑者、一个编织工，可能还需要一个鞋匠。每一个人都将专攻自己的行业，为他自己和他人制造东西。所以，为了尽可能地高效，每个人都应该在自己而不是他人的行当里劳作。但每一个领域的工作者都需要劳作的工具，譬如耕犁、砖瓦工用的泥刀和剪刀，所以我们还需要木匠、铁匠和许多其他种的工匠。正如你们所见，我们讨论得越多，城邦中的人口也越稠密。"

"没错，苏格拉底，现在人已经非常多了。"

"但也许这座城邦无法生产所有它需要的东西，"苏格拉底继续说，"我们需要与附近的城邦交换一些商品，因此我们会需要技巧丰富的专业商贩。我们还需要水手、领航员和船长，以船只运输货物。然后，由于同样会有与我们做生意的外国人来访，所以我们还需要有人充当他们和我们农民之间的中间商。"（369a—371e）

柏拉图就这样一步一步地借苏格拉底之口创造了一个勤劳的社区。显然，他的论证正不疾不徐地展开，因为如果说希腊最不缺什么东西，那就是时间。

格劳孔发话了："不幸的是，苏格拉底，你在列举人类的需求时，只提到了食物、衣服和居所这些最低级的必需品。假如你建立了一个猪的城邦，这就是你把它们养肥的全过程！"

"你想说什么呢？"

"我认为我们应该考虑到日常体面人的品味。他们必须有舒适的卧榻、无花果点缀的甜品……"

"我明白，格劳孔。所以你想看到一个被奢侈之风吞噬的城邦，人们涂着香水和精油，搂着妓女。告诉我，你是不是还希望这城邦里有模仿艺人、音乐家、史诗歌手、诗人、仆人、演员、剧场经理、舞者，和制造所有小物件、小装饰品的手工艺者，尤其是做给我们的女人用？"

"所以为什么不呢？"

"因为在那种情况下，"苏格拉底回答，"我们需要非常多的土地来养活所有这些居民，由此便不得不从我们邻邦的土地那里分一杯羹。如果他们也和我们一样，对这些事物如此贪婪，他们也会来分我们的土地！"

"那么接下来会发生什么？"

"我们不得不进入战争，因此便需要一整支在防卫和进攻上都训练有素的军队。"

"为什么城邦的公民不能自己来做这些事？"

"当然不行，如果我们接受一开始定下的原则，并视之为有效，那么每个人都应该只做他所从事的工作。"（372d—374a）

现在，在详细说明了对农民、工匠和第三产业的需求之后，柏拉图提出了对专业士兵的需求。

"这些士兵，我们称其为城邦的守卫者，他们必须同时对同伴和同胞温柔，对与之战斗的敌人凶狠。"

"我们如何才能找到将温柔和凶狠这两种品质结合起来的人呢？"

"我们必须用音乐和体育来锻造他们的品格。"

"你把文学作品也归为音乐吗？"

"所有基于缪斯而来的都是音乐，"苏格拉底回答，"除了虚假的故事。"

"你说的是哪种故事？"

"赫西俄德和荷马创作的那种诗歌，还有其他与之类似的东西。"

"为什么偏偏是他们，苏格拉底？"

"他们给我们展现的事实是,众神和英雄都具有和我们一样的弱点,把神性说成是由谎言所构成,为愤怒所压倒,说英雄落泪、众神大笑……"

"大笑的众神?"

"是的,他们使众神大笑,"苏格拉底回道,"然而随时准备大笑是不适当的,我们不能赞同像荷马这种人写的:'受祝福的众神间爆发出不可控制的大笑/当他们看见跛脚的赫菲斯托斯●在屋里忙来忙去。'即便这些故事是真的,依我看,也不适合进到儿童和心智尚未成熟者的耳朵里。最好是对它们保持沉默,或只能让它们被尽量少的人听到,只有在向众神献上一只稀有的、硕大的牺牲之后,才可以听。"

(374a—377a)

《理想国》第二卷以呼吁审查制度引入结尾。第三卷是关于何种音乐及体育运动能够被纳入城邦守卫者的教育中:不能有爱奥尼亚或吕底亚风格的旋律(巧合的是,许多那不勒斯的音乐都是这类风格),因为它们可能会造就"怯懦的战士",而是应该用多利安或弗里吉亚风格的军队进行曲,如此才能激发勇气和爱国精神。不过,必须保持谨慎,因为一种单单限于武术的教育必定很危险,不会创造出理性的人,只会创造出不能以言语说服人的野兽。

把这些东西厘清后,我们就进入了讨论的核心。一些守卫者

● 希腊神话中的火神。

会更擅长发号施令，另一些擅长服从。一旦挑选出前者，我们就有了三种等级的个体——发号施令者（哲学家），作战者（士兵），和从事工作者（农民及其他）。柏拉图的理想国因此给公民规定了甲等、乙等和丙等，大多数人从出生开始，便终生生活在他所在的等级，尽管其中也有一些可能会因其突出的价值而得到擢升，或因未能做出成绩而降级。

苏格拉底接着解释："如果目标是正义的，我们就必须容许一些必要的谎言。我们应该告诉所有的公民：你们都是亲兄弟，但神塑造了你们，他把金子放进了那些注定成为将领的人中，把银子放进了护卫者中，将铁和铜放进了农民和其他工人中。"

"但是，如果一个等级较高的公民发现他有一个铜制的儿子，他会怎么做？"

"他应该毫不犹豫地把他放到工人那里；同样地，如果一个孩子显示出清楚的金制或银制迹象，管理者们也必须将他从父母那里移除，放到他本该属于的阶级。"

"那么他会积累巨大的财富吗？"

"完全不会，"苏格拉底回答，"任何的护卫者，无论哲学家还是士兵，都永远无法拥有私人财产。只有工人们可能会继续拥有他们的土地。就食物和公共财富而言，管理者们会从其他人那里收到足够数量的东西。他们就像在军营里一样生活和吃饭。"

阿德曼托斯插嘴反驳道："你不觉得这种生活会让他们

不开心？他们管理城邦，却不能享受任何形式的好处，也不能给他们的情妇大把花钱，或拥有漂亮的大房子。"

"我亲爱的阿德曼托斯，事实是，我们并不意在使任何阶级或个体感到开心，而是让整个城邦高兴。记住，巨大的财富和极致的贫穷都会让人们不开心，因为前者会产生奢侈、懒惰和革命，后者会产生狭隘的思想、差劲的产品，并且同样也会产生革命。"

"然而，在每一个我们知道的城邦里，富有和贫穷都随处可见！"

"是的，"苏格拉底回答，"原因在于，这些城邦并没有在内部团结起来，而是划分出了两个阶级，富有的阶级和贫穷的阶级，他们互相对抗，就像在玩‘城邦’游戏的玩家一样。"（414b—422a）

柏拉图从社会正义的话题进一步讨论到个体的行为，个体的灵魂和城邦一样，也分为三个部分，以和城邦三个阶级同样的方式组成。

苏格拉底解释道："每一个体的灵魂，都由三个完全不同的部分组成：第一部分是理性，我们称之为理性的部分；第二部分有着使一个人精神振奋的元素，是激情；第三部分，使得这个人渴求爱、食物和饮用品，我们把这部分称为不理性的部分，或者说欲望的部分。现在，为了说明它们如何运作，我得讲个故事。有一天阿格莱翁之子列昂提奥斯离开比雷埃夫斯的时候，看见一些尸体躺在刽子手附近。这个年轻人被上前一探究竟的强烈欲望和与之同样强烈的厌恶感拉扯着，但最终前者战胜了后者，他跑到尸体那里，责骂自己说：'就在这儿！可诅咒的眼睛！你看够这番好看的景致了吗？'在这个例子中，灵魂的激情部分与欲望的部分结盟，违背了理性的部分。所以说，为了正义，勇气（军队阶级）必须总是受到理性（哲学家阶级）的控制，永远都不能让欲望（人民）得逞。"（439d—440a）

这时苏格拉底想要离开，但阿德曼托斯抓住了他的衣袍，想让他留下。

"我们认为你在整个争论中欺骗了我们。你认为我们可能会忽略你说的守卫者应该共享所有的东西，甚至女人，但这种事情怎么能成呢？"

"讨论这样的话题并不简单，"苏格拉底有些尴尬地回答，"我亲爱的朋友们，我提出的解决办法，是最不寻常的一种，我恐怕这论证听起来仿佛痴心妄想。"

"大胆地说出来吧，苏格拉底，你的听众既没有疑心你，也没有不友善。"

"那么请仔细听。假设女性和男性是平等的……"

"在什么意义上平等？"

"能够胜任守卫者的所有工作，唯一的区别是女性天然地体弱一些，男性强壮一些……"

"但那是不可能的……"

"……然后我们给她们以和守卫者同样的教育，即音乐和体育。"

"那简直太荒谬了！"

"你为什么会觉得荒谬呢？"苏格拉底高声问，"因为女人必须在体育场里脱光衣服和男人一起训练？如果不给她们必要的教育，我们如何能够指望她们为城邦献力？"

"的确，但这个想法就像一波浪潮，它会卷走我们所有的习俗！"

"如果第一波浪潮看上去太高，那就等着听第二波！"

"我们听着呢，苏格拉底。"

"正如我刚才说的，女人要分配给男人，但没说只分给一个男人，而是分给众人。儿童也是一样，应该由人民共同抚养，没有任何父母能够分辨出他自己的后代。"

"那么男人和女人配对应当依照什么标准？"

"最好的和最好的相配，最差的和最差的相配，为防止有人反对后者，我们会假装这种选择是由一个巧妙的抽签系统所决定的，所以在这种情况下，若是得到不受欢迎的配对，那就只能怪命运。我重申一次，当结果是高尚的，谎言也就变得可被允许。"

"那孩子们呢？"

"最优秀的人的孩子会放在托儿所看护，由奶水最好的乳母哺乳，因为我们会制定出一套系统，让任何母亲都认不出自己的孩子。然而，下等父母的孩子，会被放到某个秘密的地方，消失在人们的视野中。"

"那会带来什么好处？"

"由于守卫者无法认出自己的孩子，所以就不会把家族的利益置于城邦利益之上，也没有年轻人胆敢再攻击年长者，因为他忌惮伤害到的可能会是自己的父亲。至于战争，最强壮的年轻人会被带去观看战役。为了让他们在战败时能够快速逃脱，我们会备给他们最快的马。他们将学会钦佩最勇敢的士兵，轻蔑懦夫。那些显示出最大勇气的人，会由同伴给他们戴上花环。在剩下的征途里，他们将被允许与任何他们喜欢的人行欢，无论是男人还是女人，而且不会被拒绝。"（449c—468c）

目前为止，我们已经进行到对话的一半。让我们停顿片刻，克制住把柏拉图视为纳粹支持者的冲动，换位思考一下。

彼时的希腊是一片多山的地区，有许多彼此孤立的小城邦几乎总是互相敌对。外邦势力的入侵往往意味着成年男性的死亡，以及女人和小孩被充作奴隶。在希腊，生存意味着围城邦而建的高墙、选址绝佳的卫城和一支高效的军队。

柏拉图不过二十岁的时候，便见证了雅典被斯巴达击败。彻底摧毁雅典军队后，斯巴达将领吕山德推倒了长长的城墙，并且，他还解散了民主政府，任命了寡头统治者，迅速引入了恐怖政治。考虑到这种大环境，这位哲学家对秩序产生了强烈的欲望——或者如他所说，渴望"正义"——也就不足为奇了。而他所采取的模式，只能是胜利者的模式。

现在我们可以知道为什么柏拉图计划建立一座城邦时，会把它设想成一个被敌人环绕、挤在众城邦之中的小国。他想象自己的公民更偏好集体的利益，而非专注于私人生活和个人发展。而这也是为什么当他确立城邦的空间格局时，会把视野局限在不超过雅典地区的范围内。在漫长的讨论中，他从未设想过一个幅员辽阔的帝国。当然，亚历山大大帝此时还未出现，将多个动荡不安的部落统一为一个民族是不可想象的。

另一个问题随之而来，即何处安放这理想的城邦。柏拉图对沿海地区表现出一定的谨慎。在《法律篇》中他谈论道："临海而居能够满足了日常生活的需要，但事实上，大海是'咸苦参半的邻居'。它使得外国商品和零售贸易充斥市场，使人们滋生出诡诈和欺骗的习惯。"换言之，农民是正派的民众，只生产够自己用的东西，最多只是会产生一些以物易物的余货，商人却是专事利益的贪财之人。农业产品易腐坏，保质期不长，钱却可以轻易地囤积贮存起来，导致不满足和不幸福。由于阿提卡那时没有便捷的高速公路，所有的货物都只能走水路，所以海港必然成为商业中心，因此也是个不得安宁的所在。柏拉图其实明确要求过他的理想城邦离海岸的精确距离——80斯塔德❖，但别问我为什么。

古往今来，柏拉图一直因《理想国》中的言论受到西方哲学家的严重批评。他的主要批评者奥地利哲学家卡尔·波普尔，谴责他是自由的敌人，或用波普尔的话说，是"开放社会"的敌人。

❖ 古希腊等地区长度单位，1 斯塔德约合 185 米。

波普尔尤其指责柏拉图是所有极权主义制度背后的原始动力，并详细引用了柏拉图责骂民主的一段话。波普尔最大的不足在于，他是站在二十世纪而不是公元前四世纪的角度批判柏拉图。事实上，柏拉图并非在支持独裁或民主，而是基于领导者的素质，评定其中的一个是否强于另一个。因此，柏拉图在编纂六种不同政制的列表（三个好的、三个坏的）时，按照其重要性来排序，将单一统治者的政府（君主制，由哲人王，或说他自己——尽管他从不承认这一点——统治的政制）排在了第一个，认为这是最好的政府，接下来是少数人（贵族）的统治，最后是多数人（民主）的统治；而在坏的领导者那一列，顺序却颠倒过来，多数人的政府（煽动人心的暴政）打头，其次是少数人（寡头）的统治，最后则是僭主制。

　　引起批评的地方同样也引得另一些人赞赏。这通常涉及某种利害关系，尤其是当柏拉图的声誉被用于维护个人的观点时。换言之，这么说话总是一条有效的计策："看，这跟柏拉图说的完全一样吧！"1968 年的动荡时期，我曾看到柏拉图的这段话被装裱在一个经理的办公室里："当一个民主的城邦渴望自由时，领导它的人在它的杯里斟满了酒，让它喝得醉醺醺。如果它的统治者没有一味回应它苛刻的要求，它就会斥责他们是邪恶的寡头统治者；对那些服从统治者的人，它便痛骂他们是软弱顺从的奴隶。担惊受怕的父亲把儿子和自己视作平等，再也得不到儿子的尊重；老师再也不敢批评他的学生，受到他们的蔑视。年轻人希望得到和老一辈同样的待遇，而老年人，害怕表现得太过严格，便妥协于他们。在自由的氛围中，以自由的名义，任何人都不会再被示以关注和尊重。这就是僭主政体的起源。"当我读到这些，那位经理对我说："看到了吗？柏拉图也是一样的观点！就仿佛他昨天才写的。"

后记：《理想国》中的苏格拉底和我们之前邂逅的那位相比，完全是另一个人。依我之见，《理想国》完全不是苏格拉底式的。据说柏拉图曾把他的某篇对话录念给苏格拉底听，这位大师很有意见："我的赫拉克勒斯之神啊！这个年轻人都把什么鬼话放进了我的嘴里！"

洞穴神话

"非存在者不存在。"尽管人们可能普遍同意这一点，我们也不能忽视我们感官的证据。

为了调和巴门尼德的存在论和赫拉克利特的生成论，并解释表象和现实、"一，纯粹的不变者"和"多，非纯粹的变者"的不同，柏拉图创造了洞穴神话。

我们需要想象一群人在巨大的洞穴中，很小的时候便被枷锁束缚，所以他们从未见过入口，甚至除了看着后墙，哪里也不能看。在这些可怜的人身后，洞口外面，有人拿着雕像和许多石刻、木刻或其他材料雕刻的物件，沿着一条靠墙的高出地面的路站着，"就好像木偶戏的表演者"。这条靠墙的路外边，正烧着一团火——或者是太阳正照耀着，如果你更喜欢这种说法——将雕像的影子投到那群被囚者面前的墙上。这些拿着雕像的人自然也会发出一声动静，但他们的声音传到囚徒那里，只化作失真的回声。

问：这些被枷锁束缚的人对墙上的影子和听到的声音会有什么样的想法？答：他们会相信影子和回声是唯一存在的现实。

现在设想他们中的一个人试图打破枷锁、恢复自由，然后转过身来看看那些雕像。他暂时被光线晃得有些失明，只能朦朦胧胧地看见这些雕像，还以为是更清楚地瞧见了之前那些影子。过了会儿，已经习惯了光线的他开始意识到此前看到的那些都不过是这些物体的影子。想象一下当他回到洞穴时，会对他的同伴们说什么吧。

"嘿，兄弟们，你们不知道自己错过了什么！外面有许多不可思议的东西！我简直都无法形容那些光线还有雕像，它们既完美又精致，和我们整天在这儿看到的劣质影像完全不一样！"

但他的同伴可不会相信他。若他还算幸运，他们只是会嘲笑他，但若他一直坚持——还记得苏格拉底吗？——他们会把他处死。

洞穴神话的简化解释：太阳代表存在，存在即是知识；影子代表非存在，非存在即是表象；两者之间的是意见，即我们对事物的看法。知识和意见不同，前者展现事物真正的样貌，后者只是对事物的朦胧、混乱的概念，是处在存在和非存在之间的东西。

"但说这些有什么用呢？"所谓的普通人可能会问。这个神话阐明了人类习惯于聚焦于错误对象的习性，如金钱、权力和世俗意义的成功，这些不过是更为真实的现实的影子，现实超越了我们的感官之外。由于光源（上帝）将现实投射到我们的意识，我们暂时只能透过直觉感知到它。所以当柏拉图带着他的启示出现时，我们最好对其保持关注：他是为数不多的能够从枷锁中解放、窥见真相的人。

对于柏拉图而言，离开这座洞穴意味着获取关于永恒不变的理念的知识。称赞某人的美貌是一回事，知道美究竟是什么，却是另一回事。甚至哲学家自己，也很难攀上这座高峰，其中道阻且长。

理念论／形式论

洞穴神话引入了理念论（或形式论），这是一个兼具逻辑性和形而上学意味的理论。比方说，当我看见一只鸡，"那是一只鸡"的想法浮现在我脑海，我的推理过程应当遵照这样的思路："我现在看见的这只动物，和所有的鸡都有共同之处，因此那必定是一只鸡。"另一方面，如果我说世上所有的鸡都与存在于感官世界之外的鸡的理念相似，那么我就表达了一个形而上学概念。同时这只被我看见的鸡，继续在那里活蹦乱跳，专注于自己的事情，丝毫没有意识到它只是理想的鸡的粗糙仿品，幸运的是，这一切也不会威胁到它什么。

在逻辑理论和形而上学理论之间，存在着柏拉图不同于此前所有哲学家的区别。通过逻辑我们只能达到普遍性的概念，然而经由理念的学说，我们便迎来了哲学史上第一个宇宙之外的实体。所有的前苏格拉底哲学家，或多或少都着眼于本原、物质起源的研究，给出的都是一个包含物理原因如水、空气、火等事物的理论。甚至阿那克萨哥拉开创的"努斯"，所谓统治着一切的"心灵"，也仍旧是物质的存在，尽管它比其他原因更为精炼而纯粹，更少具有感官色彩，却仍是实在性的。而柏拉图则开创了被希腊水手们称为"辅助动力"的阶段，即一艘船航行的原初动力本是来自风和潮汐的自然力量，现在它们却不足以使船发动，所以需要使用船桨。

虽然之前所说一只鸡的理念还是比较好理解的，但当我们谈论到更多与抽象事物有关的理念时，事情却变得复杂起来。当我说"玛利亚是美的"时，我只是在举一个美的例子，因为玛利亚并不总是美的：二十岁的她肯定很美，这没什么好说的，可是她的美会随着年龄失色。美的理念自身却不会，它是一种固有的、不变的性质，不仅在某一具体的时刻"存在于"玛利亚那里，也能"存在于"里约热内卢如画的风景中，还能"存在于"蒙塔莱的诗歌、马拉多纳的佯攻里。人们可以触摸玛利亚（我指的是理论上），却不能触碰到美。

"理念"一词在现代语境中，意味着一种想法，一种精神过程，某种在大脑中形成的事物；然而在柏拉图那里，"理念"却指向在我们之外的某种事物，一种只能通过心灵"被看见"的东西。

对于柏拉图来说，理念是绝对、永恒和不变的，是提供他的同代人大多都在追寻的那种确定性的最终手段。对于雅典人而言，公元前五世纪末是一段混乱的时期，无论是道德还是政治上。煽动家和智者派猛烈抨击眼前的一切，没人再能确定是什么构成了"善"和"正义"——任何事物都似乎悬而未定、可被争议。但柏拉图通过他的理念论，为这个道德、政治都处在混乱之中的城邦提供了某种秩序。他确立了三种等级的精神知觉：

> 1. 知识，对不变概念的全面理解，不会被其他东西扰乱，即理念（存在）；
>
> 2. 意见，使得对于同一特殊事物的不同评价成为可能（流动变化）；
>
> 3. 无知，指那些日复一日从不探索周围世界为何如此的人所处的状态（非存在）。

这些划分使得柏拉图能够将巴门尼德的存在论和赫拉克利特的生成论调和一致。存在由理念组成，它是永恒不变的，因为理念本身即是永恒不变的，不过它却和巴门尼德的"一"有所差别，因为理念是"多"。另一方面，流动变化（介于存在和非存在的中间状态）等同于感觉可以感知的、日常的世界，这个世界一直不停地变化，人们可能对其持有不同的意见，却并不违背神圣的诸原则。

甚至理念内部也具有秩序，等级森严：最重要的理念是善本身，然后是道德诸价值（美、正义、某人对自己的城邦之爱……），接下来是数学诸概念（直线、三角形、正方形、大小、等式……），最后是自然界中呈现的事物（猫、桌子、树、女人、葡萄、锅……）。在《巴门尼德篇》中，巴门尼德有意将苏格拉底引入陷阱，问他是否负面事物也有理念，如垃圾、烂泥和头虱，苏格拉底不知如何回答，他否认了这些理念的存在，给了巴门尼德可趁之机，后者明智地品评道："苏格拉底啊，那是因为你还年轻，当你有朝一日对哲学有更深的把握时——如果我判断得没错——你将会不再轻蔑哪怕是最卑鄙的事物。"

除了理念或形式具有的这些尴尬争议，我们还需要面对另一个问题，即完美的模型（理念）和不完美的复制品（可感事物）间的关系。若我徒手画圆，肯定是画得不怎么样，但没有人会对此发表什么异议，因为我肯定会抢先说道："假设这是一个圆……"虽然人们大多不会为难一张漫不经心的草图，但若是面对大自然制造的男人、女人、动物那不完美的复制品，他们恐怕不会如此宽容。

柏拉图于是引入了德穆革（Demiurge）。这是一位神之工匠，身处理念与物理对象之间，依照理念的蓝图赋予质料以形态，有时成功，有时失败。因此这位德穆革就是造物主。注意，由于这位造物主与我们想象的那种神有出入，他所做的事处在低于理念的范畴，而理念完全不依赖于他，所以德穆革需要通过理念来建构世界。此外，据说神的概念可能与善的理念等同，后者在理念内部的等级划分中处于最高位置，因此神也是其他一切事物的原因。

柏拉图式的爱情

许多人都认为柏拉图式的爱情意味着两个人保持着相互爱慕的关系但不上床。然而事实并非如此。柏拉图相信爱的最终目的是孕育"美"，为解释这一观点，他撰写了一部世界文学名著——《会饮篇》。

"会饮"一词的本来含义是一起饮酒。书中的这一场会饮是由阿伽通举办的，为庆祝他刚刚在悲剧诗作比赛上取得了胜利。他邀请到的朋友有包萨尼亚、斐德若、亚西比德、阿里斯托芬和医生鄂吕克锡马柯。苏格拉底也受到了邀请，但当他走到主人家的门廊时，却突然被一个要紧的问题吸引了注意，他长久地伫立在那里，天知道是什么夺走了他的思绪。最后他在众人用水果餐的时候出现。

这一晚的讨论主题是爱。鄂吕克西马柯提议他们轮流表达对神的赞美，从右边开始。第一个说话的是斐德若，他没提出什么有意思的观点，只是说爱神是所有神中最强大的，爱人者会比被爱者更幸福，他是唯一被神支配的一方。包萨尼亚贡献的发言更加吸引人一些：

> 斐德若啊，我感觉这主题提得不太恰当。你谈到爱的时候，仿佛只存在一种爱，然而众所周知，有两个爱神，一个是"天上的"那位阿佛洛狄忒——乌拉诺斯的女儿，另一个是"凡间的"阿佛洛狄忒——宙斯和狄俄涅的孩子。许多男人只感受到第二种爱，追逐在女人身后，渴求她们的肉体而不是灵魂。有了如此有限的目标后，他们就会希望喜爱的对象越愚蠢越好。但真正的爱者，却受到天神阿佛洛狄忒的鼓舞，只受到男性的吸引，珍惜它那更为强大和理智的天性。不幸的是，规范我们行为的准则并非总是清楚明朗。尽管伊利斯、维奥蒂亚和斯巴达允许男人之间的恋情，可是在爱奥尼亚和其他野蛮国家，僭主们所制定的规则却恰恰反过来。

在雅典，我们的制度也不是那么易于理解：大家嘴巴上说得好听，没有人跳出来反对，然而父亲们却把他们最受欢迎的儿子保护起来，让他们处于老师的监管之下，禁止他们和情人联系，鼓动他们的同伴在一旁监视。我认为爱本身不分对错，一切都取决于进行这件事的方法。如果行为本身是对的，那么它就是道德上可接受的，若不是，那它便是耻辱。（180c—185c）

喜剧作家阿里斯托芬本应在包萨尼亚之后发言，但是他开始打嗝，只好请求鄂吕克锡马柯把他治好，或者直接把他跳过。医生回答：

我两件事都做，我会代替你发言，同时，你必须屏住呼吸一段时间，如果那不奏效，就找点什么东西戳到你的鼻孔里，直到你打出喷嚏，大大地打一个喷嚏就能止住你的嗝。现在我想从医生的角度谈一谈爱。包萨尼亚说有两种形式的爱，但我觉得还有更多形式的爱。我在男人、女人、动物、植物——几乎所有活物上，都看到了爱。哪里有一对相反事物出现，哪里就有爱，如空和满、热和冷、苦和甜、湿和干，我看到爱抹平差异，引来和谐。医学便是爱的代理人，因此我们必须对医术奠基人阿斯克勒庇俄斯心存感激。当凡间的爱神引诱人们放纵于饮食之乐，天上的爱神以医学的形式，规定进食的恰当数量。（185d—188d）

鄂吕克锡马柯的讲话被阿里斯托芬一声巨大的喷嚏打断，后者发现大家都看着他，便将这视作请他贡献一些发言的邀请。

"鄂吕克锡马柯呀，这着实令人惊异，某人身体的和谐，以及所谓充满德性的爱，只要打个喷嚏就可以恢复。如你所见，只要我一打喷嚏，打嗝就好了。"

"阿里斯托芬呀，你总是想把一切搞得滑稽，"医生回答，"如果你继续照着这个路子走，我就得仔细监视你的演讲，看看你到底是在发表一个严肃的观点，还是在开玩笑。"

"别担心，鄂吕克锡马柯，"阿里斯托芬反驳道，"我将要说的东西一点儿也不风趣机智，而是彻头彻尾的荒谬。如果你想要懂得爱的力量，就必须了解人体的构造经历了怎样的改变。最早的时候有着三种性别，而不是两种——男性、女性和一些名为阴阳人的古怪生命，它们同时是男性也是女性。那时的每一个人的身体器官都是我们现在的两倍，有四条腿、四只手和四只眼睛等。他们有两个生殖器，男人有两个男性生殖器，女人有两个女性生殖器，而阴阳人则男女各一个。他们用四只脚行走，可以朝任何方向奔跑，就像蜘蛛似的。他们的性情非常可怕，具有超人的力量且妄自尊大，以至于他们胆敢攻击众神，仿佛和他们平起平坐一般。他们的傲慢无礼激怒了宙斯，宙斯本想将他们赶尽杀绝，但他忽然想到，若是这样，自己便也无人供奉。可是，他必须做点什么以灭一灭他们的傲气。最终，在艰难思索了很长时间之后，他想出一条妙计——把一个人劈成两半，每一半只有两条腿和一个生殖器，并警告他们如果继续对神不敬，他会把他们再往下分，到时候他们只能用一条腿跳着走。执行了这项切开手术之后，虽然阿波罗治愈了人类的伤口，他们却变得不开心起来，每一半都渴求着曾经的另一半。半男搜寻半男，半女追找半女，阴阳人男性的那一半拼命寻找与之配对的那一半女性。简言之，每个人都渴望重新发现它们丢失的幸福，和他们的另一半重新结合到一起。这种渴望，我们称之为爱。"（189a—193c）

阿里斯托芬之后，轮到阿伽通发言。这位的发言全部流于形式，缺乏实质内容。在阿伽通这里，追随时尚，专注于华丽的明喻、夸张的词句、令人印象深刻的短语……这些使得他赢得了文学比赛。尽管如此，他的演讲却在最后迎来了一阵热烈的掌声。阿伽通起身感谢他的宾客。只有苏格拉底摇了摇头。

"我知道排在阿伽通出色的表演后面会使我难以为继！"哲学家大声说，"聆听他的讲话，使我想起了高尔吉亚精湛的技艺，我几乎要因为羞于献丑而偷偷离开。我真是够蠢，才会假定我们必须坚持真理，而没意识到我们是要编奏一曲爱的赞歌，不必因话语中的错误或其他东西而烦忧。别想听我作出一篇颂词，我做不到。我能做的就是说出关于这个主题我所看到的真相。"

"我承认阿伽通的语言的确高尚而纯净，"鄂吕克锡马柯说，"但我并不认为这会让你难以为继。苏格拉底呀，说说看，然后照你所见，把真相告诉我们。"

"我曾经在一个曼提尼亚女人那里学到了爱的艺术，她的名字叫狄奥提玛。"苏格拉底开始说，"她告诉我爱不是神，而是一个精灵，介于可朽和不朽之间，不美也不丑，不明智也不无知。"

"这在我听来像是亵渎神明！"阿伽通大声抗议，"你怎么能说爱不是神呢？"

"这是狄奥提玛说的，"苏格拉底抱歉地解释道，然后继续说，"她告诉我，在阿佛洛狄忒诞生的那天，众神在奥林匹斯山布置了一场盛大的宴会，其中一位宴客是创造神的儿子丰饶神。在这意义非凡的时刻，贫穷神来了，但由于衣着不得体，她不被允许入内，这个贫穷的女孩只能在宴厅外徘徊，祈祷时来运转。丰饶神喝得醉醺醺的，决定到外面呼吸一下新鲜空气，但他刚跨出门就脸朝地摔在了贫穷神的脚边。贫穷神觉得这机会不容错过：'我是奥林匹斯最穷的神祇，而眼前这位丰饶神，可是众神中最聪明的一位——也许给他生个孩子能带来好处。'于是，在丰饶神和贫穷神的结合之中，爱诞生了。"

苏格拉底话音刚落，一阵长久的低语声起。他的听众比之前还要迫切、焦急地想要更多了解这种奇妙的爱。

"爱并非如多数人想的那样，它既不美丽也不敏于情感，恰恰相反，他与自己的母亲相像，他身体结实、饱经风霜，赤脚独行、无家可归，以天为幕、以地为席，生活多艰、常未满足。但他也是他父亲的孩子，热切盼望着一切蕴含美与善的事物，他勇敢无畏、心志坚定，是一位出色的猎人，总能设计各种类型的陷阱；他向往知识、足智多谋，终生热爱智慧，是一个可怕的骗子、巫师和智术师。"

"爱怎么会不美丽呢，苏格拉底啊？"斐德若看上去十分震惊。

"你自己说的，斐德若呀，当你把爱等同于爱者而非被爱者的时候。只有被爱者需要美丽，陷入爱的那位并不需要。由于智慧是美的，那么喜爱美丽事物的爱者也会喜爱智慧，只有在追寻到智慧之后才能感到开心。爱的目的是生育美。"（198b——206a）

"你是说，"斐德若问，"当某人渴求美时，他就可以生育美？"

"可以生育美和善！"苏格拉底激动地说，"所有人都具有强烈的生殖冲动，在精神和肉体上都是，他们想要变得不朽。如何才能达成不朽？听起来很简单——诞下美和善。每一个人都在力争不朽，一些人追求名望，另一些人和最漂亮的女人睡觉，他们欺骗自己说这是达成不朽的方式。然而，那些以灵魂生育的人，则以灵魂的活动使他们的存在经久不息。这是最好的方式，以肉体之美为始点，一步一步地，上升到绝对的美。"（206c——211c）

简单说来，柏拉图把爱当成一种从地面上升的电梯，地面是肉体的美，到达第二层，是灵魂之美，到达第三层，则开始欣赏艺术中的美，一直上升，穿过正义、科学、真正的知识，直到我们最终达到顶部的阁楼，善栖居在那里。

关于《会饮篇》的解读有很多种，有些解读联想得过于丰富，让人们好奇这位学者是如何从狄奥提玛的话中提取出如此之多的哲学信息的。但据我所知，目前为止还没有人好好关注过爱的父母，即丰饶神和贫穷神。为什么是贫穷神和丰饶神呢？是因为穷人更需要别人吗？或是创勉强过活的技能，以及无论如何也要生存下去的精神，促使他和邻人建立一段爱的关系？最伟大的导师总是能看到贫穷和爱之间的联系。《福音书》中"骆驼与针眼"❋的故事，只是许多例子中的一个。财富导致自私。我们不难观察到，在最富有和最发达的城市，居民间的关系变得越来越冷漠，问题重重。

灵魂不朽

柏拉图提供了灵魂不朽的三个证明。我会尽可能简单地将它们解释清楚，然后让读者形成自己的判断。

第一条证明：存在两种现实，可见的和不可见的。逻辑上来说，前者更接近于身体（身体是可见的），后者更接近于灵魂（灵魂是不可见的）。由于可见之物受制于死亡和朽坏，而不可见之

❋ 年轻人向耶稣求教永生的方法，耶稣让他变卖自己的所有财产，年轻人不愿照办。于是耶稣说，富人进入天国比骆驼穿过针眼还要难。

物是永恒不变的，所以灵魂也将会是永恒不变的。

　　第二条证明：对立物不能共存于同一个身体。如果身体是热的，那是因为热的形式占据了它；如果它变冷了，那是冷的形式取代了热的形式。一具肉体想要存活，就必须拥有灵魂，如果它死了，那便意味着死亡的形式取代了生命的形式，即取代了灵魂。由于灵魂永远不会容纳其对立面，因而灵魂是不朽的。

　　第三条证明：有一个著名的否认知识之可能的论证，它是这样说的。不知道知识的人，即便当他找到它，也认不出它来；知道知识的人，就没有必要再去寻找它。柏拉图回复说，人们总是会知道知识的，因为它已经存在于人们的灵魂中。也就是说，知识是一种回忆的形式，将前世已经学过的东西引出水面。

　　那么柏拉图如何设想灵魂？在《斐德若篇》中，他把灵魂比作驾着两匹马的车夫，其中一匹卓越而高贵，另一匹是没有教养的堕落牲畜。车夫想将他的马驱往最高的地方，到了那里，他的马可以和众神的马一起在真理的平原上食草。但他往往会失望，因为那劣性的老马会向下发力，使得高尚的骏马也难以维持它向上的进程。如果想要留在空中的灵魂，它的挣扎毫无效果，它的双翼遭到破坏，导致它坠入凡尘，它便会找到一具身体，钻入其中。因此柏拉图把身体视为灵魂暂时的居所。每当死亡发生时，灵魂便开始搬家，它向上跃迁还是向下堕落，完全取决于哪匹马的动力占了上风。在这里，为满足读者兴趣，我列出了柏拉图规定的灵魂化身者列表，按重要性降序排列：

1. 智慧和美的追寻者

2. 遵守法律的君主

3. 政治家、商人和财政家

4. 运动员和医生

5. 预言家

6. 诗人或其他模仿的艺术家

7. 工匠和农民

8. 智术师或煽动民心的人

9. 僭主

在《蒂迈欧篇》中，反女性主义者柏拉图（和《理想国》中呈现的那个倡导男女平等的形象完全相反●）声称："……如果灵魂在身为男性的时候没有很好地生活，那么它就会进入女人的身体，若它还是没有克制自己，做错了事，那么它就会跑到动物的身体里去。"

柏拉图在《理想国》的最后一卷中，以著名的厄尔神话，给出了关于灵魂对生命之选择的又一个例子。

厄尔是一名在战场上受伤的士兵。每个人都以为他死了，直到他突然在自己的葬火中复活。然后他解释称自己的灵魂和众多死者的灵魂游荡到了一个地方，在那儿众神让他旁观了一次审判，告诉他想让他作为信使，把所看到的都传递给周围还活着的凡人。

● 准确说来，柏拉图自己也没有考虑过女性是否与男性平等，但他有着这样的暗示，即把男女视作平等对我们是有利的，因为如此一来男女便可一同为城邦工作。

故事是这样的：

我和同伴们一同旅行，直到抵达了一个奇妙之地，那儿有四个开口，两个在地面上的向下直通地心，另外两个指向天空。在它们之间，则陈列着高大的宝座，上面坐着对灵魂进行审判的法官，以人们平生所做之事为据，将人们遣往地狱或天堂。每一次罪行或善举，都会以十倍以上的惩罚或奖励返还。同时，那些已经死去太长时间、其惩罚和奖励还未结束的灵魂，从剩下的两个开口里不断涌出。他们中的一些看起来很惨，风尘仆仆、满身泥土，而另一些则满心欢喜、脸上带笑。他们碰上面时，两边都从对方那边认出了自己的旧相识，在相互愉悦地问候后，他们开始描述起之前的经历，是否一路畅快，抑或受尽苦痛？过了一会儿，一队人开始了漫长的旅行，他们来到一片空地的中央，那里坐着命运三女神，拉克西斯、克罗托和阿特洛波斯。每个灵魂都拿到一支签，在他们面前展开了无数多的图案，指向不同的生活。各种各样的生活都有：艺术家的、动物的、科学家的、运动员的、女人的、奴隶的……每一个人根据他所抽中的签，依次选择他想要的生活。我瞧见一个人匆匆抢下僭主的位置，并未料及与之相伴的不幸；另一个则抓住了富翁的生活，但随之而来的是众叛亲离的一生。我看见忒拉蒙之子埃阿斯选择了一头狮子的生活，塔米里斯选择了夜莺，阿伽门农选择了老鹰，阿塔兰忒向奥林匹克运动员的荣誉扑去。最后是奥德修斯，他抽中了最后一签，他拿下了一个所有人都未曾注意到的图案——一个性情温和的无名小卒，他声称很高兴能有这样的选择，他知道这能使他度过快乐而满足的一生。

这篇神话的结尾是，所有人（除了厄尔）的灵魂都必须在返回大地之前饮下忘川之水，以保证他们全都忘却前世的一切。

小柏拉图学派

除了亚里士多德，柏拉图的后继者们都没有留下显著的痕迹。这位哲学家死时，他的侄子斯彪西波夺走了阿卡德米学园的领导权。

斯彪西波，攸里梅敦和柏拉图的姐姐波托内的儿子，和他的舅舅完全没有共同之处。他的脾气极其暴躁（曾经因为他心爱的狗打断了自己的课，而把它丢进井里），比起教学工作更贪图生活的享乐。他后来身体瘫痪，坐在小推车上让学生推着在学园里逛来逛去。他留下了大量的评注，共计 43 475 行，基本没有保存下来。

继承斯彪西波衣钵的是色诺克拉底，一个出生在卡尔西登的、仪表堂堂的家伙。卡尔西登是博斯普鲁斯海峡的亚洲海岸上的一座小城市，就在拜占庭对面。色诺克拉底在童年时代就听闻柏拉图的大名，陪伴了他很长时间，甚至陪他去过西西里。这可能是他被选为阿卡德米学园领导者的理由，而非他本人的思想有多么出色。柏拉图也察觉到他的局限性，因为有一次柏拉图拿他和亚里士多德做比较，点评道："这一位需要多加刺激，那一位需要稍加管束。"不过，他有着严肃的、圣贤般的外表。当他来到城里时，所有人都站到一边为他让道，甚至是最吵闹的那些市民也归于沉寂。这给了他莫大的信誉，使得他成为唯一一个在法庭上不宣誓便可作证的雅典人。他对女人的态度……可以说是非常冷淡了。美貌惊人的高级妓女芙里尼曾借口受人纠缠，得以进入他的房中，在他床上待了整夜，可他几乎未曾注意到她的存在，第二天芙里尼称她是和一座雕塑而不是男人共度了一晚。

色诺克拉底八十二岁因在夜里跌倒在器皿上而去世。

XXX
追求绝对完美的鞋匠 阿方索 · 卡罗泰努托

"意大利人性格中最大的缺陷是肤浅！随便找个意大利顾客，看看他的言行举止，你就知道我是对的！基本上，如果有个意大利人想买鞋，他会停在商店橱窗前，一动不动地看着展出的鞋子，脸上兴致缺缺，当你完全不奢望他买时，他忽然走进店里说：'我想买双鞋，42 码。'他试穿一下，付钱，走人。现在，我要问问你，正确的买鞋方式是什么？我还有必要站在这里？我还不如装个自动售货机呢！"

说话的人是气冲冲的阿方索 · 卡罗泰努托，"劳动骑士"勋章[●]获得者，经营着获奖公司"卡罗泰努托父子店"。这所公司成立于 1896 年，前身是御用鞋匠。我们正在他托莱多大街[○]的店铺里。阿方索先生把他自己塞在一把藤椅里，藤椅的两只扶手很近，想必挤得他不太舒服。尽管是热气腾腾的炎夏，他仍身着一件西装，打着领带，仿佛必须要坚守什么传统似的。他唯一做出的让

● Cavaliere del Lavoro，由意大利共和国总统向在商业、创新、就业等领域做出突出贡献的人颁发的奖章。

○ 那不勒斯一条著名的繁华商业街。

步是把衬衫领口稍稍解开了一点儿。现在是早晨九点，店铺里空无一人。一个戴眼镜的、一身黑的助理，一副顺从的表情——他明显已经在其他场合听过老板的"为鞋而作的辩护词"很多次了。

"我特别想把大街上的人拦下来问问，他们为何如此急匆匆。"

"也许是因为他们太年轻了。"我感觉该说些什么。

"但我们怎么知道他们是不是真的年轻？"阿方索先生问。

"我很抱歉……但您是什么意思呢？"

"告诉我，工程师 *，你看过现在的年轻人跳舞吗？我见过，我有两个孩子，儿子二十二，女儿十八。他们有时候会把朋友邀请到家里来，办一种非正式的'舞会'，但相信我，我看他们跳过很多次舞，但从没见过什么舞会。我不得不问我自己：天啊，那就是他们所谓的跳舞？他们脸色苍白，好像忧国忧民，看起来又阴郁又沮丧，有种说不出来的悲伤。每个人都自顾自地跳舞，从来不看一眼眼前的人。他们告诉我，听重摇滚的音乐就该这么跳。但是我的老天啊！我们年轻的时候完全不这样！华尔兹、恰恰、查尔斯顿、交谊舞！还记得'交谊舞'吧？——'换一换你的舞伴！'他们从来不像那样跳舞。唉，交谊舞曾经是怎样使我们发笑的啊！我有一套理论，能够解释如今这一代为什么那么悲伤。我们出生在家里，出生在我们父母的卧室里，被友好的、亲密的氛围所包裹，可是他们却出生在医院里。工程师呀，他们是诊所的产物！他们进入这个世界，看到的顶多是医生的脸、紧急

❀ 尊称。

输血用的血袋和点滴。"

"你不是在说鞋吗……"我想把他拉回正题。

"鞋子!"这位骑士深深地叹了口气,"今天人们不知道这个词意味着什么。可是在过去,鞋子就是你的名片,你身份的象征!我爸爸在阿拉巴蒂里大街的作坊的时候,他和他的首席助理奥斯卡里诺会把顾客当作萨伏伊*的王子一样接待。他们会给他端上一杯咖啡,和他坐下来聊聊天。这让他的脚歇上一会儿,恢复正常的大小。然后再开始测量尺寸。首先,要除掉右脚的鞋和袜子。爸爸会从每个角度细心地研究它,然后把它放到一块胡桃木板上,看足弓是高还是低。如果这只脚很完美,顾客便会受到爸爸和奥斯卡里诺的赞美,有时候他们还会把作坊里的小伙子们叫出来围观。同时,他们也会准备好用来制作模具的石膏……"

"我知道了。"我替他终结他的长句,"你做好了脚的模具,避免每次都要量客人的脚。"

"完全不是,你根本没懂!"阿方索先生反驳道,因被打断而有些不满,"模具只是第一步,是为了达成最终目标的很多步骤中的第一步,最终的目标是'完美的鞋子'呀!"

"我不是在轻视你父亲的工作,"我说,"而只是试图总结你说的话,为了理解以前为客户量身定制的鞋子和现在量产的鞋子有何不同。"

"你真的让我感到很惊讶,工程师。你不是年轻人,但你却表现得跟年轻人一样——总是这么急躁!"骑士边这么评论着,

❋ Savoia,中世纪意大利北部的封建公司。

边看了我一眼，从他的目光中我读出了几分不信任。

"不不不，不是，我洗耳恭听。"

"所以现在，你对情况有个大致的了解了。"阿方索先生重新开始了话题，又松了松他的衣领，将一块珠地网眼布质地的手帕塞在他的脖子后面，"我必须解释卡罗泰努托父子店存在的社会理由，它不只是在卖鞋，而是一直在试图向绝对完美的人类手工制鞋靠近。"

"鞋本身的'鞋性'吗？"

"正是如此。鞋性。这个词完美！但得一步一步来。现在，如果你曾是我父亲的顾客，德克雷申佐的左脚和德克雷申佐的右脚，都会存入我们'卡罗泰努托父子店'公司的数据库。"

"所以你们给所有的顾客都制作的模具吗？"

"我们有所有那不勒斯贵族和上层人士的脚模。"

"而你们还是依照测量的尺寸来做鞋吗？"

"几乎不了。人们再也没兴趣了。想想那些时候，第一次来我们这儿的顾客，总是带着他的一双旧鞋给爸爸看。"

"旧鞋子？"

"是的，这样爸爸就可以看看它怎么穿坏的。"

"难道说每双鞋坏的方式不一样吗？"

"嗨！工程师，你在说什么呢！每个人穿鞋的方式都不一样。如果他迈的步子太大，那么鞋跟先坏。如果步子太小，鞋底很快就磨得像乌贼骨。如果一个人是罗圈腿，就像骑马师的腿一样，那么鞋的外缘会磨得很薄。当顾客离开作坊的时候，我爸爸会一直看着他，直到他消失在阿拉巴蒂里大街，就是为了观察他走路的样子。一旦他估算出鞋子何处会磨损，就会给顾客一双试穿的小山羊皮或者小牛皮鞋子，让他穿上至少一个月。等一切就绪，他才会做出那双最后的、确定的鞋子。但是相信我，你要是穿着我们的鞋子出门，一定会有不一样的体验。每个街道对面的人都会注意到你。每个人都会说：'那一定是卡罗泰努托做的鞋！'"

"你的父亲真的是把他的心血和灵魂都注入其中。"

"那是肯定的。他还会和顾客发生争执呢！"

"为什么呀？"

"比如，他和德尔巴尔索伯爵就曾起过争执。我得说明，伯爵就是讨厌穿新鞋。他怎么着呢？他让一个和他同样脚码的贴身男仆安东尼奥，穿着新鞋走上十来天。你可以想象爸爸是什么反应，他所有的精心计算都白费了！"

"骑士，你确定拥有一双好鞋重要吗？"

"工程师，我不知道你是否在取笑我……"

"我从来不敢冒犯。"

"……还是你真的对鞋匠的技艺抱有兴趣？我希望还是后者。现在，在告诉你我自己的事之前，我必须解释一些事。生活可落在两个范畴：爱和工作。我说的工作，不是指那种从早到晚辛苦劳累、不愉快的、为了维持生计而必须完成的任务，而是万能的神给予我们的礼物，让我们为自己的生活创造价值。哪怕是一个烟草商、银行柜员、工厂工人都能感到开心，如果他们享受这份工作的话。如果他们不喜欢自己的工作，就会面临很大的麻烦，哪怕削减他们的工作时间到每天六个小时，也无济于事。但是记住这一点：以烟草商为工作是一回事，成为一名烟草商是另一回事。爸爸把我抚养长大，在我很小的时候，就让我了解、认识鞋子。我们曾经站在店铺外面，爸爸叫我观察过往行人的脚。他说：'小不点儿，这些是好的，那些不好。那双鞋的鞋面太短了，这双鞋的后跟太紧，所以裂开了。那些鞋都是垃圾！这双非常好！那双不错。那些是量产的。'所以，一点一点地，我开始了解一双鞋是怎样制成的。现在，无论什么时候走进来一位客人，我都能想象他穿上卡罗泰努托鞋的样子。能找到一双仿佛为他量身定做的鞋，我会非常高兴。回过来谈你之前的问题，你问我拥有一双好的鞋子是否重要。是的，我向你保证，这十分重要。当你在夜里准备睡觉的时候，如果你看上一眼那刚刚脱下的物件，你会发现那真的是一双非常好的鞋，款式经典、裁剪得当、版型上佳、干净利落，给人安全感。作为你一天生活忠实可靠的见证者，它一直是你不变的伴侣。可是今天，人们再也不在乎这些了。他们走进店里，说'我要一双鞋，42码'，试完，付钱，走人。"

XXXI
亚里士多德

亚里士多德是一名教授，和其他许多教授一样，他有些书呆子气。就其哲学研究说来，他也是一个井井有条的人，因此有些乏味无聊。他既没有苏格拉底那样的个人魅力，也不具备柏拉图的文学气质。我已经尽自己最大可能让他显得和蔼可亲一些，但读者还是至少得出点力来理解他。如果也太难办，我只能建议你跳过此章，继续阅读后面的章节。我原谅你。不过，我得提醒你，不了解他的哲学，你的生活就总有缺失的部分，所以还是耐下心来吧。

其人生平

亚里士多德于公元前 384 年出生在斯塔吉拉，那是马其顿东部的一个小城，就在圣山阿索斯以北。不过，我们可不能把他当成马其顿人，因为他的母邦是一块雅典殖民地，在很多年前由来自安德罗斯岛的一群岛民建立。这意味着他从小说的应该是爱奥尼亚语，大部分爱琴海沿岸居民的通用语。

　　亚里士多德的父亲尼各马可是马其顿国王阿明塔斯三世的私人医生，所以亚里士多德的大部分时光都在首都佩拉度过，在那儿他与未来的国王、亚历山大大帝的父亲腓力成了朋友。虽然雅典人把他们归为"野蛮人"，但这些马其顿人却是王室的成员，加上亚里士多德父亲的专业，肯定在一定程度上对他的文化修养有所影响。他还小的时候就成了孤儿，被托付给姐夫普罗克森努斯照管，普罗克森努斯把他带往阿塔内斯，一座吕底亚海岸的亚洲村庄。十七岁的时候他就已经在雅典的阿卡德米学园学习，那是希腊最负盛名的学习中心。这一年是公元前367年，柏拉图还在西西里，代行学园长一职的人是克尼杜斯的欧克索斯，他是一位伟大的数学家和天文学家，对物理比哲学更为精通。亚里士多德似乎没有因此感到不悦，从少年时代起，他就热衷于收集蝴蝶、甲壳虫和珍稀植物、矿物，一直对自然科学很有兴趣。

　　亚里士多德在学园待了二十年，一开始是作为学生，后来加入教师团队。如果我们相信历史学家说的，那么他可是柏拉图的门徒中贡献最多、最重要的一位。

　　柏拉图死后，几位有识之士都想竞争这空缺的职位，包括亚里士多德、色诺克拉底、欧普斯的菲利普斯、伊拉斯塔斯、科里斯库和本都的赫拉克利德斯等人都希望被提名。不过我们也知道了，柏拉图的侄子斯彪西波摘得此位，这自然也使得那些资质更高者寒了心。亚里士多德和色诺克拉底移居至他小时候住过一段时间的阿塔内斯，当地的统治者阉人赫米亚斯对这两位哲学家予以热烈欢迎。亚里士多德不久便成为赫米亚斯家族的一员，娶了他的姐姐皮西娅斯，对她一往情深。我知道很难想象亚里士多德坠入爱河是什么样子（这看起来相当矛盾），但正如卡利马科斯所言，"木炭燃时，亦如明星"。虽然陷入了恋情，但亚里士多德还是继续投身于教育事业，他在阿索斯成立了第二所学校，三年过后，又与泰奥弗拉斯托斯在米提利尼建立了另外一所。

赫米亚斯被波斯人囚禁起来时，亚里士多德被腓力召回马其顿，负责教导亚历山大，那时亚历山大还不是大帝，也还未满十四岁。国王可能认为亚里士多德毕竟是父亲的医生的儿子，在雅典积累的经验多少会给他（腓力）带来不少益处。此外，接受一点教育没什么损失，还能帮助他的小男孩控制一下自己暴躁的脾性。亚里士多德接受了这项委任。作为报酬，他要求腓力重建斯塔吉拉，这里已经由于各种原因被马其顿军队踏平了。

当历史把两位非常重要的人物——亚里士多德和亚历山大——聚集到一起时，人们总是会期待一些值得纪念的妙事发生，遗憾的是，确实没什么好讲的。亚历山大很有可能和其他与他同龄的男孩一样，不甚专注，心气浮躁，亚里士多德肯定很遗憾不能用棍子打他。考虑到他们彼此相伴了八年，我们自然很想知道亚历山大的征战对亚里士多德的思想有何影响，或亚里士多德的"黄金中道"学说对亚历山大有何影响。但事实上，这两方面的影响都不存在。实际存在的影响是亚里士多德写了一篇宇宙学论文给亚历山大，还有这位哲学家在他这位学生的帮助下建立了一座动物园，学生送了他不少来自世界各地的珍奇动物和植物。

公元前 340 年，亚历山大的角色从学生转为国王，亚里士多德也立即带着令人嫉妒的头衔——世界上权力最大的男人的前导师——返回雅典。在他缺席的这段时间里，学园的领导岗位传到了色诺克拉底那里，尽管他是亚里士多德的朋友，却的确未获得后者的敬意。所以哲学家决定自己开一所学校。他选择了一处名为吕克昂（因临近一座献给吕克俄斯［阿波罗的别名之一］的神庙而得名）的公共建筑，由于他声名在外，不久吕克昂的声誉便盖过了阿卡德米。后来，新学校也以"逍遥学派"●闻名，因为亚里士多德有在讲课时信步漫游的习惯。

吕克昂和阿卡德米不同，更像是一所现代大学，里面有庞大的师资团队、课表和专业课；而阿卡德米则被宗教礼拜的气氛所萦绕，须向缪斯女神行神圣仪式，并且学园内部还笼罩着一股从不掩藏的政治抱负，意图塑造雅典未来的统治者。吕克昂的教员都是久负盛名的明星人物，如（之前提到过的）埃雷索斯的泰奥弗拉斯托斯、罗得岛的欧德谟斯和斯特拉托。吕克昂所用的教科书是由亚里士多德编纂的，即现在所谓的内部秘传作品，与圈外公开的文本区分开来，后者更为简单易懂，面向非学者群体。不幸的是，简单版本的文献皆已佚失，只有复杂版本的留存了下来。

其间，亚里士多德的妻子去世，他与年轻的女仆赫尔皮莉丝重新组建家庭，赫尔皮莉丝给他生了第一个儿子尼各马可。

亚历山大于公元前323年去世，雅典立刻推翻了马其顿人的统治和所有支持他们的势力。亚里士多德不像苏格拉底，听闻人们对他不敬神的指控，他立马在第一时间逃走，回到他母亲在卡尔基斯的住所。但他在死前也未得安宁，一直受胃病折磨，享年六十三岁。

● 源于希腊语"perípatos"，散步。

两千年来亚里士多德的学说一直被奉为绝对的教条。这对于人类思想的发展来说，简直是灾难性的，然而我们不能就此认为亚里士多德应当为后世强加在他身上的偶像崇拜负责。

亚里士多德和知识的系统化

1984年，我还在拍摄《贝拉维斯塔如是说》的时候，碰巧拜访了兰卡蒂电影公司用于储存盔甲、家具等道具的仓库。从外观上来看，它给我的感觉像是十九世纪末的英国建筑，像是侦探小说家埃德加·华莱士笔下的一处绝妙的犯罪地点。砖砌的两层楼房，上面是倾斜的屋顶，让人觉得仿佛不是身处台伯河岸，而是伦敦郊区的一处居所。在那一千平方米的地盘上，我得以完整地回顾一遍意大利五十年的电影史，《埃托罗·费拉莫斯卡》的主角身穿的胸甲、《图坦卡蒙》中的石棺、《宾虚》里的战车、费里尼《八部半》中的鞭子、《小丑的晚宴》用到的匕首、《法西斯分子》中的摩托车、《地狱小恶魔》里带胸的低音提琴，还有乱七八糟堆成一座山的杂物，里面有那不勒斯咖啡壶（至少有一百只）、加里波第帆布包、希腊雕塑、白色的电话、火箭发射器、科林斯式柱头、脚蹬二轮车、中世纪盔甲、罗马式餐厅沙发和帝国风格的家具。有人推着手推车四处收集或存放各式各样的物品，而另一些人爬上梯子，从上面取下巴比伦式的盾牌或装饰艺术风格的灯具。我正恍惚地望着乌压压的一堆物件时，忽然，我理解了亚里士多德，或者说，当我理解了他想要为平生所见的一切强加秩序的那种热切，也理解了早前所有哲学家的理论。

　　我想，亚里士多德面对着如此的任务，首先肯定会问自己一些颇为简单的问题。"我所看到的这个物体，是属于动物、植物还是矿物的范畴？"但接下来，当他仔细思索这些问题时，他会意识到每个问题都以解决一个哲学迷思为前提。事实上，为了达到对一株莴苣和一匹马之差异的清晰理解，我们必须清楚地认识到"称其为一株莴苣"或"称其为一匹马"意味着什么。

　　在希腊哲学的历史上，亚里士多德毫无疑问是最难攀登的峭壁，或至少是最难立刻得见全貌的那位。他似乎在某个时候持这样的观点，又在另一时刻持与之相反的观点，万事万物的正反面都被他说过一遍，给人们留下的印象便是，没有哪个学科他没有发表过意见。但我们不应该气馁，无论最终得到的结果多么粗糙，我都会试着用少量的话总结他的思想，就仿佛我是在日报的娱乐版上写一篇电影指南一样：

　　"亚里士多德把地球上所有的事物划分为非生命体、植物和动物。然后他开始考察人类，不久便发现所有这种生物产生的东西都能够被归类到质料、道德和理论三种名目下，取决于其是物质的、伦理的还是形而上学的。他分类的主要工具是基于三段论展开的逻辑。"

　　这很难说是详尽的，但至少可以作为一个开始。

　　把某物归为"动物、植物或矿物"似乎非常容易，但其实并非如此。真正的问题都发生在临界情况，比如水晶生长和繁殖的方式很像植物，珊瑚明显横跨三个范畴，树木也会引起混乱。在博尔迪盖拉我曾亲眼见过一个树木的例子，我所说的"亲眼"可不是修辞手法。那是一棵榕树，树龄有一百年之久，树干粗壮，长势参天，颇具威胁压迫之感。它的一些根已经刺穿了花园的墙壁，缠到一扇破旧的铁门上，蜿蜒盘绕，姿态各异；还有一些从树干向外分散，在地上如蛇般扭动；更多的则悬挂于枝干，争先恐后地向下延展，意图钻到地底去。这棵树有三十米高，枝条旁逸斜出，仿佛拼尽全力将世界攫在手中。我绝不敢在它下面睡觉，十分钟也不行。

让那些觉得能够把动物和植物清楚分类的人自己想想，海绵和肉食植物应该归在哪一范畴。甚至对于动物的定义也存在着问题。把它定义为可以运动的生物明显有所欠缺——有些动物自己移动不了，完全依靠其他生物来完成从一个地方到另一个地方的迁移。要给动物和人类划界甚至更难——如果我们唯一依照的标准是拥有智能，那么我们其实和狗狗、海豚还有狒狒站在一起。

为了解决这些次要的问题，亚里士多德写了不下八卷关于物理学的书，在那之后他又另写十四卷阐述自己的形而上学，处理那些超出感官世界之外的主题。"形而上学"一词并非亚里士多德的发明，而是他的出版者用来囊括"所有物理学之外的内容"的。我们认为可能是罗得岛的安德罗尼柯发明了这个词，他在公元前一世纪出版了这位哲学家的著作。

形而上学

定义一株莴苣、一匹马的难度都不小，更别说定义抽象概念如善、思想、罪恶等有多难。在我们日常使用的数以千计的词语中，有一个词的定义比其他剩下的都难，那就是动词"去存在"

（essere，英语 to be 或 being）。从巴门尼德到海德格尔，没有哪位哲学家不曾试图将它剥离出来加以澄清。

首先，"存在"不仅是动词，也是实体性名词。例如：人是有生命的存在。在这句话中，这难以定义的词语的两种形式都出现了：一种是作为实体性名词（存在），一种是作为动词（是）。此外，"有生命的存在"这一表达还是个动词谓语。我不会告诉你们当亚里士多德声称形而上学是探索"就存在而言的存在本身"的科学时发生了什么。别担心，我们冷静地朝前摸索，不会让自己陷入沮丧。

巴门尼德声称存在是一、不变、永恒（我必须反复重申这句话，尽管我知道它表述得不够清楚）。另一方面，柏拉图认为存在是多，由理念或形式构成，德穆革依照超越的普遍实体提供的蓝图构造世界。最后，亚里士多德也认为存在是某种超验的事物，和感觉之外的世界有关，但同时又是个别化的，因此是内在的。让我们来看看他是如何推导的。

我可以从以下为真的陈述开始：

> 伦佐·阿尔伯雷是意大利人。
>
> 伦佐·阿尔伯雷是一个媒体人。
>
> 伦佐·阿尔伯雷是一名歌手。
>
> 伦佐·阿尔伯雷是一个电视节目主持人。
>
> 伦佐·阿尔伯雷是我的一个朋友。
>
> 伦佐·阿尔伯雷是电台音乐主持人协会的会长。
>
> 伦佐·阿尔伯雷拍啤酒广告。

伦佐·阿尔伯雷是一个电影制作人。

伦佐·阿尔伯雷是一名自由记者。

所有的这些命题都为真，但没有一个给出了伦佐·阿尔伯雷的本质。如果我到处问人们这些陈述中的哪　个更按近伦佐·阿尔伯雷的概念，他们可能会回答"他是个媒体人"。但是，我却不这么认为，我会选择"伦佐·阿尔伯雷是我的一位朋友"，因为我认为这句话更重要，即便他不是一个媒体人，他还是我的朋友。所以我该如何把握伦佐·阿尔伯雷的本质呢？唯一的办法是：

伦佐·阿尔伯雷是伦佐·阿尔伯雷。

这句话意味着什么？意味着无论伦佐·阿尔伯雷在过去做过什么，无论他今后会做什么（一名歌手、一位朋友或一个带着游客在罗马斗兽场转悠的向导），他总是会做以伦佐·阿尔伯雷这个个体的身份能做的事，而这种个体性即是他的本质。于是"个体形式"这个抽象的概念就被转化为一个特殊的概念——"伦佐·阿尔伯雷"。

狂热的档案管理员亚里士多德（说实话，有些时候他更像是个管理员而不是哲学家）说，存在可以依照如下形式归类：

· "十范畴"（我稍后会列出）

· 现实的或潜在的

· 真的或假的

·普遍的或特殊的

　　让我们从"十范畴"开始，此处我们应该让意大利国会议员斯帕多利尼像阿尔伯雷那样听任我们摆布，当个例子。假设斯帕多利尼正在参议院和一个社会党成员发生争论。

　　1. 实体：斯帕多利尼是斯帕多利尼。

　　2. 数量：斯帕多利尼体重超过一百千克。

　　3. 性质：斯帕多利尼是一个历史学家。

　　4. 关系：斯帕多利尼比范范尼高，比克拉克西矮。

　　5. 地点：斯帕多利尼在参议院。

　　6. 时间：斯帕多利尼生活在二十世纪。

　　7. 姿态：斯帕多利尼坐着。

　　8. 状态：斯帕多利尼穿着深色西装。

　　9. 行动：斯帕多利尼在打哈欠。

　　10. 被动：斯帕多利尼被弄得打了个哈欠。

　　说某物"具有潜能"，是指在它之内承载着成为其他事物的可能性。一个六岁的男孩拥有成为足球运动员、政客和罪犯的潜能。当他成为其中一个，就变成了"现实"。一棵树既有作为一棵树的现实，也有成为一张咖啡桌的潜能。一把离开工厂的手枪肯定是一个"现实的"金属物体，但同时也是一个"潜在的"杀人武器。当某人按下扳机向第一个进入射程范围内的倒霉家伙开火，"潜能"便转化为"现实"。

某物可以被定义为真的或假的，由于这个问题更多涉及的是逻辑而非形而上学，我们之后再来讨论。

某物是"特殊的"，当我们赋予它的属性是偶然的、临时的。任何像"路易吉累了""卡梅拉晒伤了""菲利波醉了"这种类型的句子，都描述了这个人所处的一种特殊情况，在某 时刻成立，但不一定在未来成立。我被告知应该小心，别把"特殊性"和前面列出来的十范畴弄混。"十范畴"也许是对的，但我倾向于把除了第一个范畴之外的东西都混在一起。

我们现在从每个角度分析了"存在"的各种状态，但继续推进到"变化"的话题时，亚里士多德建议我们每当变化发生时问问自己以下四个问题：

1. 什么发生了改变？

2. 什么导致了改变？

3. 结果是什么？

4. 期望达到的结果是什么？

为了回答这些问题，亚里士多德提出了变化的四种原因：

1. 质料因

2. 动力因

3. 形式因

4. 目的因

例一：一个工匠正在做椅子。

　　1. 木头是质料因。
　　2. 工匠是动力因。
　　3. 完成状态的椅子是形式因。
　　4. 工匠在开始造椅子之前想象的椅子是目的因。

例二：一位雕塑师正在雕刻玛丽莲·梦露的雕像。

　　1. 大理石是质料因。
　　2. 雕塑师是动力因。
　　3. 雕塑是形式因。
　　4. 已故的玛丽莲·梦露在雕塑师脑海中留下的记忆是目的因。

例三：旧政府解散，新政府成立。

　　1. 候选人是质料因。
　　2. 当前的首相、联合政府及下议院议员一同引发了这场危机，是动力因。
　　3. 新内阁是形式因。
　　4. 每个党派就新内阁的组成做出的妥协，是目的因。

如你所见，选民没有一点发言权，尽管按宪法章程来讲，选民才应该是动力因。

亚里士多德的灵魂概念

当亚里士多德使用灵魂一词时，我们应当小心——他不是在说我们所知道的那个精神性的、不朽的灵魂，而是在说一个个体的组成成分，亚里士多德把它划分成三类，营养的、感觉的和理性的，和身体同生同灭。身体和灵魂是以质料和形式的关系关联起来，仿佛灵魂是身体的目的因。问灵魂和身体是否同一是无意义的，就相当于在问蜡和蜡烛是否同一。亚里士多德完全拒绝了毕达哥拉斯和柏拉图所持有的灵魂转生信念，正如他不相信灵魂不朽一样，这总是使得那些将他奉为希腊哲学之精神导师的基督教哲学家如鲠在喉。

亚里士多德把存在的总体比作一座金字塔，无生命、无形式的质料处于底层，神是纯形式，处于塔尖。在二者之间，宇宙演化开来，从质料出发，朝着神逐级跃升，越往上则质料越为稀缺。因此灵魂的三种种类，营养的、感觉的和理性的，植物只占据了第一种，动物占据了第一种和第二种，人则三种都有。

营养灵魂的基本能力是繁殖、滋养和生长。甚至是西葫芦，虽然一副人畜无害的样子，但也是具有灵魂的，它们得感谢亚里士多德。

感觉灵魂具有感知、欲求和移动的能力。众所周知，感觉有五种，但亚里士多德把欲求也归为感觉，如食欲、性欲等。

理性灵魂具有思考纯形式的"潜能"（潜在的智性），它的"现实"是事其所事（现实的智性）。尽管从潜能而言，它可以聚焦于神；但是从现实而言，它聚焦于《朱门恩怨》。理性的灵魂像光一样运作。哪怕在黑暗中，无人在看的时候，颜色也潜在地存在着，然而当一束光将它照亮，它们就成了"现实的"颜色。能够使得这种转变发生的因素是光，同样地，是理性的灵魂照亮了事物。

三种灵魂都会随着身体死去，但是会在繁衍中获得永生。"一个具有生命的存在最为典型的功能，"亚里士多德说，"就是繁殖出另一个与之相似的存在。动物创造出动物，植物创造出植物。由于没有个体可以一成不变地生存，所有的个体都是易腐坏的，所以万事万物都力图获得永生，不是以一个个体的方式，而是用相同种类的个体取代自己，即以物种的方式。"

伦理学

拉斐尔在其著名画作《雅典学园》中描绘了五十多个哲学家在台阶上散步，其中特意刻画了希腊思想界的两位大人物——柏拉图和亚里士多德，他们立于中央，用严肃的表情相互对视。如果你用放大镜仔细查看，便会发现前者肘间夹着一本《蒂迈欧篇》，以右手指天；后者则手指紧扣《伦理学》，指向大地。拉斐尔或许对哲学不太了解，可能听闻同时代的学者提过，他们一个是理念论者，一个是实在论者，所以才呈现这样象征性的姿态。

拉斐尔所犯的错误是大多数人都会犯的错误，但对我来说，把亚里士多德的作品简化理解为一种实践美好生活的百科全书是不甚公平的。事实上，这位斯塔吉拉人对超越的事物有着相当多的思考，甚至依据重要程度将所有哲学学科排列于金字塔的各个层级，在金字塔的顶端就是一切活动的目的因——形而上学和神。如乔万尼·雷亚莱所言，拉斐尔的这种误解中唯 正确的一点是，"柏拉图不仅是一位哲学家，还是一个神秘主义者；而亚里士多德不仅是一位哲学家，还是一个科学家"。除此之外，我并不觉得亚里士多德必须以手指向地面。如果你足够细心地观察，你会发现他回答柏拉图的话时，伸出了自己的手，掌心向下，仿佛在说："别这么快，柏拉图你这个老人家——先别夸大其词，让我们看看事物到底是怎么样的！"

希腊词"ethos"意味着"行为、品格、习惯"，正如我们所预期的，伦理学是对道德的研究，研究我们如何行事，我们应该或不应该做什么，以及什么是善、什么是恶。

我们想从生命中得到什么？幸福。这个陈述句什么也没告诉我们，直到我们定义了什么是幸福，以及什么是我们达到幸福所必须做的。对于大多数人来说，幸福意味着过得好。但亚里士多德提醒我们，仅仅由物质享乐构成的生活，是野兽所过的生活。更成熟老练的人把幸福定义为对诸如财富、权力或权力符号（如豪宅、新车和美貌情妇）之类事物的占有。然而，亚里士多德反对说，这些事物只构成了一部分的满足，它完全外在于个体，无法在真正的意义上使得个体"丰足"起来。

在柏拉图看来，幸福是善的理念，是他所谓的"善本身"，因此是单独分离开来、不可企及的。如此的定义也许能在形而上学中被接受，却在伦理学中无立足之处。根据定义，道德必须应用于实践，在这里，我们不得不承认亚里士多德比柏拉图更富实践意义。他将"善"定义为个体独有的活动或功能的实现。这是什么意思？既然眼睛的功能是去看，耳朵的功能是去听，那么一个人的功能就是去做人类最适宜做的事。将人类与其他生物区分开来的是何物？是理性的灵魂——当然不是他和其他动物所共有的营养的或感觉的灵魂！由此我们可以推断，最高善存在于理性能力的实践中。

以下是亚里士多德总结这一理论的文段：

> 正是因为横笛吹奏手、雕塑家或工匠，其善或效能就内含于其功能之中，同样的道理也对人适用。一个人的特殊功能应是什么？仅就生命活动而言，植物同样具备；就感知活动而言，马、牛和其他动物皆享有。剩下的只能是理性能力的主动运用。并且，由于一个出色的演奏手和一个糟糕的演奏手处于同一个属，可推知人的善就是理性活动的积极实践与卓越或美德相一致。此外，正如一只燕子不会制造出一整个春天，单单一天的德性活动也无法让一个人被无上地赐福或获得无上的快乐。

现在让我们试着把幸福的概念应用到更为个体化的层面上去。先前在谈论阿尔伯雷时，我曾说存在着独属于他的、可被定义为"伦佐·阿尔伯雷"的本质。可以说，在伦理学中我们也大致可以这样考虑。阿尔伯雷的最高善是把他自己实现为伦佐·阿尔伯雷。为了概括这一原则，我可以说，对于我们中的每一个人而言，善的实现首先包含了自我认知，其次是以最符合我们真实本性的方式来实现自我。例如，假设我们是银行经理或配有热能切割枪的保险箱窃贼，我们的幸福可能就在于对所在分行的良好管理或闯入意大利中央银行的保险库。但是，假设我们的真实本性与前面所述完全不同，譬如，我们有一种强烈的父母本能，那么正确的做法可能是离开银行一个多小时（无论是好是坏），跑到幼儿园去接孩子放学。

如果我们考虑到那些需要同时满足多个角色的人，我们就会陷入关于幸福更为复杂的例子中——胸怀抱负的作家、管弦乐队的指挥、父亲、尤文图斯的粉丝、伊莎贝拉·罗塞利尼的恋人。在这个例子中，他们潜在的幸福飞速猛增，但重要的是，永远也不要让自己受到外部影响的制约，只渴望那些符合我们"真实"欲求的事物。

亚里士多德在两种德性间做出了区分，一种是道德德性，另一种是理智德性。前者与感觉的灵魂有关，其功能是控制激情。后者则是理性灵魂的特权。道德德性是黄金中道，居于同一种情绪的"过度"和"不足"两种罪恶的中间。

这是摘自《欧德谟伦理学》的表格：

过度	中道	不足
易怒	温顺	无动于衷
鲁莽	勇敢	懦弱
无耻	谦逊	害羞

放纵	节欲	无知觉
获利	公平	损失
浪费	慷慨	吝啬
夸大其词	真实诚恳	自我贬损
谄媚	友好	反感
卑屈	尊严	顽固自封
指手画脚	合理判断	目中无人
虚荣	精神强大	粗鄙
奢华	宏伟	小气
狡猾	审慎	天真

今天我们还可以加上更多公元前四世纪的雅典社会不曾听闻的道德德性：怀着真正的体育精神去看足球比赛，不要表现得太狂热，也不要做不称职的支持者（这似乎挺奇怪——但几乎没人能够至少带着一点点客观性观赛——看看人们献给对手稀稀落落的掌声就知道了）；赞同或反对核政策，同时也尊重其他党派的相反观点；选择一个提供优质的、真正的食物的地方吃饭，避免追逐一时流行的食物，也不要直接用麦当劳潦草地打发。

理智德性和理性能力相关，称为才智（phrónesis）或智慧（sophía），取决于它们涉及的是偶然、易变之物，还是必然、不变之物。才智是实践的，智慧是理论的。

看完这些定义后，我们对它们或许仍然不太理解。亚里士多德通过明确一些世俗的物质和一定程度的成功同样是必须的，进一步下降到我们能够理解的水平。我们都赞同财富无法引出幸福，但贫穷同样无助于福祉。

亚里士多德是这么说的：

> 显而易见，幸福也需要外在善，因为除非具有足够多的手段，否则做一个高尚的人是毫无可能，或至少不太容易的。事实上，许多行动只能在朋友、财富或政治权力的帮助下达成。一个极度丑陋或出身无名的人，一个膝下无子、孑然一身的人，不是我们所构想的幸福之人；一个子女不成器的人，或本来拥有优秀的子女，却子女早殇的人，也都算不上幸福。因而，正如我们之前所说，幸福似乎需要一定程度的幸运。

亚里士多德的逻辑

> 所有的瑞典女孩都有大长腿。
>
> 乌拉是一个瑞典女孩。
>
> 所以乌拉有大长腿。

这就是亚里士多德著名的三段论，虽然不是完全相同，但已经非常相似。亚里士多德自己是这么说的：

> 所有的人都是可朽的。
>
> 苏格拉底是人。
>
> 所以苏格拉底是可朽的。

希腊动词"syllogízesthai"意味着"去收集",三段论所做的就是如此。大前提"所有人都是可朽的"和小前提"苏格拉底是人"相结合,得出的结果、收集而成的短句是"苏格拉底是可朽的"。在这里,"人"是中间项,或称连接项,三段论经由它而完成。

在文法学校学习的时候,我们曾发明了一些假的三段论来捉弄老师。获得笑声最多的三段论是这样推出的:

> 苏格拉底吹口哨。
>
> 火车引擎鸣哨。
>
> 所以苏格拉底是火车引擎。

可怜的老师感到沮丧。我至今仍记得他站在黑板前,汗流浃背,拼命用一把纸扇扇开苍蝇和热气:

"太阳、苍蝇和愚蠢!"在说到"愚蠢"时,他抬起双眼,祈求上天为他作证,"你们又和往常一样,完全没听懂。男孩儿们,一段三段论需要一个大前提和一个小前提,但你们遗漏大前提。你们应该这么说:

> 凡会鸣哨的东西都是火车引擎。
>
> 苏格拉底吹口哨。
>
> 所以苏格拉底是火车引擎。

"所以,"我不禁抢过他的话头,想快点说完,"存在苏格拉底是火车引擎的可能啦?"

"不，没有这种可能。"他镇静自若地回答，"不过，你倒是有挂掉哲学考试的可能。"

人们可以给出无数多三段论的例子。亚里士多德自己也提到过很多分类，根据其前提是否为肯定的、否定的、绝对的、可能的、整体的或局部的而区别开来。比如，关于瑞士女孩的三段论就是第一种，名为 Barbara，我得赶紧补充一句，这不是那个瑞士女孩的名字，而是学者们给此类三段论取的名字。另一种叫作 Darii：

> 所有不诚实的人都会受贿。
> 一些政客是不诚实的人。
> 所以一些政客受贿。

在这种类型的三段论中，大前提关乎一个整体，小前提指向部分，所有结论也必定是针对部分的。

然后是 Ferio：

> 没有足球粉丝是客观的。
> 一些体育写手是粉丝。
> 所以一些体育写手并不客观。

以及 Celarent：

> 这里没有傻子。

所有的那不勒斯人都住在这里。

所以没有那不勒斯人是傻子。

最后一句话明显不为真，最大的可能就是前提出了错。事实上，公平公正的作者认为，愚人在地球上呈非常均匀的分布。

我坚持主张，对三段论具备深刻认识是非常必要的。总的来说，它们只指出一种基本的推理形式，哪怕是不知道三段论的文盲也在不知不觉中使用。然而，对于亚里士多德来说，它们尤为重要，因此他就这个主题撰写了一系列作品，令人印象深刻：《前分析篇》（分析三段论的不同形式）、《后分析篇》（讲述科学的三段论）、《论题篇》（处理辩证的三段论），最后是《辩谬篇》。这些都不推荐各位去读。

诗学

亚里士多德在诗歌和戏剧等领域也有所涉猎，按照惯例，他也力图把每一种文学形式进行分类，自那之后，每一个作家都如放入鸽舍的鸽子一样，被具体地分门别类。

在"诗学"的总标题下，亚里士多德囊括了大部分的人类创作。他在《物理学》中这样写道："有一些人类能做而自然不能做的事；在其他事上，人类模仿自然。"第一组是自然不能做的事，包括人工制品如椅子、汽车和洗碗机。"艺术"（绘画、雕塑、戏剧）属于第二组，因为它们产生于对自然的模仿。

至于在各种各样的戏剧之间（悲剧、喜剧、史诗等）做出的分类，我们一定会注意到亚里士多德不得不对他嗤之以鼻的喜剧写作说点什么。把悲剧描述为对高尚行为、优雅语言和高贵人物的模仿后，他接着把喜剧定义为"对那些低劣的人进行模仿……滑稽只是丑陋的一种表现"。如此宣告完毕，他再也没提过喜剧。

对喜剧的轻蔑、贬低始于亚里士多德，但凡含有消遣娱乐的东西，都难逃它此种贬低。当我们意识到我们有多少关于希腊的知识都是源自阿里斯托芬、米南德，而从埃斯库罗斯、索福克勒斯、欧里庇得斯那里获得的少之又少时，亚里士多德的这种斥责就显得愈发不公。同样，很有可能我们三十世纪的后代会从查理·卓别林而不是英格玛·伯格曼那里更多地了解到他们二十世纪的祖先。

说到对喜剧的歧视，我们只是最近才听说为喜剧演员托托建造纪念碑的项目被那不勒斯公共工程委员会否决。尽管大众都持积极态度，草案也已通过，然而委员会还是拒绝竖起这座纪念碑，据说是因为"这项工程会扰乱城市景观中蕴藏的历史同一性。特别是，我们认为它和现有的雕塑们放在一起，与审美标准不符"。

有趣之处就在于，这位那不勒斯喜剧演员已经预料到否决的结果，早在1964年便写下了一篇精妙的诗作《水平仪》。在这首诗中，侯爵的幽灵与道路清洁工的幽灵发生争吵。两个幽灵各自的家属将他们比邻而葬，侯爵因被这般潦草对待而深感受到冒犯，要求把道路清洁工的骨骸拿离他几米之外，以保持社交距离。一开始，穷人为他家人的考虑不周道歉，后来他失去耐心，大吼道："马尔克，让我们把这些荒谬留给还活着的人吧！你和我已经离这种愚蠢滑稽的事儿很远了——我们都死了！"

　　幸运的是，一出喜剧会在适当的时候成为经典，而"肃剧"，正如弗拉亚诺所说，也有可能降为闹剧。

亚里士多德主义者

　　几句话交代一下亚里士多德的后继者，泰奥弗拉斯托斯、斯特拉托和吕科。在他们的领导下，吕克昂成了一个真正的科学学习中心，丧失了作为逍遥学派对话者的聚会之地的魅力。它有两千名学生、拟定好的课程、职业教师、填鸭式教育，等等。物理学教授得越来越多，形而上学教授得越来越少。尤其是泰奥弗拉斯托斯，部分出于对植物学的热情，部分源自不想勉强自己和纯理论的东西过多纠缠，使得哲学下滑到前苏格拉底的水平。他们再一次谈起了努斯，作为不可感的物质的心灵，以及机械式的宇宙。看一眼泰奥弗拉斯托斯作品的标题就足以证明超越之物已经出局了。这里有一些：《论疲劳》《论毛发》《论眩晕和头昏》《论昏厥》《论窒息》《论宝石》《论蜂蜜》《论荒唐可笑者》《论酒和油》。

　　在《论迷信者之特性》中，他描述了雅典人的一天。早上第一件事是在临近神庙的泉水处洗手，因为据说那里的水更加纯净，能够带来好运；然后是将一片月桂树叶放到嘴边，确保能得到阿波罗的祝福；如果老鼠昨夜把他的干粮袋咬了个洞，他不是去让鞋匠把它修好，而是去占卜者那里，求问他冒犯了哪位神明，他应该献祭点什么；当他走到城墙外，他担心的是千万别踩到任何坟墓；不管走多长的路，他也要绕过灵车；如果他碰见癫痫患者或者疯子，他会感到惊恐万分，必须朝自己吐口唾沫以驱邪。

如各位所见，虽然是写于两千三百年前的文章，在今日也仍不过时。

泰奥弗拉斯托斯，梅兰特斯之子，于公元前370年出生在小亚细亚的埃雷索斯。他一开始追随柏拉图，后来跟随亚里士多德学习。他在雅典享有辉煌的名声，学生众多，包括他的奴隶伯姆皮鲁——后来也成了一位哲学家，以及喜剧作家米南德。有可能他在岁数大了的时候，和亚里士多德的儿子尼各马可陷入了恋情。这些小道消息源自阿里斯底波的《论古人的豪奢》一书。泰奥弗拉斯托斯领导了吕克昂三十五年，从公元前322年（亚里士多德逃往卡尔基斯的那年）到他去世的公元前287年。他留下的真正有意义的作品只有十卷的《植物志》和八卷的《论植物的本源》。他在八十三岁死去。

斯特拉托在他的时代以"物理学家"的身份闻名，继续泰奥弗拉斯托斯的实证工作。他教导说，热和冷是两种活跃的特性，万事万物，包括灵魂，都有一个自然的原因，灵魂只是一种精神、元气，是实体。他年轻时和另一位亚里士多德的学生，法莱卢的德米特里厄斯，一起劝说国王托勒密建立了亚历山大博物馆。泰奥弗拉斯托斯死后，斯特拉托回到雅典，接手吕克昂的领导工作。

据第欧根尼·拉尔修所说，他极为消瘦、病态，"临终之际他什么也感觉不到"。

阿斯蒂阿纳克斯之子吕科继任了斯特拉托的位子。我们只知道他有雄辩之才，喜欢男孩，衣着讲究，但这些尚不足以让他在历史上留有一席之地。

XXXII

统计学之外概不可靠 萨尔瓦托雷·帕伦博

"我亲爱的迪科斯坦佐……"

"是德克雷申佐。"

"我亲爱的德克雷申佐，原谅我，可是你给出的'那不勒斯之魂'的例子让我觉得没劲。你知道我的想法。我是一个亚里士多德主义者，我相信'黄金中道'，相信从足够的数据中得出的平均数，相信百分比和统计学。如果你可以用数字支持你的理论，那么你请继续，我很乐意接受。但如果我们在处理的是八卦琐事，那你的好意我心领了，我不想听！"

"老师！"塔尼诺站在船头，大声叫道，"行了吗？我要抛锚了！"

我们在加利岛，离阿马尔菲海岸不远。加利岛几乎算不上岛屿，就是离波西塔诺镇几公里外、三块海中的巨石。这一天十分炎热，海面很平静，天空是淡蓝色，几乎有些灰了，地平线上没有一丝云彩。海面无风。詹巴蒂斯塔·维柯中学的数学老师帕伦博租了一艘渔船，包括午餐在内二十万里拉一天。除船夫之外，我们有五个人——我、帕伦博、他的妻子、他们的女儿米凯拉，以及米凯拉的朋友塞雷娜，一个生物学系的学生。对一个高中老师来说，花费二十万里拉在水上待一天是不多见的奢侈。

"我就破这一次例，"教授叹气道，"我的女儿随着塞雷娜一家在罗马待了三个月，这次旅行是还礼。我必须带这个姑娘远征，探一次险。"

我们都穿好了泳衣，而帕伦博仍然穿戴整齐。

"老师，"塔尼诺问，"你不换衣服吗？"

"不。"

"为什么不呢？"

"因为我比较想一个人待着，"教授生硬地回答，用手帕掩住了头，"我讨厌太阳，讨厌大海，讨厌沙子，我不想游泳，也不想晒黑。我简直想象不到比躺在船上一动不动数小时，最后变得像颗晒干的无花果一样更愚蠢的事了。我就不明白了，人们为什么要挑一年中最热的日子在太阳下晒，又挑天冷的时候四处玩雪。我觉得他们应该反过来做才对。"

米凯拉第一个扎入水中，浮出水面呼唤塞雷娜赶紧加入。

"快来，塞雷娜，水真好玩儿！"

女孩犹豫不决，不确定她是不是真的想下去。她恐惧地盯着水面。

"我怕鲨鱼。"她坦白道，"出发之前，一个波西塔诺的男孩告诉我，他们管这片水域叫'白鲨三角'。"

"胡说！"教授大声斥责，"这里没有一条鲨鱼！"

"你说的，只是现在这里没有吧？"

"其他地方也没有，意大利附近的海里都没有。"帕伦博回答。

"一条也没有？"

"你见过有谁被鲨鱼咬过吗？报上他的名字来听听？没有吧？那就证明这里根本没有鲨鱼。但我觉得你应该知道有很多很多人遭遇交通事故。意大利每年道路交通的死伤人数大概有二十万。可是，这却没让你担忧。你从罗马大摇大摆地乘车到波西塔诺，一点儿也不害怕。但是现在你来到这里，开始自己吓自己，被一个据我所知从来没有杀死过人的可怜的生物吓到。这就是所谓的没有统计学精神！"

"是的，但是《大白鲨》……"塞雷娜弱弱地嗫嚅着。

《大白鲨》是电影，不是事实！"帕伦博叫道，"这只鲨鱼只存在于你的大脑，藏在你的潜意识深处，就像你害怕鬼和其他乱七八糟的妖魔鬼怪一样。"

"所以鬼魂也不存在？"他的妻子阿孙塔太太打断道。

"没错，鬼魂也不存在。同理可得，鲨鱼也不存在。你什么时候听到过有人说'听啊，我昨晚睡觉的时候，两个鬼跑到房里敲我的头！'呢？"

"那么降神会呢？那些会自己移动的家具，还有用奇怪声音说话的灵媒？"太太反驳道，"萨尔瓦托雷，你不能否定死后世界的存在！"

"阿孙塔，"教授回答，"死后世界是一码事，鬼魂是另一码事！如果真的有鬼魂这种东西存在，没有杀手敢在晚上睡觉！比方说纳粹，杀了成千上万的人。想想那些人的鬼魂，如果真的无所不能，他们会不会找上门去？"

"这和现在说的没关系！"阿孙塔说，"他们是鬼魂，所以他们可以现身，但什么也不能做……"

"那为什么还要怕他们？"教授反问，"确实，碰上他们、问他们点死后世界的一手资料，是再有趣不过的事。遗憾的是，我从来没见过一个。"

"所以，如果我理解得没错，"我打断道，把话题拉回正轨，"你会用同样的标准否认'那不勒斯之魂'的存在。鬼魂不存在，同理可得，'那不勒斯之魂'也不存在。"

"并不是这样，迪科斯坦佐，那不是我在说的东西……"

"是德克雷申佐。"

"当然了，德克雷申佐。请原谅我把你的名字叫错，但你知道的，我在学校有个朋友的名字叫迪科斯坦佐，所以……"

"请别放在心上。"我假装客气地回复道，"如果这么叫我能让你少费点脑子的话，就这么叫吧。但是还请告诉我，你认为'那不勒斯之魂'是什么？"

"请原谅我这么说，德克雷申佐，但如果说有一个问题对我来说绝对无意义，那就是——'什么是那不勒斯之魂？'说实话，我真的已经受够这个问题！多梅尼科·雷亚给出了唯一明智的回答：'我不知道。'他是对的。为什么呢？如果你把'那不勒斯之魂'定义为将那不勒斯和其他任何地方区别开来的本质，那么请告诉我，你如何能够确切地定义一个和那不勒斯的居民们一样复杂而矛盾的实体！当我听到一些操蛋的知识分子……"

"萨尔瓦托雷，别在姑娘们面前说脏话！"阿孙塔太太反对道。

"……一些该死的知识分子，"教授继续说，降低了些许音调，"对一些民间传说、曼陀林琴、民间智慧喋喋不休，相信我，我会拿手铐把他们铐起来！我会强制他在那不勒斯的小街小巷住上一段时间，一次性看清楚，这里都是些什么人，长什么样子，他们的道德标准是什么样。然后我会问问他看见了几把曼陀林琴。我在那不勒斯住了五十年了，从来没见过曼陀林琴。只有老天才知道关于曼陀林琴的这些谣言都是从哪儿来的！要我说是这样：如果你从来没有、一次也没有在那不勒斯的巴索房*里吃过饭，你怎么能够谈论它？问题在于当我们听到一些发生在热那亚、都灵和韦莱特里的趣闻，就只把趣闻当趣闻；可是在那不勒斯，它就变成了'那不勒斯之魂'。听着这些有趣的故事时，我们应该小心地做出区分：这是不是讽刺的话？因为倘若听者缺乏讽刺意识，对它的理解只停留在表面，它就会变成另一个'那不勒斯之魂'似的怪谈。所以所有东西都集中到一处了——所谓的生活乐趣、得过且过的艺术、公民责任的缺乏、群集度、家族的狂热崇拜、亲切的诅咒、无知。谈到那不勒斯的时候，我亲爱的迪科斯坦佐，人们可以说出一切事物及一切事物的反面。我甚至可以说那不勒斯具有高度的团结意识，这话也有人信。我们不知听过多少次那不勒斯不像纽约的说法，说如果有人在那不勒斯的大街上摔倒，人们会争相去扶。问题就是也有人听到正好相反的一面，

❋ basso，那不勒斯具有代表性的一种低矮房屋，可以直接通向街道，通常居住着当地最贫穷的阶级。

如果你在小街道上被抢，没有人会动哪怕一根手指来帮你。我们没有纳入考虑的是这是一整个巨大的城市。三百万、四五百万的人住在这里，我无法告知你确切的数字，因为我不知道这个城市从哪里开始、在哪里结束。从波佐利到卡斯特拉马雷是一个连续的建成区，但里面有不同的种族、不同的口音、不同的文化。你没法准确概括它们。"

"也许，用上你的平均数理论，可能可以说清是什么构成了一个那不勒斯人，以及什么是'那不勒斯之魂'……"

"听着，德克雷申佐……"

"谢谢你。"

"不管多么难计算，平均数无疑总是存在于某处。然而事实却是，面对如此多矛盾的证据，任何人，即使他们高度遵守诚信的原则，也会根据他想要得出的结论来做总结。正如塔西佗所说，'塑造并相信'（fingunt et credunt）。这就表明了，我们只能取平均值的平均值。"

"我没跟上你说的。"

"那我换种说法。十年前安东尼奥·吉雷利请二十多位那不勒斯知识分子回答三个问题：是否有'那不勒斯之魂'这样东西存在，它是什么，它是否依然存在。他们都把自己的观点说了出来，每一种答案都不尽相同。一些人把它夸到天上去了，而另一些人把它贬得一文不值，一些人难免落俗地引用了维柯、克罗齐之流，而另一些人则强调政治冷漠。然而，他们每一个人说的，看起来都非常真诚。我恍然大悟，他们都是对的。路易吉·孔帕尼奥内所见的令人绝望的城市，拉法埃莱·拉·卡普里亚眼中与航海俱乐部有关联的'水下'城市，多恩·安娜描绘的年轻时在岩石间生活的魅力都是真实的那不勒斯。我不能指望一个像欧特斯[*]那样保守、不事社交的女人，会和朱塞佩·马罗塔[○]一样透过怀旧的薄雾遥望那不勒斯。最后我意识到，欧特斯和马罗塔都完全有权利以自己的方式记录那不勒斯，正因如此，在他们写下那不勒斯的那一刻，'他们的'那不勒斯就已成真。"

"所以，如果我的理解没错，那么历史的真实性并不作数，只存在诗性的真实。"

"没错。读一读博尔赫斯，"帕伦博继续说，"那不勒斯是一个击锣的槌头。槌头总是一样的，但它却可以产生不同的声音，因为锣本身就是不一样的。"

"所以我们是锣？"我问，"换句话说，我们是乐器，而不是演奏者。"

"是的。并且，为找寻'那不勒斯之魂'是什么，我们需要在发出的声音中寻找'黄金中道'。"

"你能说得再具体些吗？"

"好吧，假设我从未见过你，我唯一能够了解你的方式，就是向你的一些亲近朋友打听，你能想象会发生什么吗？他们中有的会告诉我说'他是这样的'，有的会说'不，错了，他其实是那样的'。最后，身为一个优秀的数学教师，我会计算出所有这些意见的平均值，然后说：'你瞧！那就是迪科斯坦佐！'"

---

[*] Anna Maria Ortese，作家，专注于那不勒斯生活。

[○] Giuseppe Marotta，编剧，制作人，有多部以那不勒斯为舞台的作品。

XXXIII
伊壁鸠鲁

有一些人把伊壁鸠鲁视作最出色的哲学家，另一些却认为他是最糟的。他被人叫过浪荡子、无神论者和好色之徒，也被人称作圣人、先知。西塞罗轻视他，卢克莱修崇拜他。"伊壁鸠鲁主义"一词常常遭受误解。有人认为它意味着"过舒适的生活，致力于享乐"，有人认为伊壁鸠鲁主义者是"纵情声色、暴饮暴食、耽于享乐之徒"。然而，对于那些已经阅读过伊壁鸠鲁著作的人而言，伊壁鸠鲁主义者会在晚上少量进食，而非腹部饱胀地进入梦乡。伊壁鸠鲁在给他门徒的一封信中写道："当我以面包和水为食，我的身体满溢甜美，我唾弃奢侈生活带来的享乐，请注意，不是出于它们自身的缘故，而是它们导致的不良后果。"在另一封信中他请求一位朋友："给我寄一小罐奶酪，只要我愿意，我会凭它过得很奢侈。"

以这些前提为本章的起点，我们的目的是恢复这位哲学家的名声。

雅典的伊壁鸠鲁并不出生在雅典，而是于公元前 341 年出生在萨摩斯岛，水瓶座。他倒不算是外国人，因为他的父母均是雅典人（涅俄克勒斯和克勒斯特拉都来自伽格特，最贫穷的地区之一），而且他在一个纯雅典人社区长大。在他出生前十一年，雅典政府授权两千名失业者驱逐萨摩斯岛的居民，建立殖民地，其中就有他的父母。

伊壁鸠鲁在四个兄弟里排行第二。他的父亲是校长，据说他曾在授课的时候把儿子带在身边。除了从父母那里接受指导，伊壁鸠鲁年仅十四岁便开始在萨摩斯的一位柏拉图主义者潘斐留斯的指导下学习哲学，还有一些文献说他当时只有十二岁。这个小男孩最初也是去公立学校就读，但据说只待了一会。塞克斯都·恩披里柯这样描述他去学校的第一天：

> "一开始是一片混沌。"课上的老师说。
>
> "那么混沌从哪里来？"伊壁鸠鲁问。
>
> "这我们就不知道了。只有哲学家才谈论这些问题。"
>
> "那为何我要在此处浪费时间？"伊壁鸠鲁说，"我应该去找哲学家本人。"

至年满十八岁，他被召回雅典接受军事训练，进入所谓的"ephebia"（青年军训团）。队列方阵训练时，喜剧作家米南德就站在他旁边。这是公元前323年，色诺克拉底正在阿卡德，米学园授课，亚里士多德的逍遥学派在传播智慧和知识，所以这位新兵很有可能时不时去听课。"他可能听过色诺克拉底授课。"西塞罗写道。然而奇怪的是，这位哲学家从不承认发生过这样的事，他对任何同行都不太尊重，可能阿那克萨哥拉和德谟克利特是例外。

此时，亚历山大大帝已经过世，萨摩斯原住民在马其顿的新国王佩尔狄卡斯的帮助下重新夺回他们的岛屿，把包括伊壁鸠鲁父母在内的雅典人都赶了出去。这位哲学家为他家庭的命运感到焦虑，在科罗封和他们会合，同时的还有他的兄弟涅俄克勒斯、凯瑞德摩斯和阿里斯托布鲁斯，以及奴隶麦斯，他在这里创建了第一个伊壁鸠鲁主义的活动小组。

这时有一位名叫瑙西芬尼的哲学家，他是德谟克利特的追随者，在临近科罗封的陶斯授课。伊壁鸠鲁身为一名热情的原子论支持者，参与了他的课程。但他对潘斐留斯和色诺克拉底的低认可度，同样也延伸到瑙西芬尼身上，他说他是"软体动物、文盲、骗子、妓女"。有人想知道为什么伊壁鸠鲁这样一个对下人和女性如此甜蜜温顺的人，会在和知识分子打交道时变得满口脏话，对柏拉图主义者和亚里士多德主义者尤为如此。也许他急于塑造一个自学成才的形象，才决心和别人的思想划清界限。

年至三十二岁，他仍是和兄弟还有奴隶麦斯一起迁居到米提利尼，开办了第一家正式的伊壁鸠鲁学校。事情一开始并不顺利。柏拉图主义者实在太强大，也太政治化了，不允许任何别的学校偷走学生，还让他们远离宗教和政治。不过，伊壁鸠鲁没有放弃，他再一次尝试，这次是开在兰普萨库斯。在几个地方待过五年之后，他于公元前306年抵达雅典，最终在这里站稳了脚跟。从那时起，伊壁鸠鲁主义便没有了国界。它传播到了全希腊、小亚细亚、埃及和意大利。如第欧根尼·拉尔修所说，"他的朋友数量

（是）如此之多，几乎都不能以一个城邦的人口来计。"

他在雅典城外的农村花八十迈纳买下一个果园，正是这个地方给了整个学派名字。伊壁鸠鲁主义者又被称为"花园学派"，尽管这个园子实际产出的是卷心菜、大头菜和黄瓜，而不是花朵。

整个学派基于友情建立，学费自然全免。各种各样的人都聚集在"花园"：男人和男孩、外邦人和奴隶、雅典的显贵和漂亮的交际花。女性的出现立即引来谣言。有人在背后嚼舌根说，伊壁鸠鲁和梅特罗多洛，与列昂提恩（大师唤她"亲爱的小列昂提恩"）、麦梅雷恩、海狄亚、埃若提恩和尼基迪恩等五名妓女同住，他们都睡在一张床上！西塞罗特意将此学校叫作"一个快乐花园，那里的门徒在高雅的享受中日渐凋萎"。

伊壁鸠鲁的命运的确颇为奇怪。古代流传的关于他的无数报道，尽是荒谬的无稽之谈。一位斯多葛主义者戴奥提摩斯，写了五十封下流的信件，都署名伊壁鸠鲁，只是想让别人对他留下坏印象。另一位斯多葛主义者波西多纽，放风说伊壁鸠鲁鼓动自己的弟弟卖淫。塞奥多洛在其《反伊壁鸠鲁》一书的第四卷中，指责他在勒翁泰奥斯的妻子忒米斯塔的陪伴下喝得酩酊大醉。蒂蒙谴责他"放纵自己的肚子"。提摩克拉底写，他为了吃下更多东西，一天吐两次。普鲁塔克在一篇文章《论信从伊壁鸠鲁不可能有幸福的生活》中告诉我们，伊壁鸠鲁有一本专门记录所有性爱内容的日记本。

伊壁鸠鲁学派遭受了真正的"宗教迫害"，这基本归功于斯多葛学派竭尽所能给他们安上坏名声。麦西尼亚当局，下令让军队驱逐所有伊壁鸠鲁的追随者，用火"净化"他们的房屋。在克里特岛，人们指责伊壁鸠鲁学派与众神为敌、阴柔、过于女人气，这群可怜的人浑身被涂满蜂蜜，受到苍蝇、蚊虫的叮咬，而后遭到放逐。人们警告他们，任何人胆敢回来，就会被裹上女人的衣服从悬崖上抛下。

人们反感的是伊壁鸠鲁学派对政治人物的冷嘲热讽，以及那对待社会下层的民主态度。伊壁鸠鲁学派建立了友谊，对于那时的社会来说，在不同阶级之间产生这种情感是不可想象的。尽管柏拉图在《法律篇》里给出了驯服奴隶的最佳方式（选择来自不同民族的奴隶，那样他们彼此间便不能交流；加以肉体的惩罚，如此他们便不会忘记自己是奴隶），伊壁鸠鲁却敞开胸怀欢迎他们，和他们如故友一般交流。三个世纪过去之后，耶稣也要因为同样的理由历经磨难。

伊壁鸠鲁在七十一岁死于肾结石。他在给朋友的信中，如是描述临终之日："伊壁鸠鲁向赫尔马库斯致以问候。我生命的最后一天来临了。我的膀胱和肚肠的伤痛如此剧烈，再也不会有比这更难受的了。但想起我们的课堂和寻到的真理，我以灵魂的幸福平衡这份痛苦。我恳求你——这位对我和哲学向来很好的合适人选——照管梅特罗多洛的孩子们。"

赫尔米普斯告诉我们，伊壁鸠鲁在死前坐进了装满温水的铜制浴盆里，喝酒，与朋友谈笑，直至停止呼吸。

伊壁鸠鲁的思想

哲学是一门奇怪的学科，要给它下定义并非不可能，但我们也很难给出确切定义。起初它涉及太阳下发生的任何事，物理学、天文学、宇宙学、伦理学、诗学、政治学、逻辑学、数学、认识论、本体论，等等；然后，随着时间迁移，这些分支一根根掉落，直到现在几乎缩减到仅有本体论，即有关存在的学科。如果我们真的想去定义它，我们可能会说，哲学诘问存在的意义。

另一种理解古代哲学家思想的方式，是确定在众多哲学问题中，哪一个引起了他们的注意。前苏格拉底的哲学家们更多强调宇宙学和物理学，除了专注于本体论的埃利亚学派。苏格拉底创建了伦理学，而柏拉图和亚里士多德将本体论作为他们主要的着眼点，尽管他们的兴趣广布于所有学科。

然而，在伊壁鸠鲁这里，我们发现他对伦理学的关注度高于物理学，但与苏格拉底和柏拉图不同，他们从本质上把人看成公民，把"ethos"看成是他对社群所负有的责任的总和，而伊壁鸠鲁式的人，则只是追寻幸福的个体。他不再是社群中的一个"政治单位"，而是一个私密的人，其生命的主要目标是"过遁世的生活"。

伦理学

现在我们要讨论的是友情、欲望、快乐和死亡。

伊壁鸠鲁说："到目前为止，在经由智慧获知的一切确保终生幸福的手段中，最重要的是结交朋友。"这句话是理解其全部哲学思想的关键。基于友情建立的社会比基于正义建立的社会更为可取。正是这一点，使得"花园"更像一个传教士聚集地，而不是学校。伊壁鸠鲁将友情看作是从一个人传递到另一个人那里的东西，就像连锁信。如果我们用友情替代"爱"这个词，我们会发现伊壁鸠鲁是圣方济各的先驱。信件没有被广泛接收的原因在于友情是私密之事，不像正义，可以被慕权者当作意识形态工具。

"每日清早，友情都在世界各处翩然起舞，向我们所有人宣告，去唤醒对幸福生活的赞美。"伊壁鸠鲁的诗人形象完全反映了他的思想。他把友谊看成一种沟通交流的手段，虽然它始于互帮互助的需求，归根结底却是等同于"快乐"的一种理想，因而是生活的最终目标。

伊壁鸠鲁主义的主张没有人们想的那么"乌托邦"。十九世纪时，德国社会学家费迪南德·滕尼斯把人类社群划为两种，一种是基于正义（法理社会，Gesellschaft），另一种是基于友情（礼俗社会，Gemeinschaft）。

法理社会是水平结构，法律之下的每个公民具有平等权利。个体不需要依赖其亲戚或朋友的举荐，就能获得他想要的。如果他的目标正当合法，他不需要向任何人卑躬屈膝。英国是法理社会很好的例子：每一个人，从伊丽莎白女王到最底层的苏豪区洗碗工，无论社会地位如何，都能在法律之下主张同等的权利。

礼俗社会是金字塔结构。所有的事务基于友情进行管理。人类社会形成了各种团体，如家庭、企业、政治群体、文化群体，等等。每一个团体都有其处于金字塔顶端的头领，以及中层，一直延伸至底部。每一件事都取决于家庭关系和热情的举荐。我们能第一个想到的礼俗社会的例子就是意大利南部。

若是这样，礼俗社会好像就变成了一个黑手党社会，人人避之而不及，但以伊壁鸠鲁精神来看，它却会产生道德。如果你所生存的社会基于友情建立，并且你想在其中生存下去，那么你必须尽可能聚集足够多的朋友，在这个过程中，你也会越来越擅长社交、乐于助人。相反，法理社会的公民拥有众多合法权利，将会避免与他人接触，在很短的时间内，变成极度礼貌和"疏离"的个体。最后，我们别忘了，甚至是柏拉图，也在《会饮篇》中把爱说成是贫穷神和丰饶神结合的产物。

伊壁鸠鲁的伦理学劝人凡事都有要节制。享受美食，却不要太饱；发展一段爱的关系，却要有限制。据伊壁鸠鲁所说："太多的静止就是懒惰，太多的活动就是疯狂。"而友谊就是一种节制的感情，处于冷漠和热爱之间。

伊壁鸠鲁认为，有三种形式的欲望：自然且必要的，自然但不必要的，既不自然也无必要的。

自然且必要的快乐保证生命的延续，譬如吃喝、睡觉、穿衣御寒。不过，须得注意的是，我们谈论的吃是吃饱，而非多吃，喝是解渴，穿衣是应时节而更衣。在那不勒斯，穿皮草绝对离谱。

自然但不必要的快乐由感官引起，却意味着奢侈过剩。这种快乐涉及的例子，就比如精致饮食一类。一顿美味的意大利面豆汤无疑是自然但不必要的快乐。若它不需要过分努力就能获得，那么便可行，如果需要，那便就此打住。同样的道理也适用于艺术领域和获得更好感受的其他方面。正如伊壁鸠鲁所言，"尊重美和德性，以及所有类似性质的东西——如果它们能令你快乐的话；如果不能，便忘掉它们"。

既不自然也无必要的欲望由意见诱发。比方说一块劳力士金表，它的确不是必需品。如果我们想要拥有它，那是因为它通常被看成是一件有价值的物品。如果我们真的喜欢它的外观，买一个便宜的仿品就会感到非常满足了。今天，每个人似乎都将精力更多集中于一件物品的标签而非品质，我们不得不承认，对标签的欲求既不自然也无必要。

那么关于性呢？它的确是自然的，但一定必要吗？伊壁鸠鲁存有疑虑："假如你没有破坏法律或良好的风俗，也没有令你的邻人感到痛苦，或伤害你的身体，使自己陷入财政危机，你可以随心所欲地放纵自己的喜好。然而你不可能不遭遇这些障碍，因为爱的快乐绝不使人受益，只要没被伤害到就已经足够幸运了。"

总而言之，伊壁鸠鲁的伦理学非常简单。自然且必要的欲望总是应该得到满足，否则生命本身会陷入危机；既不自然也无必要的欲望应当革除，因为它们会引起人与人之间的竞争；在满足介于这两者之间的欲望前，我们首先必须扪心自问："有它或没它，真的会让我变得更好吗？"

综上所述，让我们确定一些伊壁鸠鲁的黄金规则（算是"花园"的规范手册）：

· 若你想让皮索克勒斯变得富有，不要增加他的收入，而是减少他的欲望。
· 崇尚节俭，不是出于禁欲主义，而是因其能够使我们的忧虑降到最低。
· 我们必须将我们自己从商业和政治的牢笼中解放出来。
· 没有恐惧地睡在一堆树叶之上，好过忐忑难安地眠于黄金床榻。

· 没有一项快乐本身即是罪恶，但是产生快乐的事物所带来的烦忧，很多时候比它们产生的快乐要多得多。

· 不要因为渴望我们没有的东西而糟蹋我们所拥有的，须记住我们所拥有的也是之前我们渴望的东西。

谈及快乐，伊壁鸠鲁添上了如是附文："虽然快乐是生命的终点和目的，但我们指的不是浪子的快乐或感官的愉悦——一些人因无知、偏见和有意曲解，把我们理解成这样——而是肉身不受伤痛、灵魂不遇烦忧的那种快乐。"由此可以推论，一旦爱使灵魂陷入麻烦，它就不再是快乐，而是一种神经官能症。

真正的快乐只须聆听我们的身体便可得出："肉体迫切需要从饥饿、干渴和寒冷中被解救出来，获得安定。因为倘若一个人拥有这种安定，并希望继续拥有它，他可能会和宙斯一样幸福。"

这种观点非常明智，但很难向一个渴望参加自行车越野赛的十四岁小男孩解释。

"我们为何要恐惧死亡？"哲学家问，继续对此现象加以观察，"我们在的时候，死亡还没来；当死亡来临，我们不在了。"也许确实如此，但我想知道若是丧失了心爱之人、感到悲痛呢？他们所受的煎熬也并非真实吗？然而这与伊壁鸠鲁无关。他总是只把心思集中在将我们从所有当下和未来的焦虑中解放出来，对死亡的恐惧也包含其中。他所说的话，背后无非是这层意思："为何要担心死亡？你对其无能为力，所以最好的办法是继续过尽可能好的生活，把关于它的一切都遗忘。对死亡的恐惧往往会比死亡本身更糟。"因此，快振奋起来，一起高唱：

> 命运之神啊，我已预备好你的来临，
> 我已牢守自己的阵地，抵御你所有秘密攻击。
> 当离去的时刻来临，
> 我们将轻蔑生命
> 和那些徒劳强留之人，
> 我们要丢下生命，大声诵吟
> 以光荣赞歌，赞我们活得出色。

伊壁鸠鲁已对所有困扰我们的所有问题做好充足的准备，提出了"四重疗法"：

· 无惧神明。

· 无惧死亡。

· 记住人人都可得到快乐。

· 要知道，剧痛时短，轻一些的疼痛也不会长久；记住"哪怕受尽磨难，智慧的人也依然快乐"。

物理学

伊壁鸠鲁的物理学不具备充足的原创性，难以与前辈们区分开来。这位哲学家重新修订了原子论者的学说，最终复制了一个德谟克利特式的宇宙。我们继续讨论他的主要观点：

· 无物从无中来。宇宙是无限的，由物体和虚空构成。

· 物体的存在由感官所证实。

· 虚空的存在通过运动得到证明：若无虚空，物体就无处可以运动。

· 虚空并非"非存在"，而是存在之物，尽管无法触及。

· 物体分为两种，复合的和简单的。后者是原子，不可分，正如"原子"一词本身的含义。●

德谟克利特说，"最初"，所有的原子都如雨一般连续不断地下落，直到某日它们其中的两个相撞，引起了一系列的碰撞，一些原子弹开，另一些凝聚为一团，致使世界和复合物体形成。然而，这种说法受到了批评：如果起初原子的轨迹相互平行，它们中的两个如何发生碰撞？批评者指出，依照德谟克利特的逻辑，唯一发生的结果是原子垂直堆叠。

对于这一点，伊壁鸠鲁简直大言不惭，回应道："原子在降落的过程中有些微的偏离，所以发生相撞。"我们问："但为什么它们会发生哪怕最细微的一丝偏离？"他对此不作回复。让我们诚实一点，原子的偏离，或称"偏斜"理论，是一种掩人耳目的粗劣尝试，愚弄不了任何人。然而对伊壁鸠鲁而言，原子的偏离必定极为重要，因为这使得他既能坚持物质主义的宇宙观，又能引入"自由意志"的成分，使他得以远离纯机械论、宿命论的立场。因而自此以后，人们无须再向宙斯、德穆革和"不动的动者"

● "原子"（atom）一词在希腊语中是"不可分割"的意思。

折腰，他们的命运也不再由命运女神和必然性无情地决定。说来也奇怪，伊壁鸠鲁做了如此多努力以摆脱超越者，但他忽然又肯定神的存在，真是令人大跌眼镜！这似乎难以置信，但事实的确如此。他只是补充说，神为自己而活，他们对人类丝毫没有兴趣。

现在，我们要问，为什么伊壁鸠鲁要在德谟克利特彻底逻辑化的宇宙中为神寻得一席之地，明明没有他们也丝毫不成问题？唯一可能的解释是，伊壁鸠鲁必须做出这种让步方能让生活平静，逃过渎神的指控。当这一点遭人质疑时，他回答："我的朋友，如果全世界的人都相信神，我唯一可说的就是神必定存在。最为要紧的是认识到，神不是像粗鄙的大众所想象的那样。"

现在让我们进一步考察伊壁鸠鲁关于宇宙创生的理论。原子无规则地高速移动，最后聚在一起形成彼此之间相隔巨大空间的无限多个世界，这种巨大的空间被称为"居间空间"。在每一个块团内，重量更大的原子聚集在中间，组成世界；最轻的被驱赶至外沿，构成天空；其他的原子则受制于极大的压力，转化为水。

在这样一个世界中，灵魂也必定由原子构成，但显然是取自最精致的那一类：灵魂的非理性部分由细密的风、风加上热和单独的热原子构成，灵魂的理性部分由"极致细微"的原子构成。老实说，在我看来，伊壁鸠鲁似乎缺少描述后者的形容词。显然他不知道如何描述原子无法触及的性质，只好使用"极致细微"这个词。指出物质的灵魂是可朽的，会随身体的其他部分一同消散，似乎是无益的。但丁发现了这一点，并因此对伊壁鸠鲁施以笔伐，将他置于异教徒环绕的地狱：

他们就葬在这里

和伊壁鸠鲁及他所有的跟随者一起

他们让灵魂随着身体死去

最后，简单介绍一下伊壁鸠鲁关于感觉的观点。物体的表面会流射出影像——一种具有与原物形状相似的轮廓的原子流——穿过空间，击中我们的感官的心灵，就像电视画面向整个国家呈现节目主持人的影像那样。

"花园"的伙伴们

伊壁鸠鲁主义者遍布希腊和罗马世界。将近五个世纪之久，伊壁鸠鲁式的"花园"随处可见，其兴于希腊、小亚细亚、埃及，显然也现身于意大利。记录在案的希腊伊壁鸠鲁主义者有梅特罗多洛和兰普萨库斯的波吕埃努斯，他们都先于伊壁鸠鲁去世；米提利尼的赫尔马库斯继承他的衣钵，成为社群的领导人。还有勒翁泰奥斯及其妻子忒米斯塔、克罗特斯、伊多梅纽斯、第欧根尼、普罗塔库斯、波吕斯特拉图、巴西里德、阿波罗多罗斯（绰号"花园僭主"）、狄奥尼修斯、西顿的芝诺等许多人。

在伊壁鸠鲁最热心的追随者中，我们必须提及欧诺安达的第欧根尼，一位二世纪富有的绅士，他选择了一种最为新颖的方式传播大师的学说。他买下了城外的一座小山，在山顶修建了一个四面柱廊，委托雕刻师将伊壁鸠鲁学说的梗概刻于近百米长的柱廊长墙之上。不妨想象，那不只是一本书，而是一个公开宣扬新哲学的巨型纪念碑。庞然的碑体上，铭文开篇大致如下：

> 我已行至人生暮年，不欲于离世之前，未能向伊壁鸠鲁高唱赞歌，赞其教诲予我无上幸福。我愿将如下箴言传与后人：大地之各处为人类各种族分配家园。然可栖居之世界，则留给所有得成友谊之人，此乃共同居所——大地。

两位法国的考古学家于1884年偶然发现的这段铭文，是古代遗留下来的、最美好的表达国际友谊的文字。

在公元前一世纪的众多希腊伊壁鸠鲁主义者中，我们必须提到加大拉的菲洛德穆，照我看来，他是伊壁鸠鲁和"那不勒斯之魂"的连结。这位哲学家于赫库兰尼姆开设了"花园"的分部，就在那不勒斯城外几公里。在卡尔普尼乌斯·皮索的庄园中，甚至今日仍能找到写着其格言的莎草纸。菲洛德穆以希腊文授课和写作，所以他只在一个很小的知识分子圈子中产生影响。以下两段包含了一些他最为重要的文字：

> 如果一个人想要系统地探究何物对于毁灭友谊最为致命，何物对唤起敌意最为有效，他会在城邦的政制中寻得答案。看看那些竞相争得其奖赏的人生发的嫉妒之心吧；看看那些必然出现于竞争者之间的敌对关系吧；看看随着新法的引入，派系之间如何有组织地相互竞争产生不同的意见，将个体乃至全人类卷入其中。

我们学派的哲学家们有着与普通人同样的公平、善美的观念。但与普通人不同之处在于，我们的理想不只停留在情感的根基上，还是慎重思考的结果。

首次将伊壁鸠鲁学派引入罗马的尝试不幸以失败告终。两位与"花园"有关的哲学家，阿尔凯奥斯和菲利斯库斯，于公元前155年抵达罗马，未待开口便被赶了出去。这不应该令我们太过惊讶。古罗马人在这段时期体格极为健壮，但他们不具备使其赏识更为精妙的希腊哲学观点的文化传统。在公元前二世纪向一个罗马公民解释"存在"的概念，其难度不亚于今日向一个五大三粗的硬汉解释佛教禅宗。

然而，功夫不负有心人，伊壁鸠鲁学派凭借其毅力，最终在意大利的土壤上扎根。约公元前50年，一群名字古怪的学者，如阿玛菲纽斯、拉比里乌斯、卡提厄斯和萨乌费伊乌斯，把伊壁鸠鲁的学说翻译为拉丁文，在出版界取得了巨大成功，这种成功不久又因卢克莱修与贺拉斯撰写的相关诗文而得到进一步加强。贺拉斯在其《书信集》中，直言不讳地承认自己是伊壁鸠鲁的猪群中的一头猪，这更是加深了我们之前提到的误解。

早期译者的成果全都消失无踪，但我们从西塞罗那里了解到，这些书确实轰动一时。他写道："阿玛菲纽斯的书出版后，一时间引发了不小的关注。我自己则拒绝阅读它们，因为全意大利一致的好评让我意识到它们不可能是文化的产物。"西塞罗的态度没什么好令人惊讶的，今天多少批评家同样如此。如果你问他们是否读过某本书，他们通常会说没有，因为他们不喜欢。但是让我们公平点说，如果一个评论家能胜任他的工作，他就会忙得抽不出时间来阅读，最多只能偶尔读几页。所以谈谈或许是道听途说来的简要观点，好过浪费时间看那些垃圾书。偶尔也会有批评家毫不掩饰地承认这一点。一位英国的评论家西德尼·史密斯曾宣称："我从来不在评论之前看一本书，这会使人产生偏见。"

值得庆幸的是，卢克莱修的著作《物性论》没有遗失，不过它在历史上也差一点消失。虽然这位诗人在帝国时期享有盛名，《物性论》却在君士坦丁一世皈依基督教后立刻不再流通，此书未能得到新宗教高层人物的认可。多亏人文主义者波焦·布拉乔利尼在瑞士的一处修道院发现了半埋在土中的抄本，令其在1417年得以重现。《物性论》的意义重大，因为它几乎是唯一一个向我们呈现伊壁鸠鲁原子论全貌的作品。你可能会好奇，如何以韵文阐述哲学。这是可以做到的，你只需要利用自然提供的无数实例来构造隐喻。为了解释甚至静止物体中的原子也在运动，卢克莱修描述了从远处来的一群羊，从山顶上看，像是不动的白色斑点，但走近一看，就变成了"羊群在牧场上快乐地吃草，草是最绿的，闪着露水的光泽，羊羔们吃得饱饱的在嬉戏打闹"。任何语言都无法抓住这段拉丁诗文的神妙。对比一下"从远处看像是不动的白色斑点"（visto da lontano sembra un intreccio confuso，英语 seen from afar it looks like a motionless white speck）和 "longe confusa videntur" 你就能明白我的意思。但无论何种语言，能营造出诗歌和哲学手挽着手仿佛两位老同学一般的景象，一定会令人愉快。

有时卢克莱修也让我们感到有些困惑。《物性论》的第二卷开篇如下：

> 当风与海相遇，如此美丽
> 昏暗浩瀚的海洋在激荡

我们立刻觉得："他是多么饱含诗情画意啊！"接着我们读到：

> 立于海岸，远望船沉
> 沉船毁灭，吾心振作

这是什么？怎么会有人因看见沉船而感到快乐？不，卢克莱修可不是个虐待狂。他只是在说，我们应沉思他人的不幸，因而更能珍惜自己的福祉。他所身处的年代暴虐横行。只要回忆一下内战和斯巴达克斯领导的起义就足够了，那次暴乱以六千名奴隶在阿庇亚大道两旁被钉死而悲壮收场。

尽管卢克莱修智慧有余，却经历了最不愉快的死法。有位恶毒的女子给了他一瓶媚药，引得他妒火中烧，仅四十四岁便扑向利剑寻死，英年早逝。伊壁鸠鲁若是知道，决不会赞同他这种做法。

XXXIV
斯多葛学派

"敬爱的读者，你已经充满耐心和信任地跟随了我这么久，现在我要告诉你，无论你的国籍、性别或星座如何，在你的灵魂深处，一定要么偏向斯多葛学派，要么偏向伊壁鸠鲁学派。继续往下读，你就知道为什么了！"

从没有人这么写过，但它可以被贴到任何一部哲学史上，这两个学派的追随者形成的分歧是如此之深。

我们只能通过与伊壁鸠鲁主义的不断比较来真正解读斯多葛主义，因为二者几乎是截然对立的。不过，说来也奇怪，它们都在为同一个目标而奋斗，即智慧地生活。它们的唯一区别在于，伊壁鸠鲁学派将智慧等同于快乐，斯多葛学派把智慧等同于责任。除此之外，没有更多差别。

有一个从一开始就要考虑到的因素是，虽然伊壁鸠鲁的学说几乎在几个世纪中保持不变，但斯多葛学派却发生了极为深刻的变化，以至于很难将公元一二世纪的罗马斯多葛派学者和公元前三世纪的早期斯多葛派学者进行比较。学派的发展可以分为三个不同的时期：

早期斯多葛学派：芝诺、克里安西斯、克律西波；

中期斯多葛学派：帕奈提奥斯、波西多纽；

罗马或晚期斯多葛学派：塞涅卡、爱比克泰德、马可·奥勒留。

早期斯多葛主义：芝诺、克里安西斯、克律西波

芝诺是第一个记录在案的斯多葛学者，公元前 333 年或 332 年出生在塞浦路斯的基提翁。从第欧根尼·拉尔修的说法来看，他长得一点儿也不好看。体虚、歪脖、粗腿，面色晦暗，这给了他充足的理由憎恶自然，难以无忧无虑地生活。他的父亲墨纳西阿斯，是一个贸易商人，在亚洲和希腊之间做生意，每次出差到雅典，他都要给孩子找一些哲学书带回去。我们还听说年轻的芝诺去求过神谕，当他问自己应该做些什么时，神谕回答："去死者那里吧！"他认为神谕直接让他自杀的可能性不高，因此将这句话理解为让他投身于死去的哲学家们撰写的著作，也就是经典文献。他的老师是柏拉图主义者色诺克拉底和波勒谟，以及苏格拉底学派的斯提尔波，但给他最大影响的是犬儒主义者克拉底。他们邂逅的故事值得一提。

芝诺在遭遇海难后抵达雅典。这艘船满载从腓尼基运回的紫色颜料，在到达比雷埃夫斯之前便沉没了。这位哲学家当时一定很难过，无论如何，他不喜欢他父亲的职业，在他三十岁的时候，他觉得这不是他注定要过的生活。身心俱疲之际，他把自己沉入书店安静的氛围里，开始翻阅色诺芬的《回忆苏格拉底》。

从第一页起，他便为苏格拉底的形象所深深吸引，越往后读，他的热情越发高涨，最后汇成不由自主脱口而出的一声呼喊："我是多么想遇上这么一个人啊！"书店老板指了指恰好在那个时刻路过的一个人，说："快跟上他！"那个人便是克拉底。

一个优秀的犬儒主义者，需要具备十足的傲慢气质，而芝诺实在太害羞、太友善了。克拉底想给这位年轻人灌输一种不受约束的精神，但也是徒劳。一天，他给了芝诺一壶扁豆汤，让他带着它穿过雅典西北部的凯拉米克斯区。"这位腓尼基人"（芝诺）拒绝了，说这是奴隶而不是哲学家的工作。克拉底听了，用棍子猛地把水壶敲烂，扁豆汤洒满了芝诺的长袍。

然而克拉底对他的影响却是非常深远。后来芝诺回忆起他们的初见，这样写道："海难之后，我经历了一次成功的航行。"在追随克拉底和其他人学习了一些年后，芝诺创立了自己的学说，在有画家波吕格诺托斯绘画作品的"彩绘门廊"（或曰"柱廊"）授课。同样是在这个地方，三十僭主处死了一千四百名雅典人。"门廊"一词的希腊语写作"stoá"，他的学派后来被称为"斯多葛学派"，或"廊下派"。

芝诺因其道德举止而受人敬重，这是无可指摘的——他甚至拒绝和年轻男孩调情！偶尔一两次他会让一名女仆伺候，以免让人误以为他是个厌恶女人的人。一天晚上，他的学生珀耳塞俄斯带回来一个美貌的长笛手给他，他礼貌地将其还给了珀耳塞俄斯。

雅典人非常仰慕他，给他城门的钥匙，给他头顶黄金王冠，在他死后建起一座青铜雕塑纪念他。他也在马其顿国王安提柯那里享有极高的尊重，安提柯到访雅典，都会去听他的课。安提柯和芝诺通信的内容颇少繁文缛节，这位国王邀请芝诺前往他的宫殿，而芝诺推说自己过于年迈。而真相是芝诺不喜欢派对、上流社会及任何形式的聚会。在外用餐时，他总是坐在座席的末端，解释说这样至少可以有一侧不受打扰。

和许多哲学家一样，他也妙语连珠。一次，有个奴隶偷了东西，他感到十分震惊，遂将奴隶背上的衣服褪去，拿着一根棍子边打边骂。可怜的奴隶恳请宽恕：

"这不是我的错，主人，我命中注定会偷东西！"

"是的，"芝诺回答，"要吃棍子也是你命中注定！"

另一次，有个男孩话太多，他训斥道：

"我们有两只耳朵、一张嘴巴的原因是，我们应该多听，少说。"

他在七十二岁的时候去世，一生未得疾病，彼时他在学校门前普普通通地摔了一跤，脚趾踢在门廊的台阶上。当他倒下时，有人听到他喃喃自语道："我来了，你为何呼唤我？"然后他便死了。

他有许多学生。喜剧作家菲勒蒙，在一个戏剧中提到他，评论说："这是多么奇怪的哲学呀，老师谈论饥饿，学生却在万分热情地聆听。我不需要别人教我怎么学会饥饿，那是天生就会的！"他的门徒中，除了基提翁的珀耳塞俄斯，还有秃头阿里斯顿——绰号"塞壬"，他发明了关于道德中性事物的学说，以及迦太基的赫里洛斯、"叛徒"狄奥尼修斯，和两名接替他的学派领袖克里安西斯、克律西波。

阿索斯的克里安西斯，费尼阿斯之子，出生于公元前331年，是一名拳击手，看似和哲学家风马牛不相及。事实上他非常贫穷，必须想方设法谋生。他曾干过的一项工作是在夜里从井中打水，扛到面包师那里。他实在是太穷了，有一天，在一个公共场合，风掀起了他的斗篷，人们才发现他居然没有一件外衣。这样的桥段只会使得他比此前任何一个雅典人都受追捧。他习惯自责，有人听到他自言自语，问他在和谁交谈，他回答说："一个头发花白、毫无才干的老男人。"

他在芝诺死后，约公元前262年时成为学派领袖，彼时已年近七十。他活到了近一百岁。第欧根尼·拉尔修告诉我们，克里安西斯患牙龈感染，医生建议他一段时间内不要进食。治愈病痛后，他被告知可以恢复饮食，他回道："还是谢谢你们，不过这么久我已经习惯了，决定继续不吃。"

克律西波，阿波罗尼奥斯之子，和其他人一样是亚洲人，于公元前281年出生在索里。他以长跑运动员的身份来到雅典参加比赛，而后留在雅典，一开始跟随芝诺学习，后来跟随克里安西斯。他极为聪慧，学得很快。他曾在与克里安西斯交谈时说："告诉我原理即可，我会自己证明出来。"他经常与克里安西斯辩论，但每次都会感到后悔并叹道："我一生已足够幸运，除了与克里安西斯有关的事！"他写了七百零五本书，擅长引用。"花园僭主"阿波罗多罗斯因此而蔑视他，尖刻地点评："如果把克律西波书中的引用都删去，就只剩下标点符号了！"他在公元前232年接替了克里安西斯的工作。他是一位无可匹敌的辩证学家，把三段论的技巧发挥到了极致。此为一例：

> 如果你从没遗失过一件东西，你就还拥有它。
> 你从未遗失你的角，
> 所以你就拥有角。

　　他在七十二岁因一场突如其来的大笑而去世。他家里养的驴子吃光了一整筐无花果，所以他吩咐仆人们给驴灌酒，以帮助驴子吞咽。醉了酒的驴子在院子里踉踉跄跄、晃来晃去的样子逗得他狂笑不止，直至笑得断气。

　　这位斯多葛派学者说，哲学如同一个果园，逻辑组成了围墙，物理学是树，伦理学是果实。现在，为了验证这个比喻，来看看我们是否能置身逻辑的边界中，爬到物理学的树枝上，成功摘下伦理的果实。

物理学

　　和伊壁鸠鲁一样，芝诺相信世界全是由物质构成的，神和灵魂亦是如此。神自然是由最好的物质——永恒的火——构成，灵魂则是热的气息（普纽玛）。两种宇宙学的主要不同在于，斯多葛的"神"不是处于宇宙之外，而是与其"完全重合"。"芝诺宣称神的实体是整个世界和天穹。"因此，斯多葛主义是西方哲学史上首个真正的泛神论。

　　这样一种理论造成的最直接的结果是取消了运气或偶然性，后者却一直是伊壁鸠鲁的钟爱之物。斯多葛主义赞同这样一种信念，即存在一个理智的自然，知晓一切。没有任何事物是偶然的结果：一些动物的存在是为了提供食物，另一些是为了树立勇气的榜样。甚至床虱也有用处，它们的存在是为了在早晨唤醒我们，让我们别再赖在床上，起来做事。自然的方方面面都包含了一股产生善的力量。芝诺称这种带来生气的力量为"种子逻各斯"。别把它与赫拉克利特的"逻各斯"或阿那克萨哥拉的"努斯"混为一谈，它不是自私、专注自我的心灵，而是一种真正的指导力量。这样一种逻各斯也许会对人们说："快起来，做事去！从现在开始，你的座右铭不再是'存在是'，而是'存在必须是'，若有任何人不服从，他的情况就更糟了。"这样看来，似乎实际上是芝诺发明了希腊词"kathékon"，意为责任。

斯多葛学派承认两个原则，"主动的"和"被动的"，一个是行动，另一个是被外力推动而运动。只有不具备性质的质料能被外力推动而运动，而主动的原则是神，或者如果你愿意这么想的话，它也可以是贯穿质料的理性。

在时间的始端，只有神存在，那是一团永恒的火，它总是存在并将一直存在；然后，空气、水和土被一个接一个地创造出来。神是"所有元素的总混合物"，因而在创造的每一个阶段都同时拥有其他元素。神和质料的完美结合通过后者的无限可分性而成为可能。最终，万事万物都将在烈火中焚烧殆尽，回归原始状态——除非神选择继续开始另一个循环。

现在就很明显了，伊壁鸠鲁和芝诺实在没有任何一致的观点。前者否认物质的无限可分性，后者则对其予以肯定；一个追随德谟克利特，另一个承自赫拉克利特。一个相信偶然性，另一个坚信决定论；前者谈论无限诸世界，后者只讨论单个有限的世界。前者接受虚空的思想，后者却非如此；宙斯在世界之外，不，宙斯在世界之内。仿佛斯多葛学派的诞生只是为了和伊壁鸠鲁作对。

第二件奇怪的事是，一个以唯物主义为起点的哲学，怎么会在某个地方突然转变为伦理化的宗教运动。在斯多葛主义者克里安西斯所著的《宙斯颂》中，我们找到了几处与基督教的主祷文有所联系的内容。开篇如下：

> 您是最光荣者，您是至高无上的
>
> 永恒的力量，有着许多名字的神，
>
> 宙斯，自然的向导和主宰，
>
> 您的律则统领宇宙，
>
> 我向您致意。

而后我们读到："奇妙的宇宙听从您，它的意志屈从于您的命令。"这句话和"愿您的旨意得以成就"[*]实在太过接近。

伦理学

"快乐和痛苦没有区别，唯一要紧的是德性。"概括说来，这就是芝诺的伦理学。所以牙痛和做爱都是一样的，人们甚至不应该注意到它们的不同，若是注意到了，也要等闲视之。

善和恶都与精神有关，而所有其他的事物都与身体有关，所以是无关道德的，无论其积极（生命、健康、美貌、富有等）或

---

[*] 主祷文内容。

消极（死亡、疾病、丑陋、贫穷等）。

"实体分为三个范畴，善、恶、中性事物。善是理智、节制、正义、勇气和所有具备德性的东西。恶是愚蠢、放纵、不义、懦弱和所有品行不端的东西。中性事物乃生命和死亡、有名和无名、痛苦和快乐、富有和贫穷、健康和疾病，以及其他所有类似的事物。"

在中性事物之中，斯多葛主义仁慈地让我们区分"可取之物"和"不可取之物"。譬如，假设一个吻并未冒犯任何伦理规范，那么它就比一个巴掌更为可取。根据芝诺的说法，最重要的是在任何境况中，都保持漠然（apátheia），也就是说，不要让激情掺入其中。"激情使我们远离理性，并且与灵魂的本性相悖。"唯一的善是道德的事物，是与"逻各斯"和谐一致的那些。

给看了就忘的朋友们提个醒，"逻各斯"是指内在于自然的合理性，引导宇宙走向完美的状态。

在激情之中，有四类比剩下的都要危险。它们是快乐、痛苦、欲望和恐惧。剩下的还有七十多个，由于本书只想做轻松读物，我就不把它们列出来了。

正如犬儒主义者所言，受激情统治的皆为愚人，而圣哲却能在任何境遇中都保持愉悦。斯多葛主义者说："监禁我、折磨我、杀掉我，你又能得到什么？至多你可夺去我的生命，却无法改变我的灵魂！""阿尼图斯和美勒托可以杀了我，却不能伤害我。"圣哲无所渴求，故真正富有而自由，是自己的主人。

斯多葛主义者不是因其为德性之人才行善事，而是为成德性之人而行善事。他非常不善容忍，对自己和他人极为严苛，认为怜悯是女性化的弱点。"同情包含在灵魂的缺陷和罪恶中：只有愚蠢之人、心智软弱之人才会有同情之感。智者绝不纵容或宽恕别人的罪过。向祈祷者和一切恳求让步，不施以公正的严厉而是展现仁慈，此乃软弱而非心智坚定的标志。"

斯多葛主义者似乎是我们不惜一切代价都要避开的人。麻烦的是世界上满是这种人。

中期斯多葛学派：帕奈提奥斯、波西多纽

帕奈提奥斯于公元前 185 年出生在罗得岛。他少年时期做过祭司，或曰祭坛侍者，侍奉海神波塞冬。迁至雅典后，在全身心投入斯多葛主义、受塞琉西亚的第欧根尼指导之前，他去了几所学校求学，包括阿卡德米学园及吕克昂学园。四十岁时，他去了罗马，进入知识分子圈，致力于所有关于希腊的研究。由于与历史学家波里比阿的友谊，他成为西庇阿家里的常客。那时希腊哲学家漫步、畅谈于罗马街上的景象并不常见。他可能会为更加保守的人所厌恶，但却为"激进时髦派"所崇拜。"激进时髦派"的成员竞相把他带到聚会上，以攀比炫耀。帕奈提奥斯和后来的波西多纽是首批将希腊斯多葛主义引入罗马的人。

作为西庇阿·埃米利安努斯随从的一员，帕奈提奥斯随他前往埃及和亚洲执行任务，以有机会将芝诺的学说和中东地区哲学家的思想进行比较。帕奈提奥斯于公元前 129 年返回雅典，接替安提帕特的工作，成为学派领袖。他在七十六岁去世。他的所有作品几已遗失，只留下少量残篇。

波西多纽，和几乎所有重要的斯多葛学派人物一样，是亚洲人，于公元前 140 年至前 130 年之间出生在叙利亚的阿帕米亚。他在雅典求学，成为帕奈提奥斯的追随者。公元前 86 年，罗得岛政府派他以使节身份去罗马。

波西多纽无疑是希腊哲学家中旅行最多者之一。"他亲眼看见了越过已知世界边缘的大西洋上的日落，和树上全是猿猴的非洲海岸。"事实上，他是一个博学之人，讲授气象学、人种学、天文学、心理学、物理学、历史——当然了，还有哲学。他在罗得岛开设的学校不久便闻名四方，许多罗马人选择在那里完成学业，其中包括如庞培、西塞罗等知名人物。

庞培到来的那一天，波西多纽感到身体不适，关节疼痛剧烈，极为难熬。然而，作为一个出色的斯多葛主义者，他还是嘴角含笑，欢迎客人的来访。"我不应该，"他说，"让身体的疼痛阻止我问候远道而来的朋友。"据西塞罗说，二人的会面令人难忘。波西多纽详细地讲述了善无法脱离德性而存在的原理。每当经历一阵剧烈的疼痛，他都大喊："疼痛啊，你难以战胜我！无论你如何用力地妨害我，我都不会令你满意，不会将你视为恶魔！"而疼痛，的确没有获胜。波西多纽年近九十才去世。

帕奈提奥斯和波西多纽的思想因广游天下、阅人无数、经验丰富而开阔，他们能够缓和早期斯多葛哲学的强硬固执，重新评估各类中性事物的价值。正如亚里士多德在《尼各马可伦理学》中所观察到的，他们承认"德性并非自立自足的；相反，健康和一些生存手段都是必要之物"。

帕奈提奥斯为罗马人的道德标准所震撼。他对希腊人散漫的生活方式已司空见惯，而罗马公民的行为举止，仿佛回归到了"美好的往日"。此时罗马人还未被帝国的征服宠坏，对实用性颇为注重。希腊哲学的精微之处也许超出了他的想象，但他拥有一种与斯多葛学说相似的荣誉守则。当然，你可能会认为他远不能将痛苦和快乐等同，但他无疑会具备较强的责任感。爱国之心和家庭观念至上，而后才是个人利益。

中期斯多葛学派最大的创新在于重新界定神的范畴。宙斯、自然和命运不再相互等同，而是三个独立的实体：宙斯置于顶端，然后是自然，接下来是命运。这使得斯多葛主义得以摆脱一开始严格、僵硬的决定论，进而全面转化为一种宗教形式。

晚期斯多葛学派：塞涅卡、爱比克泰德、马可·奥勒留

晚期斯多葛学派是纯粹的罗马产物。塞涅卡、爱比克泰德和马可·奥勒留都住在罗马，三人分别是贵族、奴隶和皇帝——似乎表明斯多葛学派并不关心社会地位的差异。

塞涅卡于公元前4年出生在科尔多瓦，还小的时候就搬迁至罗马。他也在埃及住过一段时间，在那儿一直待到公元32年。他师从新毕达哥拉斯派的索提翁和斯多葛学派的阿塔罗斯。他最开始以辩护律师的职业为生，后来成为一名政治家，政治家的身份给他带来了诸多烦扰。

那些年从事政治颇为危险。与流行的看法相反，风险更多源于后妃的野心，而不是皇帝的疯狂。利维亚、阿格里皮娜和梅萨利纳是三位令人生畏的女士，不分昼夜地忙活，尤其是在夜里，

编织阴谋，选出她们想要毁灭或清除的政治人物。塞涅卡的事例乃是典型。在卡利古拉的统治下，塞涅卡散布谣言说自己即将死于肺结核，侥幸逃过一劫；在克劳狄的统治下，塞涅卡又受害于梅萨利纳罗织的丑闻（指控他与君王的姑姑有染），被流放到科西嘉岛八年。不过，他由于和梅萨利纳敌对，于是与阿格里皮娜建立同盟。前者去世后，后者将他召回罗马，让他辅导当时十二岁的小儿子尼禄。

公元 54 年，阿格里皮娜毒死了克劳狄，让尼禄继承皇位，塞涅卡也成了整个帝国最重要的政客，一切都进行得颇为顺利，直到另一位贵妇人波佩亚开始攻击他。这时，他已厌倦政治，请辞到乡下养老。不幸的是，他的致仕未能使他免受罗马正在上演的权力游戏的影响。有人不公正地指控，说他卷入皮索策划的阴谋，于是皇帝命他自尽。当信使传来尼禄的旨意，塞涅卡交给他的奴隶一封向罗马万民道别的信，拥抱妻子后饮下了毒芹汁，躺在浴缸里割开了自己的静脉。他年届七十，不再畏惧死亡。他这样写道："我知道对于老朽之人来说，死亡是不存在的。我死后经历的事，和我出生前经历的事是一样的。若我们未曾在这之前的状态里受苦，那便意味着我们也不会在之后的时间中受苦。我们都如一盏油灯，被捻灭不会比未被点燃更糟。只有两者之间短暂的间隙，才使我们经受折磨。"

我一直怀疑塞涅卡被算作斯多葛学派的一员，只是因为他死亡的方式。事实上，回顾他的一生，人们不禁会注意到他思想和行为间尴尬的分裂。换言之，塞涅卡说一套做一套。一方面他写信给朋友说："富人的价值通常不会比他们用来装钱的钱包更多，他们只不过是配饰，而不是人。"然而另一方面他却不断地兴筑家巢。据塔西佗所说，他曾被指控试图说服宫里的将死之人在遗嘱中把钱留给他。甚至他在政治上流露的兴趣，也很难谈得上"漠然"、不让激情掺入其中。唯一可能的假设是，他只有在脱离政治生活后，于生命的最后时光才成为践行学说的哲学家。

爱比克泰德是一个奴隶的奴隶，他的主人埃帕弗洛迪图斯是从尼禄那里解放的奴隶。他约于公元50年出生在弗里吉亚的希拉波利斯，就我们所知，他应该是很小的时候就被带到罗马来当奴隶了。奴隶被哲学吸引并不奇怪，他只是许多例子中的一个。他们所处的绝望环境，必定使他们对生活产生了一定的超然态度。简单举几个例子，我们记得的有泰奥弗拉斯托斯的奴隶伯姆皮鲁、伊壁鸠鲁的奴隶麦斯、德谟克利特以一万德拉克马买下的狄亚戈拉斯、芝诺的奴隶珀耳塞俄斯，以及其他许多人，譬如第欧根尼、墨尼波斯和斐多。甚至有一本书专门花两卷的篇幅讨论哲学史中的奴隶。

关于爱比克泰德有许多五花八门的奇闻。其中这一件毫无疑问是假的，不过我们还是乐于一提，因为它能够明显地显示出斯多葛式的人物特性。

爱比克泰德的主人埃帕弗洛迪图斯因受他冒犯而施以惩罚，正拧着他的腿。

"你快把它弄断了，你知道的吧。"哲学家说，但主人丝毫不在意。

"你快把它拧断了！"这个可怜的人重复道。

一声清脆的声响。

"我跟你说了，你会把它拧断的。"爱比克泰德的音调与之前没有差别。

正如我所说，这个故事不可能是真的，因为故事中的这位虐待者埃帕弗洛迪图斯名声极好，不仅解放了他，还自掏腰包让他接受教育。很有可能是由于爱比克泰德跛脚，才激发了好事者加以杜撰的灵感。

爱比克泰德的第一个老师是盖乌斯·穆索尼乌斯·鲁弗斯，伊特鲁里亚人。用今天的话讲，他是一名"反战主义者"，可能有一点点疯癫，在罗马人正为自己的罗马公民身份无比自豪时，他跳出来到处宣扬所有的民族都是平等的。更多的时候，当他晚上归家，身上会留有人们发泄不满的痕迹。爱比克泰德也是如此，他一经解放，就在公共场合布道。然而似乎他的口才没能唤起罗马人的兴趣，一个原因是罗马作为大都市，聚集了大量常常受到嘲笑的流浪传道者。"你想成为哲学家吗？"爱比克泰德说，"那就准备好被人嘲笑吧。但是记住，今日嘲笑你的人，明日将会敬重你。"不幸的是，图密善皇帝没有赏识他，而是在公元89年把他和所有的哲学家都赶出城。可怜的爱比克泰德在伊庇鲁斯的尼科波利斯停驻，建立起自己的第一所斯多葛主义学校。此时，他的名声大噪，哈德良皇帝和罗马将军弗拉维乌斯·阿里安前来拜见。后者最终舍弃了他的军事生涯，成为这位哲学家最喜欢的门徒。

与阿里安的会面意义重大。爱比克泰德就如苏格拉底，不愿意（或者不能）写作，如果不是这位将军充当他的秘书，我们永远都读不到四卷本的《谈话录》和著名的《爱比克泰德手册》。

爱比克泰德的哲学基于以下原则：一些事在我们的掌控范围

内，另一些则不是。前者包括意见、行动、欲望和厌恶；后者有身体、财富和官职，由于它们在我们的掌控范围外，所以为之辛苦操劳是无用的。一个既患病又贫穷的人必须逆来顺受，因为疾病和贫穷是他不可控制之事。

这是《爱比克泰德手册》中一些重要的语录：

· 如果你喜欢一只陶罐，请提醒自己你所爱的是一只陶罐，你就不会在它被打碎时感到困扰。如果你正在亲吻你的孩子和妻子，请提醒自己你正在亲吻的是一个人，于是当妻子或孩子死去时，你将不会悲痛欲绝。

· 去公共浴室的时候，如果被人溅到，不要提出抗议。你知道在这种地方，总是有人喊叫、偷窃或推搡。人生也是这样。

· 永远不要这样谈论一件事物或一个人——"我失去了某物，我失去了某人。"而应该这样——"我归还了这件物品，我归还了这个人。"

· 请记住，在这一生，你是一个被分配了特殊角色的演员。试图尽你最大的能力去扮演它，无论人生是长是短，无论角色是流浪汉或法官，无论你是残疾或健康之人。

· 总是忙于关注自己的身体，是精神贫瘠的表现。

· 阿尼图斯和美勒托可以杀了我，但绝对无法伤害我。

马可·奥勒留在十二岁时就开始过斯多葛式的生活，不再睡床，而是睡地板。他于 121 年出生在罗马一个富裕的贵族家庭，被哈德良皇帝选中，作为未来的凯撒培养。他的祖父——安东尼·庇护皇帝在养育他的过程中，一直将此目标牢记于心。据传，年轻的马可·奥勒留被不下十七位老师环绕，其中一位是个斯多葛主义者，名叫尤尼乌斯·卢斯提库斯。

他在四十岁掌权，试图把一切做到最好，但有时肯定会遭遇困难。爱比克泰德经受的是被奴役和跛脚的苦难。马可·奥勒留面对的是不忠诚的妻子，福斯蒂娜，她喜欢与角斗士偷腥；以及一个可能不是他亲生的儿子，一个真正的罪人——康茂德。尽管如此，他还是非常体贴地爱着他们。

虽秉持爱好和平的态度，这位哲学家仍是戎马一生，与帕提亚人、夸地人和马科曼尼人战斗，表现得非常不错。181年，在其中的一场战役中，他感染了瘟疫，但他并没有对此大惊小怪，而是回到床上，扯过床单盖到头顶，等待死亡。

在人们的印象里，马可·奥勒留更多是因他的君主身份而在哲学史上留有一席，而非由于其思想中任何伟大的原创性。他的《沉思录》一书是各种启发性思想的合集，如"记住，降临在一个人身上的一切，都是以公正的方式降临的"，以及"神的作为充满了神的旨意"，再加以对生命脆弱本质的悲观的反思——"变化和衰败侵入万物的速度是多么快呀！在宇宙中，是我们的肉身腐坏；在时间中，是我们的记忆溃烂！"或"自宇宙而观之，亚洲和欧洲不过是偏僻的两个角落，浩瀚的大海是一滴水，阿索斯圣山是一小块土。自永恒者而观之，当下的时间不过是一个点。一切事物都无关紧要、变化不定、易坏易朽。"总而言之，他是一位悲伤的君主。他真正保留下来的、具有斯多葛式思想色彩的东西，是那严格的道德观。他深信每一件事都由神所预先决定，因而对任何灾祸都保持着近乎基督教徒般的顺从。他的行事风格和卢克莱修式的人是多么不同呀！卢克莱修把生命当作纯粹偶然的奇迹，全心全意地投入其中，力图从每一个有利环境中获益。马可·奥勒留标志着斯多葛主义的结束，也标志着整个希腊思想的终结。从这一刻起，基督教的蓬勃之势无人能挡，接下来的诸个世纪，欧洲人将为它的律法所统治。

对斯多葛学派和伊壁鸠鲁学派的一些反思

今天，谁是斯多葛派和伊壁鸠鲁派？我们怎样才能认出他们？他们是什么样的？回答这些问题并非难事。斯多葛派坚定地相信自己肩负某项必须完成的道德使命。他总是需要宏大的计划来给生命以意义。然而，令人担忧的是，他或许能够实现它，却往往选择过于困难的方式，最好是完全不可实践、无法为凡人所企及的。最重要的，是要为道德原则而受苦。

所有那些相信唯一真爱、矢志不渝的人，都属于斯多葛派。他们当然永远都找不到这样的爱情，但这不会妨碍他们热切地搜寻，也不会让他们停止步伐、做出妥协。他们的座右铭是"孤注一掷"。

基督教徒，我是说真正的基督教徒，都是斯多葛派。他们的目标是天堂，试图以肉身的苦行和灵魂的升华来达到目的。他们最喜欢的口号是"我们生来就注定要受苦"和"在后的将要在前"。

马克思主义者也是斯多葛派。他们的人生目标是"为一切的公正"，谁也不能被排除在外。这同样是不可达到的目标，至少短期内无法实现："阳光普照"无疑是只会发生在未来的梦想。

马尔科·潘内拉❋是一名斯多葛派。他不惜一切代价也要解决世界粮食危机，不是某一个国家，而是全世界。如果请他攻克一个更加具体的目标，例如解决那不勒斯圣卡洛阿拉瑞那区的饥饿问题，他会立刻拒绝，因为这个问题能够解决。同时，生活在一个缺乏折磨的国家，他就被迫自我折磨，所以他绝食，塞住自己的嘴，独自受苦。

伊壁鸠鲁派则完全是另一种气质。伊壁鸠鲁主义者意识到生命无常，只给自己设定一个小目标，在不久的将来就可以实现。

要求增加薪水，应对本年度的某个具体问题的雇员——是伊壁鸠鲁派。

有些人不把票投给许诺自由、幸福、正义的党派，而是投给了计划通过一系列微小改革以实现整体生活水平逐步提高的党派——是伊壁鸠鲁派。

有些人继续和不是真心相爱，但可作为权宜之计、达到互惠互助的伴侣一起生活——也是伊壁鸠鲁派。

以上两种类型的生活，其优势和劣势都分布得相当均匀。总体来说，伊壁鸠鲁派是更为平静的一拨人，与世无争，几乎总是笑呵呵的。斯多葛派则是出色的工作者，哪怕是一个卡牌游戏，他们也要全力以赴。伊壁鸠鲁主义者避开积极的政治活动，鲜少

❋ 意大利激进党领袖，因参与堕胎、污染、离婚等话题的相关运动而闻名。

成为什么产业巨头，他更有可能成为一个注重私人生活的个体，而非社会活跃分子。皮雷利既然能建成倍耐力公司，就一定是个斯多葛派；如果是一个伊壁鸠鲁派坐在他的位子，可能卖一卖轮胎就已经很开心了。

　　在结婚之前，如果双方都忘记了自己的星座，倒也不是坏事，只要他们能确定自己的伴侣是个斯多葛派还是伊壁鸠鲁派即可。

XXXV
怀疑学派

皮浪

皮浪，普雷斯塔库斯之子，于公元前 365 年至前 360 年之间出生在伊利斯。同样是在这座小城，斐多早些年间建立了伊利斯学派。年轻时，皮浪曾试图以画画为生，但因为天资不被同胞们看好，他不久就放弃了这项尝试。据卡里斯托斯的安提戈诺斯的说法，伊利斯体育场还保存这他所画的火炬手像，画风平庸至极。于是小伙子把艺术抛诸脑后，开始从事哲学。起初跟随一位苏格拉底派学者布吕松学习，后来师从德谟克利特学派的学者、阿布德拉的阿那克萨库斯。

公元前 334 年皮浪和阿那克萨库斯随亚历山大大帝去往东方执行任务。十年来，他周游列国，亲身体验东方的各种学说。那时（就和今天一样），东方住着一些奇怪的人——萨满、古鲁、默观的僧侣——他们践行着一种极端的情感抽离。普鲁塔克告诉我们，马其顿的军队抵达波斯时，某位名为卡拉努斯的祭司要求他们把火葬用的柴堆搭成祭坛的形状，然后这位祭司向诸神献祭，祝愿入侵者有美好的一天，接着躺入火堆，披上面纱，一动不动，直至活活烧死。皮浪对此大为震惊，这件事让他明白，只要有纯粹的意志力，就可以控制疼痛，即使是最极端的疼痛。

后来，到达印度后，他邂逅了更多的思想家和哲学家，比如裸形智者等。

他年近四十岁时返回家乡，在出生地伊利斯建立了怀疑派哲学的第一所学校。那所学校和"门廊""花园"的性质不太一样，因为他的讲学大多并非出于自己所愿。事实上，他更喜欢独自思考，当他实在没办法把这些想法憋在心里时，便会大声说出来，加上年轻人和仰慕者总是环绕在周围，他最后往往是不情不愿地发表一场演讲。他的追随者唤作皮浪主义者、探求者或怀疑论者。第欧根尼·拉尔修把怀疑论者定义为"总是在寻求答案，却又从未找到答案的探究者"。

其思想的主要几条原则有：1. 判断的悬搁（epoché），或说一种使得对于任何思想的接受或反驳都无法可能的精神状态；2. 不表达的能力（afasia）；3. 平静（ataraxia），或曰避除焦虑。简单来说，他认为没有什么事情在道德或逻辑上是确定的，没有什么东西本质上即是美或丑、好或坏、正义或不正义、真或假，身体健康和罹患绝症之间没有任何区别。

很多逸闻记录了皮浪有多么平静，多是源自第欧根尼·拉尔修。

皮浪对周围发生的一切都漠不关心，而且他多半是个无聊的同伴。如果他的同伴在谈话的中途离开，他丝毫都不会感到困扰，只是继续侃侃而谈、提出问题。一天，他边走边同他的老师阿那克萨库斯聊天，老师掉进了一条满是泥水的沟里，皮浪毫不慌张，继续说话，仿佛无事发生。待到阿那克萨图斯终于爬出水沟追上他的学生时，和我们通常的反应相反，他盛赞皮浪展现的平静漠然。有人认为他除了平静自若之外，还有些心不在焉，这种假设无可厚非。第欧根尼·拉尔修说，皮浪外出从不看路，常常有被车撞到或掉进水沟的危险。他能毫发无伤地活到九十岁只是因为他的学生（可能是轮流）从来不让他离开他们的视线一秒钟。

他没有留下任何书面的东西，其门徒蒂蒙、埃奈西德穆和努梅尼乌斯等人转录了他的思想。

谈起怀疑论者，我们会自然而然地想到智者派，二者都对真理的存在表示怀疑。然而，如果我们更为细致地观察，便会很快地注意到这二者间的差别。智者派更多的是"辩护者"，是"自由职业主义者"，某些时候代表了"市场道德"，而怀疑论者则更加"理智"。前者否认真理的存在，依赖语词的力量帮助他们完成契约义务，后者着眼于"漠然"、情感抽离。智者派以对人的信赖取代对真理的信赖（"人是万物的尺度"）；怀疑论者更加激进，依据他们的原则，他们不信赖任何事物、任何人，也不信赖真理或语词。他们的口号很可能是："存在者可能存在，也可能不存在，这对我来说无关紧要！"或者用蒂蒙的话说："我不关心事情为何如此，也不关心为何要发问。"

不过，怀疑论者倒的确和斯多葛派有共通之处，即对肉身的漠然。一次，在一场宴席上，亚历山大询问阿那克萨库斯宴餐是否合口，这位哲学家回复说，如果某位总督的头和果盘一起上，他就更喜欢了。他指的是他的敌人，塞浦路斯的僭主尼科克勒翁。

亚历山大死后，阿那克萨库斯不得已来到塞浦路斯，怀恨在心的僭主把他抓了起来，让刽子手把他丢进一个巨大的石臼里，用铁杵将他捣打致死。据说这个不幸的人儿在遭受折磨之际喊道："捣吧，捣碎装着阿那克萨库斯的皮囊吧！但你捣碎不了阿那克萨库斯！"

托托也有个著名的笑料与之异曲同工，即小品《帕斯夸里》。两个朋友无意间碰上，一个是托托，另一个是他的搭档，马里奥·卡斯泰拉尼。托托笑得前俯后仰。

"什么事儿让你笑得这么开心？"卡斯泰拉尼问。

"十分钟以前，"托托答，"一个疯子冲到我面前大喊'帕斯夸里，你这头猪！'然后一拳打在我脸上。"

"你什么反应？"

"没什么反应。我只是笑了。"

"他怎么说？"

"他大喊'帕斯夸里，你这个无耻下流、浑身恶臭的卑鄙小人，我要揍死你！'然后他又捶了我几拳。"

"你什么反应？"

"我笑得都快直不起腰了。我想知道，这个白痴以为他在干啥。"

"他什么反应？"

"他继续打我，还开始上脚踹我，一直说：'帕斯夸里，你这头讨人嫌的猪，我要宰了你！'"

"可是为什么你不还手呢？"

"我为啥要还手？我又不是帕斯夸里！"

蒂蒙

弗里乌斯的蒂蒙，提马库斯之子，曾是一个舞者。他约于公元前 322 年出生，在还小的时候搬到了麦加拉，成为斯提尔波的学生。他独眼，很会喝酒。认识皮浪之后，蒂蒙转向了怀疑主义。皮浪是某日他在去往体育场的路上遇到的。阿里斯托克勒，一位痛恨蒂蒙的逍遥学派成员，记录了这次会面，并附以如是评论："蒂蒙呀，微不足道的家伙，你什么也不相信，你怎么能说你认识皮浪呢？而伟大的皮浪本人，在那个意义重大的日子里，前往观看皮提亚竞技会时，他真的知道自己要到什么地方，还是心不在焉、晕晕乎乎地游荡？"

弗里乌斯的蒂蒙只有些许残篇流传了下来，其中有这样一句话："我不能断言蜂蜜是甜的，但我承认它显现出来的似乎如此。"因此，怀疑论者如蒂蒙和皮浪并不否认表象，而是否认表象背后的实在，否认任何绝对的真理。这意味着，如有必要的话，一个怀疑论者可以在宗教或政治机构任职，甚至成为一名祭司或地方法官——只要他单单履行自己的职责，而不是对自己所做的事抱有教条般的信念。人们很容易认为这种态度是完全不道德的，但让我们试着想象一下，如果我们不轻率地采取行动，而是先停下来思考："我在今天信奉的绝无争议的原则，可能明天就会变成概率性的事件。"那么，我们的生活会发生怎样的变化？好了，这大致就是"epoché"，判断的悬搁。

蒂蒙之后便轮到了阿尔凯西劳，塞奥底斯之子，来打怀疑学派的下一手牌。阿尔凯西劳于公元前 315 年出生在皮塔涅。他是中期学园的创始人。一个柏拉图主义者引领着一队怀疑论者是人们最料想不到的事，因为像阿尔凯西劳这样从柏拉图的理念论传统转向否定一切的皮浪派观点，就仿佛一跃翻过了柏林墙一般。当然，如果你仔细想想，苏格拉底早已教导过"知道自己无知"，但他意在反讽，只是把这当作发掘道德原则的工具（他从不否认道德原则的存在）。阿尔凯西劳将两种学说融合起来，使得整个学园都受到怀疑论的影响。

学园的怀疑论者中有一位名叫卡尼阿德斯的人值得一提。他把我们带到了公元前二世纪，生于公元前213年（在昔兰尼），死于公元前128年。据说他学识渊博，是一位杰出的雄辩家。他的名声主要来自他作为大使到罗马的一次旅行，陪伴他同行的有亚里士多德学派的克里托劳斯和斯多葛派的巴比伦的第欧根尼。此行的目的在于请求罗马当局取消对雅典的五百塔兰同的罚款，但当三位哲学家抵达这世界的中心时，他们认为没有理由不把握住机会向罗马人展示希腊辩证术的伟大。他们遂来到广场上，向众人展示何谓反逻辑：他们首先提出一个论题，接着提出其反题。罗马的年轻民众，部分出于对所有希腊事物的迷恋，部分出于对所有新奇事物的喜爱，回他们以热情的掌声。罗马的年长者们却不为所动，尤其是老加图，他认为这些知识分子可能会对整个共和国产生腐化的影响。哲学家大获成功更是警醒了他，于是他上诉到罗马元老院，对他们的负面影响表示愤慨，将三人当作不受欢迎的外来分子撵了出去。

老加图是这样的人。对他而言，一个人若不似他那样朴素艰苦地生活，就不可能富有德性。他没有一丁点的宽容度或同情心，曾将一位元老院议员马尼利乌斯驱逐，只因后者当众拥抱了自己的妻子。在他眼中，奴隶不过是驮着货物的牲口。他煽动奴隶彼此间发生口角，因为这样使得他们更好使唤。等他们老了不能工作，他就把他们廉价清理出去，而不是继续养着他们。如果奴隶中有人被怀疑犯了死罪，他会让这个奴隶在全体奴仆面前受审，如果罪名成立，就会被处死。他对哲学及任何有思想的人都怀有深深的怀疑。

关于怀疑论者的最后一个好奇：既然他们什么也不相信，那试想他们会如何看待预言家。以下是怀疑学派中的一员，阿尔勒的法沃里努斯就这个话题撰写的文段。他的谩骂直指占星学家：

> 这种欺诈的诡计是那种蹭吃蹭喝、以谎言为生的人发明的。他们知道一些自然现象譬如潮汐与月亮有关，便期待我们相信所有其他的人类事务，无论大事小事，都受到星星的支配。但我认为，只因为月亮恰巧引起了海平面的小幅度上升，就假定我们与邻居就水管的使用发生的争执，或和其他租户就共用隔墙的事宜产生的冲突这些事情同样应该受到天上事物的支配，是非常荒谬的。

XXXVI
有信仰的怀疑论者 里卡尔多·科莱拉

我和里卡尔多·科莱拉的相遇非常巧。我在沃梅罗的一家熟食店排队购买水牛奶制马苏里拉芝士,无意中听到如下对话。

"这是你的,老师。"店主卡尔米内先生说,他把一小包东西交给一个戴眼镜的矮小男人,"正好是三百克,应收您五千四百里拉。"

"我不懂,"戴眼镜的矮小男人回答,"为什么我得给你五千四百里拉?"

"买火腿啊……"

"什么火腿?"

"你手上拿的那个火腿。"

"卡尔米内先生,对你来说看上去我手上拿了个火腿,但这不是真的。所以我不会付钱。"

"我知道了。你又来了!"卡尔米内先生抱怨说,"我五分钟前给的你火腿。旁边这位先生可以作证。我要怎么做呢?每次把什么东西交到你手里,都该让你签个收据?"

"卡尔米内先生,我想知道是什么让你如此确信你把三百克火腿交到了我手里。你最多只能假定你可能给了我一点儿东西，这东西可能是几小片火腿。"

"可能？不是可能！里卡尔多·科莱拉，我现在随时可以把那包东西拿回来，然后让我们一起看看它是不是火腿！"这位店老板大叫一声，假装绝望的样子。

"卡尔米内先生，"科莱拉耐心地回答，"我前天跟你解释过了。我们这一生无法确定任何事。告诉我你认为确定无疑的一件事，我会付你两倍火腿的钱。"

"我确定就在五分钟前我给了你三百克火腿。"卡尔米内先生毫不犹豫地回答。

"我能提供一个与之相反的论证，那就是你根本没给我火腿，只是你觉得你给了。"

"继续。"

"你相信上帝吗？"

"当然！我十分坚定地相信上帝，正如我确信就在五分钟前我给了你……"

"你完全相信，他是无所不能的吗？"这位老师打断了他的话。

"当然了，肯定的。"

"所以你相信只要他喜欢，无论什么时候、以何种方式，他都能够创造一个世界，这个世界可以是大的、小的、有人住的、没人住的、不宜居的、高科技的……"

"他想怎么着就怎么着。"店主插嘴道。

"所以让我们假设就在这一刻，上帝决定创造一个和我们所在的世界完全一样的世界，那里有着所有和我们周围一样的事物，恒星、太阳、行星、大陆、那不勒斯、沃梅罗、你开的店、你自己、我，以及火腿。他能这样做吗？"

"当然可以！"

"非常好，"老师继续说，一想到对方不得不承认失败时的表情，他就笑了，"假设上帝决定创造一个已经在运转中的世界，那么他也必须创造出正在运转中的人，他们从一开始就有着历史记忆……"

"历史记忆是什么意思？"

"这种记忆给我们以前发生过那些事的印象，但那些事并没有真正发生过，"老师解释说，"也就是说，尽管上帝是从无中创造我们的，但他为了让我们变成此刻的样子，就必须把我们根本未曾经历的那些事植入我们的记忆里！"

"那是为了证明什么呢？"卡尔米内先生完全没跟上。

"这证明了，"科莱拉总结说，"你根本没有给我火腿。你只是觉得你给了。"

"但我明明就是在五分钟前给你了！"

"五分钟前你甚至都没有出生。"

"我放弃了。拿好你的火腿，过会儿我找你太太要钱。但下一次，记住了，只要我没有觉得你给了我五千四百里拉，你也不会觉得你拿了火腿。"

这样一个人深深地吸引了我，我忍不住追问更多细节，但首先我得说服店主和他的妻子告诉我他们知道的关于这个人的所有事。

"他是一个很好的人，"卡尔米内先生说，"他喜欢自己的小笑话，最后都会一分不差地给钱。我还希望有更多像他一样的人！一些顾客要么压根儿不付钱，要么付了钱之后马上向你赊更大一笔账。"

"他是做什么的？"我问。

"他是个音乐老师，名叫里卡尔多·科莱拉。他在皮门泰尔·丰塞卡学院教书，已经结婚了，有一个儿子。"

"但他是个无神论者，"店主的妻子小声说着，匆忙在胸前画了个十字，"他拒绝让自己的儿子受洗。孩子现在十八岁了，如果他死了，就有下地狱的危险！"

"科莱拉先生只相信在临终之际的洗礼，"卡尔米内先生解释，"他说只有在临终之际，人才能根据一生的经历决定是否受洗。然后，当牧师来给他们举行最后的仪式时，可以同时给他们施洗和涂油。"

"水和油一起！上帝呀，救救他吧！"

当天下午，科莱拉在他的家里非常有礼貌地迎接我。他的妻子，阿梅莉亚太太，递给我一杯咖啡，说了如下一句话，便消失不见。

"我很抱歉……请您忍耐着点儿。"

这句致歉之辞显然不是指她接下来会缺席，而是针对她的丈夫可能会对我说的话。

"我亲爱的先生，"我们二人刚刚独处，科莱拉就开始"演讲"了，"我是怀疑的拥护者。我相信怀疑是文明生活的一条规则。每一个人都有他自己的信仰，而怀疑是我的信念。请随我来，给你看点东西。"

说话间，他把我领往走廊。途中我再次碰上了阿梅莉亚太太，她仍是抱歉地小声对我说："请您见谅。"经过她之后，我们最终坐进一个黑暗的房间，一架钢琴在乐谱、唱片、书本、未清理的烟灰缸汇成的海洋中隐约可见。

"看这个，"我的同伴说着，给我看了一幅用锦缎小幕帘盖着的画，"这是我的圣人！"

他拉动细绳，幕帘打开，一个由许多小灯泡组成的大问号出现在我的眼前。他触动开关，灯泡开始断断续续地闪烁，像是圣诞树上的灯光。

"请您见谅。"

我一转身便看见阿梅莉亚太太站在门口，用一种祈求我的理解的眼神看着我。

"阿梅，让我们自己讲话就行了！"老师大声喊道，挥挥手让她走。他指向一个小小的塑料扶手椅说，"工程师，坐下细细听我说吧。这个世界上有问号和感叹号，前者是怀疑的拥护者，后者是绝对确定性的拥护者。当你遇到问号时，不要害怕：他是一位体面正经的人士，拥有民主的意识，你可以和他谈话，可以反对他。另一方面，感叹号却很危险：他们是所谓的有信仰之人，迟早会做出'不可挽回的决定'。记住：信仰意味着暴力，无论是哪种信仰，宗教的、政治的，甚至是和体育相关的信仰。任何一场战争，都是有信仰之人打响的第一炮。在爱尔兰、黎巴嫩和伊朗，信仰手持大镰刀，身着带血的衣服，总是以爱的名义进行杀戮。我的父亲教导我，怀疑是包容心和好奇心之父。年轻人好奇心重，却无法包容；老年人包容，却已经丧失了好奇的动力；但伟大的人，却总是既包容又充满好奇的。宣称信奉真理的人认为他们已预先知晓了一切，他们不会怀疑，没有惊奇求知的能力。正如亚里士多德所说，'惊奇是探究的前提'。如果一个人有了信仰，他就不容易发现自己的错误，但倘若没有错误的帮助，我们寸步难行。信仰意味着毫不犹豫地服从、盲目、绝对化。我的父亲是一位哲学教授。每次他接电话，对面的人问'是科莱拉教授吗？'，他都会回答'可能是'。这不是在开玩笑，而是他真的感到不确定。"

"可是，我们需要一小部分信仰，否则我们便会丧失所有的进取心。没有信仰，美洲大陆和盘尼西林都还没被发现呢。"

"是的，但那必须是诞生自怀疑的信仰。"科莱拉回应，"那种能够从其错误中学习的信仰，我称之为'张开双眼的信仰'。"

"张开双眼，你指什么呢？"

"举个例子。假设有一场票选，我想投票给共产党。现在，如果说在意大利有什么党派需要一定程度的信仰，那肯定是共产党！对吧？"

"没错。它就是依靠信仰的一个党派。"

"好的，所以我会做什么呢？在投下我的这一票之前，我会先打电话给共产党的书记，说：'书记同志，我想给你投票，但我不知道你是否会在掌权之后就变得反民主？'他会抗议说：'你在说什么呢！我们是出类拔萃的民主派人士！我们数年来的成绩可以证明！'我说：'是的，我同意。你现在是支持民主的，可是一旦在政府工作，你可能会改变自己的想法。甚至是罗伯斯庇尔，他在学生时代写过反对死刑的文章，后来却把那些人全杀了。'这时候，书记同志可能会让我见鬼去吧，他或许还会补上一句：'喂，科莱拉同志，你想干吗？如果你想给我们投票，那就给我们投票。如果你不想给我们投票，那就别投。反正对我们来说都一样。但是记住，若无一丁点信仰，任何战斗都无法取得胜利！'"

"所以呢？"

"所以我会投票给共产党人，但此时我的双眼是睁开的，为任何不测之事随时准备着。我永远不会像霍梅尼的战士们那样对抗敌人的坦克。总的来说，我的意思就是，怀疑不是意识形态，而是一种手段。一个人可以在有所质疑、保持怀疑的同时，仍旧有着一些值得为之奋斗的理想。我是个怀疑论者，但并不妨碍我是一名基督教徒、一个共产党员、一个那不勒斯足球队的粉丝。重要的是，我得是一个怀疑论式的基督教徒、怀疑论式的共产党员、怀疑论式的球迷。"

"但至少当你坐在钢琴前时，"我说，"我想，你会全身心地投入到音乐中。你相信自己正在演奏的东西吗？"

"并不总是相信，"老师说着扫了一眼正在闪烁的问号，"例如，当我弹奏贝多芬时，我总是在内心深处怀疑，兴许这音乐是从天堂飘来的，而我只不过在弹奏空气而已。"

XXXVII
新柏拉图主义

普罗提诺

普罗提诺似乎因肉身而感到羞耻。是以他从来无法忍受谈论其种族、父母或祖国。他强烈抗拒画家或雕塑家为他画肖像画或塑像，以至于他对正劝他留下一幅肖像画的阿美利乌斯说："真的，难道只带着自然给我们的形象还不够，非要给我留下一个更长久的形象，似乎它真的是值得一看的东西？"但阿美利乌斯有一位朋友卡特利乌斯，是那时最棒的画家之一，阿美利乌斯带着他去听过普罗提诺的一些讲座。卡特利乌斯在讲座上从容地观察普罗提诺，仅凭记忆就能为他作出一幅肖像画。

这是由普罗提诺的门徒波菲利撰写的《普罗提诺生平》的开篇。普罗提诺是又一位非洲哲学家，他于205年出生在埃及的吕科波利斯，似乎从早年开始就喜欢禁欲的生活。他是一个奇怪、内向的小伙，很少和同龄人玩，也可能有点不正常，如果他八岁时仍想喝母乳的传言为真的话。听说，在233年，他陷入了一场神秘的危机，受其折磨，无法从任何一位他随之学习过的哲学家那里，找到其精神需求的答案。最终，一位朋友将他介绍给阿摩尼乌斯·萨卡斯，普罗提诺甫一听到他说的话，便对他的朋友说："这止是我一直在找的人！"

随着时光飞逝，普罗提诺也如之前的皮浪一般，越来越想要更多地了解东方哲学，那些波斯人、马吉人、裸形智者和印度人的哲学。当戈尔迪安三世准备进攻波斯时，普罗提诺的机会来了，他参加了军事远征。不幸的是，戈尔迪安不是亚历山大。这位君主还未踏足美索不达米亚，他的军队便被击溃，自己也为己方的士兵所杀。普罗提诺先逃到安条克，再逃到罗马。现在，他已经四十岁有余，缺乏足够的谋生能力。他能做什么呢？他开设了一家哲学学校——毋宁说是一个哲学宗教社群。

各种各样的人前来聆听普罗提诺，哲学爱好者、医生、普通的男孩女孩、寡妇、纯粹好奇的围观群众，以及罗马的元老院议员。其中一位议员，罗加提亚努斯，宣布放弃他坐拥的财富、职位和奴隶，只为追随这位哲学家的教导。普罗提诺深受广大民众的喜爱，贵族家庭把他们的儿子送到他那里去，让他们接受哲学训练。学校所占用的房子是一名女门徒格明娜提供的，她后来成为普罗提诺的妻子。

新柏拉图主义者的最终目标是从感官的世界中解放出来，是一种与神性的结合，偶尔甚至可以伴随着狂喜的体验达到一种精神的高潮，熟于此道者身在其中，会忘记作为个体的自身，将自身与万物或神合一。普罗提诺的传记作者波菲利承认他只在生命中达到过一次狂喜的境界，在六十八岁的时候。而普罗提诺却成功过不下四次。

伽利埃努斯皇帝和他的妻子萨洛尼娜都是普罗提诺的仰慕者，因此普罗提诺请求为哲学家们在坎帕尼亚建立一座新城，这个地方以"柏拉图城邦"命名，人们都遵循柏拉图的法律生活。伽利埃努斯和萨洛尼娜完全同意，但计划最终却未落实，因为朝中掀起了出于妒忌而反对普罗提诺的声音。我们必须澄清，普罗提诺的计划和柏拉图六个世纪前欲在叙拉古实现的计划不同。柏拉图曾想实现的神圣使命，是改变社会结构，然而普罗提诺不过是想为哲学家们寻求一片和平的绿洲罢了。

直到五十岁，普罗提诺坚决不写一个字，部分原因是在年少时，他和同学赫瑞尼乌斯、奥利金曾向老师阿摩尼乌斯·萨卡斯起誓，决不以书面文字透露他的学说。我提到这个细节，是想强调毕达哥拉斯主义对私密性的痴迷，对神秘主义哲学学派造成了持续不断的影响。但这条规则首先被赫瑞尼乌斯打破，接着是奥利金，最后是普罗提诺。在大约十五年的时间里，他写了不少于五十四篇作品。这些作品被波菲利划为六组，以"九章集"为题名流传了下来。值得注意的是，当普罗提诺决定写书时，他已近乎失明。这使得他以非常快的速度书写，并且再也没有修订过。

由于受皮肤病的折磨，手足疼痛，普罗提诺最终离开罗马，住在明图尔诺一位门徒的一处别墅里。他六十六岁在那里去世，口中吐出这些话语："我拼尽全力，将我自身的神性归还至宇宙的神性中。"就在此刻，一条蛇从他的床底滑出，消失在墙上的一个洞里。

也许普罗提诺更应被看作是一位诗人或宗教领袖，而不是哲学家。奥古斯丁说："只需要改变他言谈中的一些词语和句子，我们就得到了一名基督教徒。"

普罗提诺的体系

据普罗提诺的说法，可理知的世界从三个位格而来：太一、精神和灵魂。尽管这表面上看起来和基督教圣父、圣子、圣灵"三位一体"颇为相似，但新柏拉图主义所说的三个位格却有着完全不同的等级结构。第一者，太一，通过"流溢"创造出第二者；第二者，精神或"努斯"，同样通过"流溢"创造出第三者；第三者，灵魂，创造出可感知的世界。此外，太一"包含"精神，后者接着包含灵魂，然后是可感知的世界。想想俄罗斯套娃一个套一个的样子。太一是最大的那只套娃，包含了所有其他的套娃，精神是尺寸稍小一些的那个套娃，灵魂是第三大的，最小的是可感知的世界。

普罗提诺提出的"太一"使我们想起前苏格拉底的哲学家，它和巴门尼德的"一"十分相似，以与阿那克西米尼所描述的"气"和阿那克西曼德的"无定者"相同的方式，渗透到自然的每一角落。它是万物，它包含万物，由于它是万物，所以没有任何界限，因而无限是其最基本的特性。

描述超感官的世界，我们似乎应将普罗提诺的"世界观"和他最杰出的前辈柏拉图、亚里士多德进行对比。

柏拉图的"神"是"善本身"，是所有理念中最为重要者。

他似乎没有将善与宇宙的创造者等同，而是将其视为太阳一般的事物，照亮既存世界，使得万物可见。

而亚里士多德更为直率。他实际上否认无限作为积极原则的存在，相信无限者自身有所缺陷，缺乏完满性。亚里士多德的神置身宇宙外，专注于自己的事务，也许认为这个世界不值得他去思考。因而这样一位神的思想专注于自身成为"关于思想的思想"。

普罗提诺的第二个位格是精神（"努斯"、理智、存在）。这是所有能被思想者的总和，是在柏拉图看来构成理念世界的一切事物。然而"太一"是独一无二的，精神却是多。它的功能是沉思"太一"，创造第三位格"灵魂"——"最低一级的女神"，或说所有可理知的实在中的最低级者。而灵魂，我们已经说过，创造了可感知的世界。

普罗提诺体系中最根本的特征是最高层和底层间的"上下"运动。其三位一体中的每一个成员都通过"流溢"向下产生，通过"沉思"向上观照（当然，最上面的"太一"除外）。

人生的最终目标是对太一的沉思。这如何达到？"简单，"普罗提诺说，"把剩下的都剪除。"但恐怕"剩下的东西"里包含了生命中所有有趣的事情，如感情、工作、女人、艺术、戏剧、运动，等等。对他来说倒不成问题。他是这样描述"狂喜"的，在希腊语中（ékstasis）意为"站在肉身之外"：

> 许多次我都被抽离身体之外，外在于其他所有事物，注视着奇迹般的美。那时，我比任何时候都要确信，我们的群体有着最崇高的秩序。我演绎着最高贵的人生，达到了与神

性的合一，静安于其内，高于一切可理知的存在。仅次于那至高者。

并非每个人都能这样升华。据普罗提诺的说法，只有三类人叫以达到：音乐家、爱者和哲学家。音乐家，辅以哲学，可以从对音乐之美的感知中，跃迁至"理智王国的和谐"；爱者必须忽视身体之美，达至精神之美；哲学家不需要做任何额外的事，因为身为哲学家，他们已然是美的，并且充分地准备好进行沉思。

XXXVIII
折中派天才 雷纳托·卡乔波利

让我讲一件值得吹嘘的事，我会说："我的数学分析和微积分可是卡乔波利教的！"

那不勒斯大学，1948年，我读工程专业二年级。曼佐堪诺尼街上的讲堂人满为患，为了确保有座位，我早到了一个小时。现在是十点，我们等待雷纳托·卡乔波利的到来。各种人前来参加他的讲座，不只是准备考试的学生，还有已经上过这门课的，以及那些绝对和数学分析无一丁点关系的人——医学生、文学院的成员、好奇的围观群众和受过教育的人。我们都是他的门徒。

卡乔波利来了。他总是很优雅，穿着深色正装，袖口微微起皱，带着粉笔的痕迹，却在纽扣眼上别着一小朵栀子花。这可能是他昨天晚上穿过的西装。大师昨晚根本没睡。他也许谈论了爱和政治，演奏了钢琴，饮酒、唱歌。夜间的孤独不适合他：他漫步于那不勒斯街头，经常去西班牙区的小酒吧，在塞尔真特·马焦雷小巷饮下干邑白兰地，在那多尼斯街上饮下葡萄果渣白兰地，如果实在没人可以再交谈，他便取道基艾亚街回家。你看他现在神采奕奕，在雷鸣般的掌声中现身。他以一个豪爽的手势向我们致意（那是"钢琴家"的手）。他的头发笼住前额，遮住了大半。从他的举止，你可以看出他是个天才：他的步态庄严，仿佛一名科学家，但他的眼睛却含着笑意。他停下来，指向前排的一名男孩。

"你在厨房，想要做意大利面。炖锅中满是水，放在厨房桌上。你第一步该做什么？"

"把炖锅放到炉子上。"男孩毫不犹豫地回答。

"若炖锅不在桌上，而是在餐具柜上？"

"还是一样，我仍会先把炖锅放到炉子上。"

"错了。如果你是一个数学家，你会把它先放在厨房桌上，这样就回到之前的状态了！"

雷纳托·卡乔波利于 1904 年 1 月 20 日出生在那不勒斯。他的祖父是著名的米哈伊尔·巴枯宁，俄国的无政府主义者，他信任农民而非工人，认为世界革命必须从那不勒斯的农村开始。他没有意识到意大利南部一直奉行君主制，因而他只能勾起少数当地贵族的兴趣，除此之外无人准备与当权政府做斗争。

卡乔波利二十六岁时已是帕多瓦大学的代数和微积分教授。三十三岁时他在那不勒斯大学获得了教授的职称。全世界都感谢他在微分方程、函数论、测量理论等领域进行的重要研究。1953

年，猞猁学院●授予他荣誉，盛赞他为我们这时代最伟大的数学家之一。但我们却不是因为他的数学成就而喜爱他：最重要的是，卡乔波利有着自由的精神，也是一位天才，拥有金子般的心，他同时还是出色的钢琴家、哲学家、诗人。

在希特勒到访那不勒斯的那天晚上，卡乔波利在马提尔代的一家餐馆。用餐结束后，他站在一把椅子上，将他对希特勒及墨索里尼的看法传达给聚集的众人。然后，他和心爱的女孩萨拉·曼库索及两位吉他手一起，穿过那不勒斯的街道，高唱《马赛曲》。次日，他一早便被捕，多亏他的阿姨，化学教师玛利亚·巴枯宁的介入，才从牢里出来。他被宣告患有精神疾病，幽禁于莱昂纳多·比安奇精神病院。

爱德华多·德菲利波、安德烈·纪德和许多那不勒斯知识分子都是他的朋友。他是所谓自成一格的共产党员，从来不想正式注册。他是一位引人入胜的健谈者，一位巡回传教士，他代表意大利共产党做过许多令人难忘的演讲。他总是选择在要求最高的场地——中上阶层的据点进行演讲，斥责温和派的伪善、牧师们的傲慢和斯大林的暴烈，既不放过同伴，也不宽恕敌人。他包容忍耐，却也是个反叛分子：有一天他把公寓里每一件古董家具都打得粉碎。

他的考试对任何人来说肯定都会很欢乐，除了考生。有一天，接受考试的是个从来没有研究过希腊的小伙，对希腊字母"ε"一无所知。于是考试过程如下：

●意大利国家科学院。

"给出一个任意小的'ɜ'……"男孩说。

"你说的'ɜ'是什么意思?"卡乔波利迷惑地问道。

"一个'ɜ'。"男孩重复道,指着他刚刚在黑板上画出的"ε"。

"你是说,如果我想的话,我可以让它变得更小?"教授问。

"是的。"

"那让我们用一个更小的'ɜ'。"

男孩画了一个更小的"ε"。

"不,还不够小,我还想让它更小些。"

这个玩笑一直持续到这位可怜的小伙子再也不能让他的"ε"缩小为止,在我们这些"好学生"看来非常可笑。

说实话,我的微积分学得也不是很好。卡乔波利给我打了"令人沮丧的 21 分"。

"你应该拿更高的分,"他在学年结束时解释,"但我希望这个分数会改变你的未来。亲爱的少年呀,你有相当不错的想象力,你甚至可以成为一名诗人。收下来自一名老手的意见吧:不要再学工程学了,着手作诗吧。"

一天夜里,约莫一点的时候,我看见他坐在圣凯瑟琳教堂的台阶上。我猜想他肯定是身体欠佳,于是便问他我能帮他做些什么。他让我坐在他旁边,然后他开始讲述测量的治愈力量。他说:"当你恐惧某些事,试着去测量它,你会发现它其实多么渺小。"

我相信他喝醉了，倒不是因为这令人震撼的箴言，而是他用亲昵的第二人称代词"tu"称呼我。

他心爱的女人毫无征兆地离开了他。有谣言说她和党内的一位同志逃到卡普里去了。那是1959年5月8日。当天下午，雷纳托·卡乔波利在他切拉马雷大楼的小公寓中自杀。前一天他对一群学生说："任何失败都可得到宽恕，除了自杀失败。若一个人决定结束自己的生命，他便不能犯错！"他并未犯错：横躺着，脖子枕在枕头上，用一颗子弹贯穿太阳穴。他五十五岁了。这则消息未能令我震惊，我知道这迟早会发生。他太像个俄国人，太反讽，太像陀思妥耶夫斯基小说中的人物，无法耐心地等待自然的死亡。爱一定是他生命中的一个决定性因素。卢乔·维拉里告诉我，有人问卡乔波利，在他看来，历史上最重要的一句话是什么，每个人都期待着他的回答，料想那得多么深奥，可他只是说："心有它自己的理由，那是理智所不知道的。""最有用的发现是什么？""奏效时的安全期避孕法。""最没用的呢？""没能奏效的安全期避孕法。"

为何我会将雷纳托·卡乔波利写入希腊哲学史？我能把他和哪一派哲学关联起来？他属于所有学派，也不属于任何学派。他是一个折中派。

折中派在公元前二世纪至前一世纪期间于希腊－罗马世界显现它从未形成一个真正的哲学流派，而是代表了一种思维方式，即从每一种学说中汲取它认可的精华部分。怀疑主义者断言无物为真，而折中主义者基于类似的前提，宣称任何事物都包含一定的真理。直到诸流派领头人所宣扬的学说随着时间推移逐渐淡化，折中派的混合体系才发展起来，将其他所有学说杂糅为一体，最终摘得折中主义的名头。拉里萨的斐洛、阿斯卡隆的安提奥库斯和伟大的西塞罗，都是折中派最为著名的代表。

雷纳托·卡乔波利，自由、快乐、朋友、酒和美食的殷切爱好者，肯定是个伊壁鸠鲁派。他与普通人建立的友谊，令人想起伊壁鸠鲁对无依无靠者的关怀。同时，他身上也流露出斯多葛派的味道。费利切·伊波利托讲述他的（伊波利托的）父亲，一位瓦格纳的忠实粉丝，虽患有急性阑尾炎，仍坚持参与《特里斯坦和伊索尔德》的表演，并且把卡乔波利带在身边。表演过后，伊波利托的父亲匆忙赶到医院进行紧急手术，当他等待进入手术室时，卡乔波利攥紧他的手说："我是多么嫉妒你！你同时遭受伊索尔德之死和剧烈的腹痛！"

但卡乔波利也是一位犬儒派。曾经，当他已经在帕多瓦大学成为微积分教授，他蓄上了胡子，装扮得如一个流浪汉，把口袋里的钱都倒出来，坐火车的三等座去往米兰。他想知道贫穷是什么滋味。五天后他因乞讨而遭逮捕。

最后，他还持有基本的怀疑主义精神。可敬的卢恰娜·维维亚尼曾写道："五十年代，我们都投身于和平运动，参加游行、支持裁军的示威、公众集会，等等。然而，尽管我们是充满热忱和神圣激情的年轻人，他却总是保留着一丝嘲讽、怀疑和清醒。若有人问起这种抽离的原因，他会回答：'我认为，无物可以确定，最多只是可能。'"

主要参考文献

Aezio, *Placita*

Aristofane, *Nuvole*

Aristotele, *Del Cielo*

Aristotele, *Etica Eudemia*

Aristotele, *Etica Nicomachea*

Aristotele, *Fisica*

Aristotele, *Il cielo*

Aristotele, *Metafisica*

Aristotele, *Meteorologia*

Aristotele, *Poetica*

Aristotele, *Politica*

Aristotele, *Retorica*

Ateneo, *Deipnosofisti*

Aulo Gellio, *Notti attiche*

Callimaco, *Giambo*

Cicerone, *De finibus*

Cicerone, *De inventione*

Cicerone, *La divinazione*

Cicerone, *La natura degli dèi*

Cicerone, *Stromata*

Cicerone, *Tusculanae disputationes*

Clemente Alessandrino, *Stromata*

Dante Alighieri, *Inferno*

Diogene Laerzio, *Vite dei filosofi*

Eliano, *Storia varia*

Epicuro, *Episola a Meneceo*

Epicuro, *Massime Capitali*

Epicuro, *Sentenze Vaticane*

Epitteto, *Manuale*

Erodoto, *Storie*

Eustazio, *Commento all' Odissea*

Filostrato, *Vita di Apollonio di Tiana*

Filostrato, *Vite dei sofisti*

Giamblico, *Vita di Pitagora*

Giuseppo Flavio, *Contro Apione*

Gorgia, *Elogio di Elena*

Ippolito, *Confutazione di tutte le eresie*

Jocob Burckhardt, *Storia della civiltà greca*

Lucrezio, *La natura*

Luciano, *I longevi*

Marc' Aurelio, *Pensieri*

Orazio, *Epistola*

Platone, *Apologia di Socrate*

Platone, *Fedro*

Platone, *Fedone*

Platone, *Ippia minore*

Platone, *Lachete*

Platone, *Leggi*

Platone, *Menone*

Platone, *Opere*

Platone, *Parmenide*

Platone, *Politico*

Platone, *Repubblica*

Platone, *Simposio*

Platone, *Teeteto*

Platone, *Timeo*

Platone, *VII Epistola*

Plinio, *Epistulae*

Plinio, *Storia naturale*

Plotino, *Enneadi*

Plutarco, *De latenter vivendo*

Plutarco, *Dialogo sull'amore*

Plutarco, *Il dèmone di Socrate*

Plutarco, *La loquacità*

Plutarco, *Precetti coniugali*

Plutarco, *Stromata*

Plutarco, *Temistocle*

Plutarco, *Vita di Pericle*

Porfirio, *L'astinenza*

Porfirio, *Vita di Pitagora*

Porfirio, *Vita di Plotino*

Robert Flacelière, *La vita quotidiana
    in Grecia nel secolo di Pericle*

Seneca, *Lettere a Lucilio*

Seneca, *Questioni naturali*

Senofonte, *Memorabili*

Sesto Empirico, *Contro i matematici*

Strabone, *Geografia*

Stobeo, *Antologia*

Tertulliano, *Apologetico*

Totò, *'a livella*

Tucidide, *La guerra del Peloponneso*

Valerio Massimo, *Fatti e detti memorabili*

出版后记

从"世界从何而来？"这个简单发问开始，哲学就在宗教与科学之间找到了自己坚固的位置：哲学诉诸理性而非信仰，探寻本质而非现象，是万物之问、究极之问，是对崇高之物——整全知识的探求，尤其是在它的发源地，古希腊。

那时，哲人没有职称，不受敬重，只是一群不修边幅、好奇心旺盛、热衷刨根究底的逾矩怪人。关于他们的"怪"，有数不清的笑话。但是，正是这群怪人，将人类视野从现实生活中抽离，来到抽象的层面。从人生的意义、灵魂的存在、道德的边界，到自我与世界的关系、政治的良善、国家的未来……他们试图为一切自然科学无法回答的大问题进行统摄思考。这一强大的思辨能量，至今仍是西方思想取之不尽、用之不竭的宝藏。

本书重视并意图还原"轴心时代"古希腊哲人的哲思生活，尤其是他们在社会中的言行；以时间为经、以哲人及其流派为纬，突出相互交织、相互影响的关系，尽管是通史惯用的手法，却因作者独特轻快、在场感强烈的文风而更具可读性。本书还别出心裁地在众多哲人之中塞入了他们的"现代版本"，也就是作者相识的"生活中的哲人"。换句话说，从"提出奇怪的问题并身体力行"的角度来看，把我们身边的"怪人"列入早期哲学家行列，似乎也没什么不对。

作者笑称，地中海人因文明早熟，始终具有热爱散步和交谈的习俗，充满闲暇与快适之感。这一点，我们大可以从 21 世纪的那不勒斯人身上窥斑见豹。在价值趋同与娱乐化裹挟一切的今天，希望这本小书，能使你如沐温和海风，拨慢时钟，隔绝杂务，对现实稍作沉思，与古希腊哲人共享同一片奥秘星空。

2021 年 3 月

图书在版编目（CIP）数据

哲学从这里开始 / (意) 卢恰诺·德克雷申佐著；
任今可译. -- 北京：九州出版社，2020.11（2021.6重印）

ISBN 978-7-5108-9740-5

Ⅰ.①哲… Ⅱ.①卢… ②任… Ⅲ.①古希腊罗马哲
学—研究 Ⅳ.①B502

中国版本图书馆CIP数据核字(2020)第213860号

STORIA DELLA FILOSOFIA GRECA. I: I presocratici

STORIA DELLA FILOSOFIA GRECA.II: Da Socrate in poi

by Luciano De Crescenzo

© 1986 Arnoldo Mondadori Editore, Milano

© 2016 Mondadori Libri S.p.A., Milano

This edition arranged with MONDADORI LIBRI S.p.A. and Delia Agenzia Letteraria
through Big Apple Agency, Inc., Labuan, Malaysia.

Simplified Chinese translation copyright © 2021 Ginkgo (Beijing) Book Co., Ltd.

All rights reserved.

本书中文简体翻译版权由银杏树下（北京）图书有限责任公司独家引进。限在中国大陆
地区销售。未经出版者书面许可，不得以任何方式复制或发行本书中的任何部分。

著作权合同登记号：图字01-2020-6387

哲学从这里开始

作 者	［意］卢恰诺·德克雷申佐 著　任今可 译	
责任编辑	周　春	
出版发行	九州出版社	
地 址	北京市西城区阜外大街甲35号（100037）	
发行电话	（010）68992190/3/5/6	
网 址	www.jiuzhoupress.com	
电子邮箱	jiuzhou@jiuzhoupress.com	
印 刷	北京天宇万达印刷有限公司	
开 本	889毫米×1194毫米　1/32	
印 张	12.75	
字 数	264千字	
版 次	2021年3月第1版	
印 次	2021年6月第2次印刷	
书 号	ISBN 978-7-5108-9740-5	
定 价	49.80元